otonatabi premium

ハルカナ
harukana

イタリア
ITALY

JN229230

日本からのフライト時間
約12～13時間

ビザ
原則として不要

言語
イタリア語

時差

日本	0	1	2	3	4	5	6	7	8	9	10	11	12	13	14	15	16	17	18	19	20	21	22	23
イタリア（夏時間）	17	18	19	20	21	22	23	0	1	2	3	4	5	6	7	8	9	10	11	12	13	14	15	16
イタリア	16	17	18	19	20	21	22	23	0	1	2	3	4	5	6	7	8	9	10	11	12	13	14	15

日本時間の前日

夏時間は、3月最終日曜の深夜2時から10月最終日曜の深夜3時まで

通貨と換算レート
ユーロ（€）

€1=118円（2019年8月現在）

チップ
チップは義務ではないがレストランで満足した際などは心付けを

▶P.11 ▶P.14 ▶P.185

ハルカナ イタリア

harukana

CONTENTS

ヴェネツィア

ミラノ

本書の使い方

●本書に掲載の情報は2019年5～7月の取材・調査によるものです。料金、営業時間、休業日、メニューや商品の内容などが、本書発売後に変更される場合がありますので、事前にご確認ください。
●本書に紹介したショップ、レストランなどとの個人的なトラブルに関しましては、当社では一切の責任を負いかねますので、あらかじめご了承ください。
●料金・価格は「€」で表記しています。また表示している金額とは別に、税やサービス料がかかる場合があります。
●電話番号は、市外局番から表示しています。日本から電話をする場合には→P.187を参照ください。
●営業時間、開館時間は実際に利用できる時間を示しています。ラストオーダー(LO)や最終入館の時間が決められている場合は別途表示してあります。
●休業日に関しては、基本的に年末年始、祝祭日などを除く定休日のみを記載しています。

本文マーク凡例

☎ 電話番号
交 最寄り駅、バス停などからのアクセス
M 地下鉄駅 ／ T トラム
B バス ／ V ヴァポレット(水上バス)
所 所在地 Hはホテル内にあることを示しています
休 定休日 ／ 料 料金
HP 公式ホームページ
J 日本語が話せるスタッフがいる
J 日本語のメニューがある
E 英語が話せるスタッフがいる
E 英語のメニューがある
予約が必要、または望ましい
クレジットカードが利用できる

地図凡例

★ 観光・見どころ
博物館・美術館
教会
R 飲食店
C カフェ
S ショップ
H 宿泊施設
空港
乗船場
M 地下鉄出入口

交通アクセス略称

イタリア鉄道トレニタリアを利用する場合、列車種類を以下の略称で記載してあります。詳細は付録P.34へ。
FR=フレッチャロッサ(高速列車)
FB=フレッチャルジェント(高速列車)
FB=フレッチャビアンカ(特急列車)
RV=レジョナーレ・ヴェローチェ(快速列車)
R=レジョナーレ(普通列車)

あなたのエネルギッシュな好奇心に寄り添って、
この本はイタリア滞在のいちばんの友だちです！

ハルカナ✈旅 ITALY

イタリアへようこそ！

**誰よりもいい旅を！
あなただけの思い出づくり！**

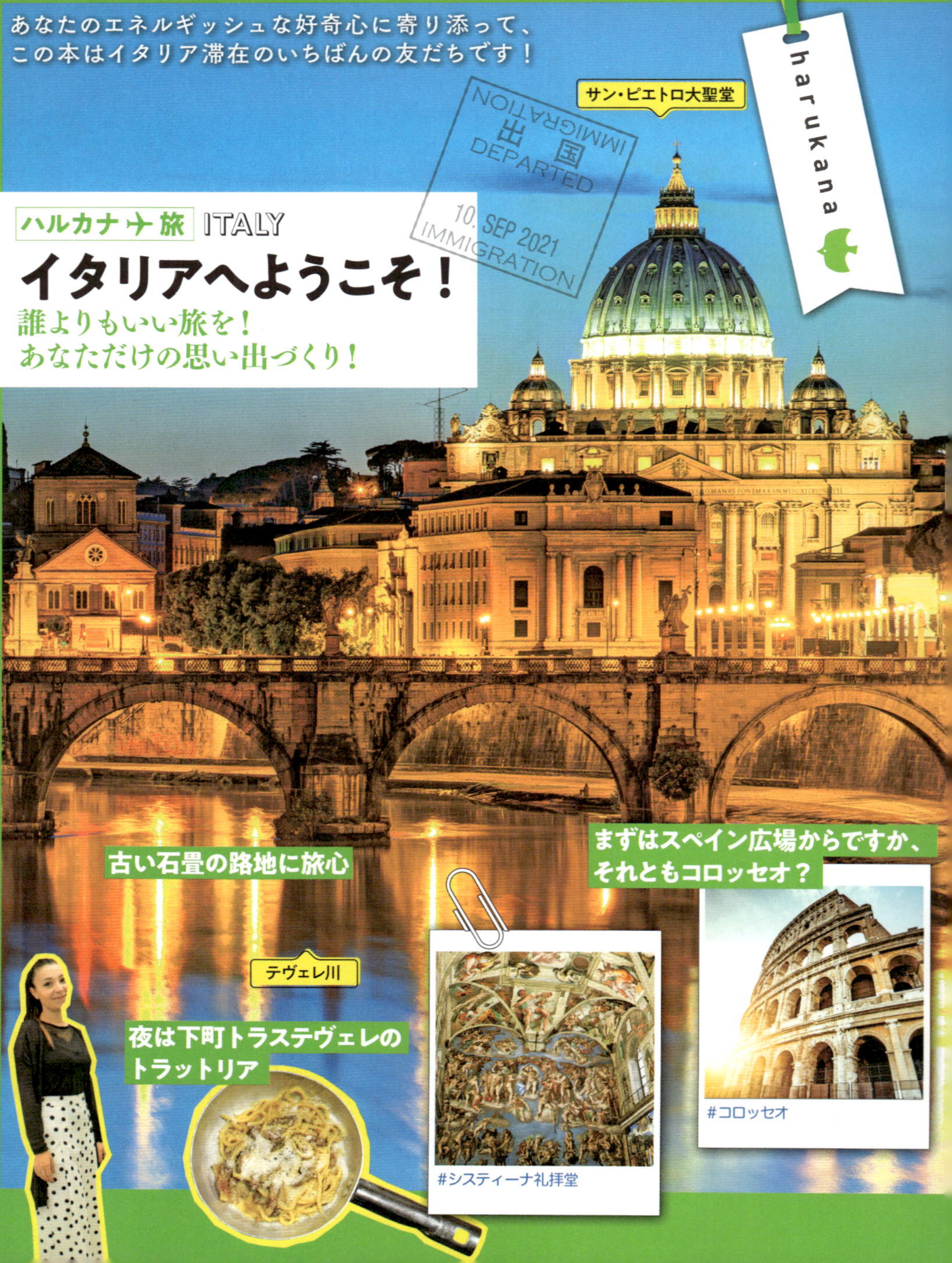

古い石畳の路地に旅心

まずはスペイン広場からですか、
それともコロッセオ？

#コロッセオ

#システィーナ礼拝堂

夜は下町トラステヴェレの
トラットリア

イタリアの「時」って
いつ止まったんだろう？って、
どの街へ行っても思ってしまう。
古代？中世？ルネサンス？
どこかで歩みを止めてしまった「時」が
そこここであなたを迎えます。
そんな「時」に絡めとられて
あなたは思わず足を止め
息を止め、たたずんで。

#ナヴォーナ広場

名所が人生のひとこまに刻まれて！

『ローマの休日』のシーンを
探します？

#カフェ　#グレコ

#スペイン広場

さすがメディチの遺産、と感嘆

名画にも合いましょう

本場のパスタが違うのは
水の違い？それとも油？
それも街によってずいぶん違う。
もともと小さな国の寄り合い所帯だから
歴史も伝統も、料理も違う。
イタリアの旅はそれがおもしろい。
あの街がいい、この街が好き
人によってそれぞれ！でも平気！
また来るんだから！

#ゴンドラ　#ゴンドリエーレ

#バーカロ　#ヴェネツィア

#ナヴィリオ地区
#アペリティーボ

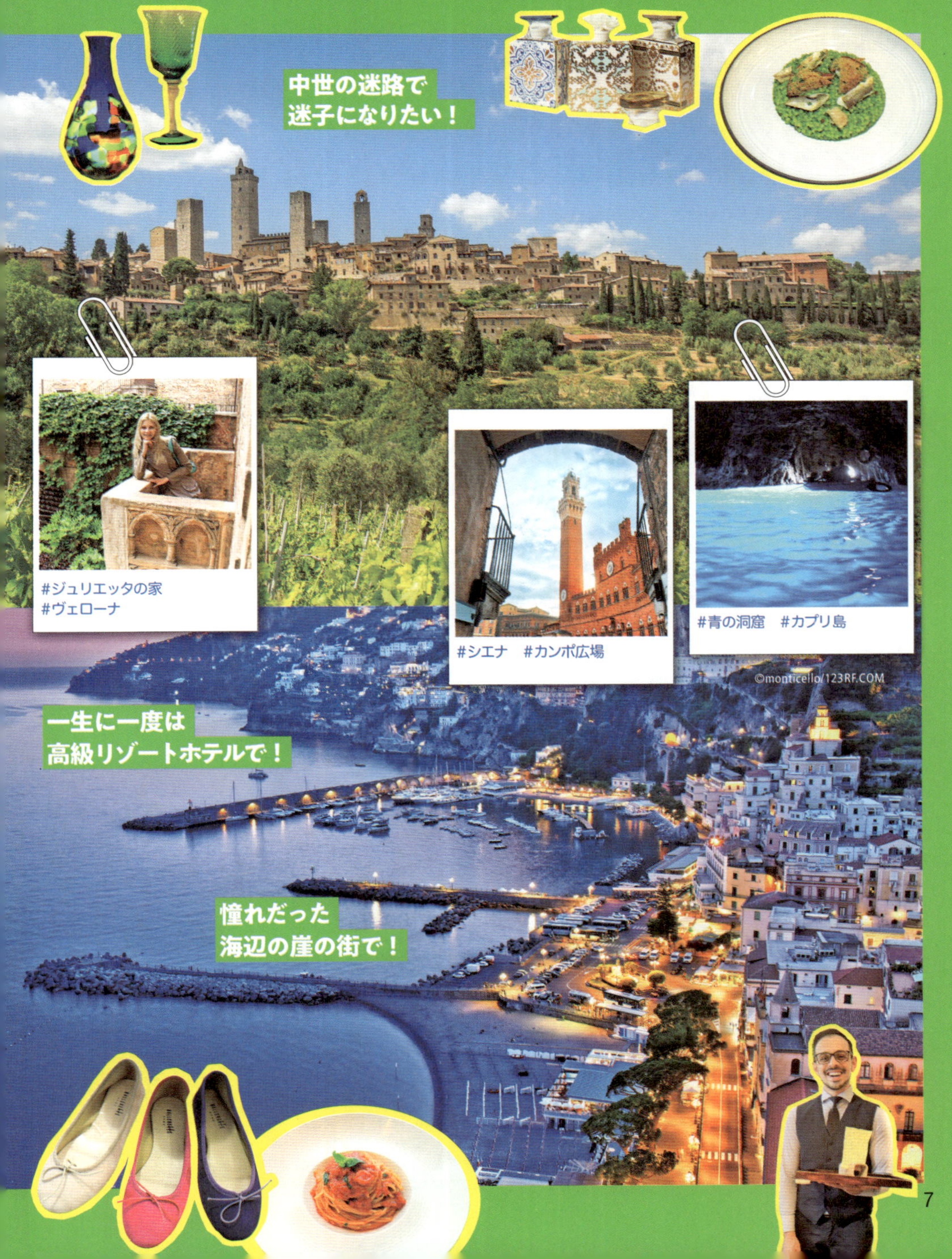
中世の迷路で
迷子になりたい！
#ジュリエッタの家
#ヴェローナ
#シエナ　#カンポ広場
#青の洞窟　#カプリ島
©monticello/123RF.COM
一生に一度は
高級リゾートホテルで！
憧れだった
海辺の崖の街で！

出発前に知っておきたい

ハルカナ ✈ 旅の基本情報

どこに何がある？ どこで何する？

国はこうなっています！
イタリアの4都市と美しい小さな街

ローマにはコロッセオなどの古代遺跡が点在

南北に長い国土に古代から現代までの時が堆積したキラ星のような街が点在。尽きせぬ魅力が旅人に微笑みかける。

3000年の時を刻む巨大な"歴史博物館"

イタリア随一の大都市

A ローマ ▶P.35
Roma

イタリアの首都であり、世界屈指の観光都市。古代・中世・ルネサンス・バロックの建造物と文化が複雑に交錯し、現代と見事に溶け合う。地元っ子の人懐こさやローマ料理も旅を彩る。

ルネサンスの天才が闊歩した都

街最古の橋、ポンテ・ヴェッキオ

B フィレンツェ ▶P.93
Firenze

15世紀にメディチ家の庇護のもと、天才芸術家を多く輩出しルネサンスが花開いた街。「天井のない美術館」と呼ばれるように、ドゥオモや鐘楼など、優美な建造物が街を埋め尽くす。

世界最小の国ヴァチカンはローマ市内にある

美しい小さな街

アマルフィ ▶P.20
Amalfi

「地上の楽園」と讃えられるアマルフィ海岸の拠点。海洋共和国として繁栄した古都でもあり、壮麗なドゥオモなどの名建築が点在。海の幸もおいしい。

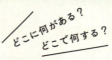

イタリアってこんな国

地中海に突き出した長靴の形の半島部、その西に位置するシチリア島とサルデーニャ島などの島々からなる。都市国家の時代が長かったため、各街の個性が際立つ。ローマ、フィレンツェ、ヴェネツィア、ミラノの4都市に加え、小さな街の旅を加えると、国の全体像に触れられる。

ミラノのガッレリアは優美なショッピング街

150もの運河が街を巡る、水上の迷宮都市

C ヴェネツィア P.129

Venezia

干潟に築かれた水上都市。中心となるヴェネツィア本島の大運河沿いには、東方貿易で栄えた15～16世紀の瀟洒な館が並ぶ。サン・マルコ広場の華やかさも旅のクライマックスに。

最先端モードと美術＆音楽の都

D ミラノ P.157

Milano

ドゥオモは屋上まで登れる！

北イタリア随一の都市。ブランドショップでの買い物がクローズアップされがちだが、ゴシック建築の傑作ドゥオモ、ブレラ美術館、スカラ座など文化の薫りも濃く、多彩な楽しみが待つ。

カプリ島 P.24

Isola di Capri

アマルフィの西に浮かぶ島。古代から避暑地として愛され、今は世界のセレブが優雅な休暇を過ごす。「青の洞窟」も必見。

ヴェローナ P.26

Verona

アディジェ川の畔に開け、古代円形劇場、中世の城塞や広場、教会が点在。『ロミオとジュリエット』の舞台としても名高い。

サン・ジミニャーノ

San Gimignano P.30

13～14世紀に商業で栄え、富の象徴として70もの塔が建造された。14の塔が残り、中世の街並みとともに往時を物語る。

シエナ P.32

Siena

トスカーナの田園風景に囲まれた丘の上の街。世界的にも稀な傾斜を持つカンポ広場、ドゥオモなどが中世の旅へ誘う。

まずはこれをチェック！ 滞在のキホン

出発前に現地の基本情報を頭に入れておくと、旅のプランを組みやすい。気候もチェックして、服装などの参考に。

イタリアの基本

- **地域名（国名）**
  イタリア共和国
  Repubblica Italiana
- **首都**
  ローマ
- **人口**
  約6060万人
  （2018年1月推計）
- **面積**
  約30万1000㎢
- **言語**
  イタリア語
- **宗教**
  キリスト教、ユダヤ教、イスラム教など
- **政体**
  共和制
- **元首**
  セルジョ・マッタレッラ大統領
  （2015年2月～）
- **政府**
  ジュゼッペ・コンテ内閣
  （2018年6月～）

日本からの飛行時間

直行便は成田から。所要12～13時間

成田からアリタリア航空の直行便がローマ、ミラノに運航。乗り継ぎを利用してイタリアの各都市にもアクセスできる。同様に他キャリアの利用も可。

フィウミチーノ空港 ▶P.182
ミラノ・マルペンサ空港 ▶P.182

為替レート＆両替

€1=118円。銀行、両替所を利用

出発前に日本でユーロを入手する場合は、銀行、郵便局、空港内の両替所で行う。現地到着が夜遅くになる場合はあらかじめユーロを持っておいたほうが安心。到着後は銀行の窓口や両替可能なATM、両替所を利用。一般的に両替所より銀行のほうがレートはいい。

パスポート＆ビザ

残存有効期間は滞在日数+3カ月以上、ビザは不要

イタリア入国時に、パスポートの残存有効期限が日本帰国予定日に加えて90日以上必要。日数が満たない場合はパスポートの更新を。観光目的の場合、シェンゲン協定加盟国（P.180）に180日間で合計90日以内の滞在ならビザは不要。

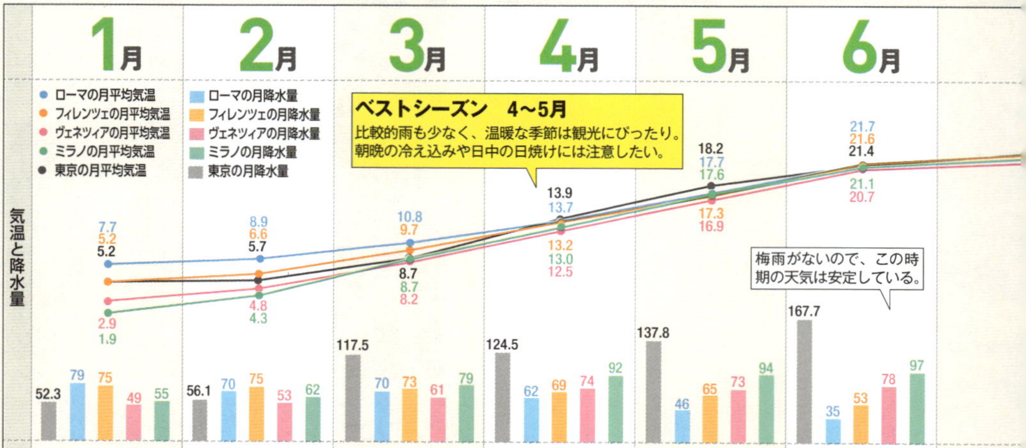

祝祭日

1月1日 元日（カポダンノ）
ほとんどの店が休業し、新年を盛大に祝う。

1月6日
主顕節（エピファニア）
東方三博士がイエスを訪れ、礼拝を行った日。

2～3月の2～3週間
※カーニバル（ヴェネツィア）
サン・マルコ広場を中心に行われる謝肉祭。多くの人で賑わう。

4月21日
※復活祭（パスクワ）
イースターのこと。イエスが復活した日。

4月25日 イタリア解放記念日
第二次世界大戦の終戦記念日。

4月25日
聖マルコの日（ヴェネツィア）
守護聖人の休日。街ごとにある。

5月1日 メーデー
労働者の日。休業する店も多い。

6月2日
共和国記念日
王政を廃止して共和制になった日。

6月24日
聖ヨハネの日（フィレンツェ）

6月29日
聖ペテロと聖パオロの日（ローマ）

※は、移動祝祭日のため、毎年日付が変わる

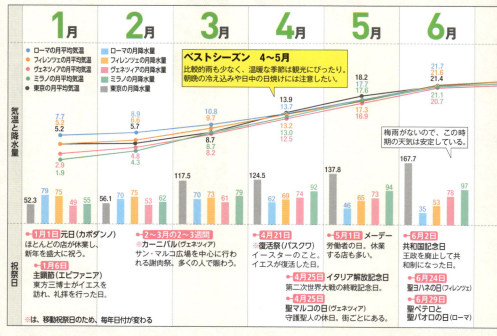

日本との時差

−8時間。日本が正午のとき、午前4時となる。3月最終日曜から10月の最終日曜はサマータイムで−7時間に

日本	0	1	2	3	4	5	6	7	8	9	10	11	12	13	14	15	16	17	18	19	20	21	22	23
イタリア夏時間	17	18	19	20	21	22	23	0	1	2	3	4	5	6	7	8	9	10	11	12	13	14	15	16
イタリア冬時間	16	17	18	19	20	21	22	23	0	1	2	3	4	5	6	7	8	9	10	11	12	13	14	15

言語

観光客が多く訪れるスポットは英語も通じる

公用語はイタリア語。大都市や観光地のホテル、レストランなどは、英語が通じるところがほとんど。博物館や美術館でもイタリア語と英語の併記が増えている。挨拶などはイタリア語でするといい。 ▶P.189

交通事情

都市間の移動は鉄道、飛行機で

各都市間をイタリア鉄道TRENITALIA(トレニタリア)が結び、快適に移動できる。長距離の移動は全席指定の高速列車や特急列車の利用が一般的。ローマやミラノでは地下鉄、ヴェネツィアでは水上交通が発達。

物価＆チップ＆税金

物価は日本と同程度。チップは義務ではない

食事などの物価は日本とほぼ同じ。チップは本人の判断次第だが、レストランで満足した際などは心付けを。商品には4〜22%のIVA(付加価値税)が含まれるので、高額の買い物をするときは免税手続きを。 ▶P.181

美術館＆飲食店＆ショップの定休日

お目当てのスポットの定休日を事前にチェック

博物館や美術館は月曜休館のところが多かったが、大都市では休館日を少なくする傾向がある。家族経営の飲食店やショップは日曜や祝日は休みのところが多い。大都市のブランド店は日曜も営業する店がほとんど。

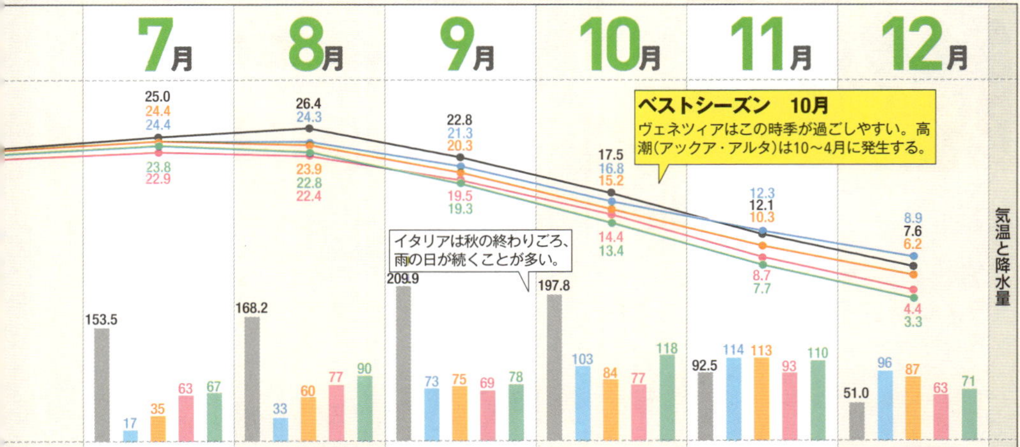

祝祭日

8月15日
聖母被昇天祭(フェッラゴースト)
聖母マリアが天に召された日。各地の教会などでミサが行われる。

7月の第3土・日曜
※レデントーレ祭(ヴェネツィア)
救世主の祭り。ペストの終焉(1576年)を神に感謝し、ジュデッカ島の教会へ参拝する。

11月1日
諸聖人の日
すべての聖人を記念する日。

11月21日
サルーテ祭り(ヴェネツィア)
サルーテ(健康)を祈って、教会にろうそくを奉納する。

12月7日
聖アンブロージョの日(ミラノ)

12月8日
聖母受胎の日

12月25日
クリスマス(ナターレ)

12月26日
聖ステファノの日

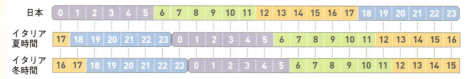

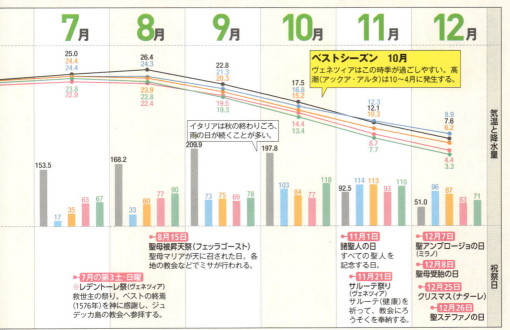

NEWS & TOPICS

ITALY 2017-2020

イタリアのいま！ 最新情報

ハズせない街のトレンド！

2018年7月オープン

ダ・ヴィンチの名画を揃えたダ・ヴィンチルームが完成!!

フィレンツェのウフィツィ美術館に、レオナルド・ダ・ヴィンチの傑作品3点を展示した「ダ・ヴィンチルーム」が完成。最先端の展示システムを用いた室内には、ダ・ヴィンチのデビュー作『受胎告知』、師であるヴェロッキオとの共作『キリストの洗礼』、ルネサンス期の宗教画の革新とも評される未完の『東方三博士の礼拝』が展示されており、名画をひと目見ようと世界中から人々が訪れる。▶P.110

イタリア最大級の規模を誇るウフィツィ美術館

↑未完ながらも革新的作品として評価の高い『東方三博士の礼拝』

「万物の天才」の足跡をたどるミラノの新定番スポットはこちら！

ダ・ヴィンチの発明品の模型を集めた博物館「レオナルド3(→P.163)」や、彼のブドウ畑を再生した「レオナルドのブドウ畑(→P.167)」など、新しいダ・ヴィンチゆかりの地も巡ってみよう。

2019年3月公開

『アテネの学堂』の下絵が再びアンブロジアーナ絵画館に！

ヴァチカン美術館(→P.72)にあるラファエッロの代表作『アテネの学堂』。その原寸大下絵の修復が終了し、ミラノのアンブロジアーナ絵画館に展示されている。展示室入口のスクリーンでは、今回展示された下絵と実際に描かれた壁画の比較を見ることができる。▶P.166

↑展示室内には修復作業に関する資料もあり、自由に閲覧できる

©Raffaello, Ambrosiana, Sala5, Stefano Boeri Architetti, 2019, ph.Paolo Rosselli

2018年10月リニューアル

ミラノのブレラ美術館がおしゃれにリニューアル！

『死せるキリスト』『聖母の婚礼』などイタリアの名作を多数所蔵するブレラ美術館が2018年にリニューアル。新しくできたカフェには絵画や彫刻が置かれ、美術品を鑑賞しながらひと休みもできる。▶P.164

もともとは宮殿として建てられたため、建築美も見どころ

←展示室の一室をカフェに改装。カフェのみの利用も可

© Jeanette Teare/123RF.COM

美術館の展示からニューオープンのショップ情報まで、見逃せないイタリアの最新ニュースをチェック！

2017年12月オープン

約11年の年月をかけて完成!! ローマのラ・リナシェンテでお買い物♪

ミラノに1号店を構えるリナシェンテがローマに進出！地上階にはファッションブランド店をメインに雑貨、ジュエリーなどのショップが並び、地下にはなんと古代ローマ期の遺跡が残っている。▶P.89

↑店内は四角い吹き抜けが規則正しく並ぶおもしろい構造となっている

紀元前に作られたとされる水道の遺構が見られる

2017年1月オープン

フィレンツェの新しい観光名所！ ファン必見のグッチ・ガーデン

高級ブランドと名高いGUCCIのミュージアムがパワーアップし、ショップ・レストラン・博物館の3つが複合したグッチ・ガーデンとしてオープン。博物館では歴代のGUCCIコレクションを展示している。▶P.120

ショップ限定グッズもあり！

↑特に良質なプロセッコの産地として知られている

←イヴレアの街並み。オリベッティ社の資料館や当時の施設群を野外ミュージアムとして見ることができる

© outcast85/123RF.COM

2018年、2019年登録

世界遺産が新たに2件追加！ 登録数55件は世界最多！

2018年に「20世紀の産業都市イヴレア」、2019年に「コネリアーノ・ヴァルドッビアーデネ・プロセッコの丘陵群」が新たに世界遺産に登録された。登録件数55件は2019年時点で中国とともに最多。北イタリアのイヴレアは、コンピューター製造などを手がけたオリベッティ社の創業地として知られ、20世紀の工業都市モデルとして評価された。スパークリングワイン「プロセッコ」の産地であるヴェネト州のコネリアーノとヴァルドッビアーデネは、急斜面でブドウを栽培する独自の技術や文化が評価された。

2020年1月導入予定

日帰り観光も対象に！ ヴェネツィアで訪問税導入

ヴェネツィア市内を清潔、安全に保つためにかかる経費を賄うのが目的。税額は€2.50～10(季節により変動)。当初、2019年7月導入予定であったが延期に。これまで税金を支払うことのなかった日帰り観光客も対象となる。交通機関の運賃に含まれる形で徴収される見込み。詳細はヴェネツィア市のWebサイト（HP comune.venezia.it/it）で確認を。

←世界中から多くの観光客が訪れるヴェネツィア

イタリア滞在を満喫するための 旅のアドバイス

大人として堂々と旅を楽しむために、訪れる国のルールやマナーを知っておこう。
イタリアで気をつけたいポイントを街歩きやグルメなど、シチュエーションごとにご紹介。

街歩きのきほん

教会では服装に注意

教会などの宗教施設では、タンクトップやショートパンツなど肌を露出した服装がNGなことも。大判ショールを携行し、適宜、肌を隠すと便利だ。

美術作品の撮影はフラッシュ厳禁

展示室内の作品撮影が可能な場合もあるが、作品保護のため、フラッシュは禁止。展示室入口などに撮影可否の表示があるケースがほとんど。

階数表記は日本と異なる

イタリア語で「階」は「Piano」。日本での階数表示とは違い、日本の1階をゼロ階と捉え、日本の2階が「Piano 1」となる。ゼロ階は「Piano terra」とも言うため、「T」と略されることもある。

地下1階	1階	2階	3階
Piano-1	Piano 0 または T	Piano 1	Piano 2

イタリアのトイレ事情

日本に比べると公衆トイレは少ない。観光時のミュージアム、食事時のレストランなど、機会がある場所で用を足しておこう。急に行きたくなった場合は、街なかのバールなどで何かを注文し、トイレを借りるのもいい。古い仕様のものは便座がないことも多く、衛生面から中腰での利用をすすめる。ペーパーも持参しておくと安心。

エスカレーターは左を空ける

基本的に右側に立ち、左側を空けるのがルールだが、街や施設により異なることも。地元の人のやり方に従おう。

グルメのきほん

予約は必要?

話題店や人気店は早めの予約が肝心。リストランテと呼ばれる高級店も予約をして出かけるほうがスマートだ。予約の際は、日時と人数に加え、眺めがいい場所や落ち着ける空間など、テーブルのリクエストも出すといい。

入店から会計まで

入店して席に着く

予約ありの場合は名前を伝えて、席へ。予約なしの場合は人数を伝え、店の人の案内に従おう。

料理を注文する

高級店ではアンティパスト(前菜)、プリモ(パスタやリゾット)、セコンド(メイン)から1皿ずつ選ぶのが基本。トラットリアなど庶民的な店は1人2皿ほどでもOK。

メニュー名 をください。
メニュー名 ,per favore.《ペル ファヴォーレ》

会計する

テーブルで行うのが原則。数字を書く軽めのジェスチャーが会計(イル・コント)の意を表す。

チップは必要?

サービス料込みの場合は原則不要。気持ちのよいサービスを受けたときは1人頭€1～2の心付けを置くといい。

テーブルマナー

1人が1皿を完結して食べるのが習慣。大皿料理のような取り分け、途中での皿の交換はしないこと。パスタなどを音を立てて食べるのも厳禁だ。

ショッピングのきほん

ショッピングのマナー

ブランド店やセレクトショップなど、店員さんが接客販売をしている店舗へは、「ブォンジョルノ」など、あいさつの言葉をかけて入る。商品を勝手に手に取るのはNGで、店員さんに頼んで見せてもらう。退店時もあいさつを。

バーゲンセール

イタリア語でバーゲンセールは「Saldi サルディ」。年に2回あり、1月第2週くらいからと7月最終週くらいから始まり、それぞれ約1カ月ほど続く。

ホテルのきほん

チップは必要?

通常のサービス内では基本的に不要。ただし、高級ホテルでは荷物運びのポーターに€1ほどを渡すのがスマート。別途のサービスにも心付けを。

宿泊税は別途支払いの必要が

イタリアには法律で定められた宿泊税があり、宿泊料金とは別に支払いが必要となる。ホテルリストなどに規定が載っているので、確認のうえ支払う。

使用済みのタオルは床に

使用済みタオルは元あった場所ではなく、床などに置いておくと、タオル交換希望の意思表示となる。使っていないものはそのままの場所に。

建築・美術を楽しむために

長い歴史を誇る国だけに、建築物や芸術作品には各時代の様式や潮流が混交。キーワードを押さえておくと、見学や鑑賞がさらに楽しくなる。

建築の様式の変遷

キリスト教文化を中心に歴史が紡がれた関係から、教会の建築様式の変遷が各時代の建造物の特徴を代表する。

初期キリスト教

4～7世紀

古代ローマの高度な建築技術がベース。十字形などの集中式、長堂のバジリカ式がある。

ビザンチン

5世紀

集中式とバジリカ式の堂に東方文化の影響が濃いクーポラを頂く。東ローマ帝国で発達。

ロマネスク

11世紀

ローマ建築からの刷新を意図した様式。外壁や天井に半円形アーチの飾りを多く使用。

ゴシック

12世紀

ロマネスク様式の発展系。高くそびえる尖塔、垂直指向の大窓、装飾柱などが特徴的。

ルネサンス

14世紀～

ギリシャやローマの古典様式への回帰。幾何学的な均衡、整然とした調和美を重視した。

バロック

17世紀～

ルネサンス様式の規範を壊し、動的でダイナミックな表現、豪華さと華やかさを追求。

建築のキーワード

建築物のパーツの名称を知っておくと、教会やモニュメント見学の理解が深まる。基本は次の4つだけでOK。

クーポラ ……… Coupola

教会などの宗教建築の堂に載る丸屋根。「ドーム」「円蓋」とも呼ばれ、半球形が一般的。

オベリスク ……… Obelisco

古代エジプトの神殿などを飾ったモニュメント。ローマ時代に戦利品として移された。

ファサード ……… Facciata

建築物正面の外壁。建物の"顔"として、窓やアーチ、彫像や飾り柱などの装飾を施す。

グロッタ ……… Grotta

通常は「洞窟」のことだが、宗教建築では地下墓地を指す。庭園の人工洞窟もこう呼ぶ。

美術のキーワード

絵画や装飾は技法によって趣が異なる。イタリアでよく目にするのは以下の3種だ。

モザイク ……… Mosaico

石・陶器・ガラスなどの小片をはめ込んで、図や絵を描く技法。東方文化の影響が濃い。

フレスコ ……… Affresco

壁に漆喰を塗ったあと、それが乾く前に顔料で一気に描く。美しい発色、耐久性が特徴。

テンペラ ……… Temperare

卵など乳化作用がある素材を顔料に混ぜ、絵具として使う。鮮明な発色を得られる。

ドゥオモとは?

街で最も重要なキリスト教信仰の場となる大聖堂を指す。教区の中心であることを示す、大司教や司教のための座席「司教座」が置かれる。

守護聖人とは?

キリスト教には聖人が多数おり、街にゆかりが深い聖人を守護聖人として信仰する伝統がある。ローマの守護聖人は2人で、聖ペテロと聖パウロ。

覚えておきたい芸術家

ダ・ヴィンチ ▶P.76
1452～1519年。「ルネサンスの万能人」と称される芸術家・科学者。代表作『最後の晩餐』で空気遠近法を確立。

ミケランジェロ ▶P.76
1475～1564年。ルネサンスの天才芸術家。フィレンツェとローマで活躍し、多くの彫刻・絵画・建造物を残した。

ラファエッロ ▶P.76
1483～1520年。盛期ルネサンスを代表する画家・建築家。ローマで教皇に仕え、優美な作風の絵画・壁画を制作。

ボッティチェッリ
1444～1510年。画家。フィレンツェでメディチ家の庇護のもと活躍し、繊細で耽美的な作品を多く生み出した。

ブルネレスキ ▶P.99
1377～1446年。建築家。ローマで古代建築を研究し、故郷・フィレンツェの大聖堂など荘厳な空間造りに従事。

カラヴァッジョ
1571～1610年。ミラノ、ローマなどで活動したバロック期の画家。明暗の対比表現やドラマチックな構図が特徴。

ベルニーニ
1598～1680年。ローマ・バロックの巨匠。動的で劇的表現の彫刻や絵画、華やかで壮大な建築物を多数残した。

ティツィアーノ
1488～1576年。ヴェネツィア・ルネサンスの画家。色彩と官能的な表現にあふれた宗教画や神話画を数多く制作。

ティントレット
1518～94年。画家。ヴェネツィア派の伝統を踏まえつつ、明暗の対比と動的表現により、前バロックの様式を牽引。

ITALY TRAVEL PLAN

定番＋ハルカナおすすめ Do it！

至福のイタリア 周遊モデルプラン

とびっきりの3プラン

個性豊かな魅力ある街が点在するイタリアは周遊プランがおすすめ。
王道4都市だけでなく、小さな街へ足をのばすプランもご紹介！

ローマ ➡ フィレンツェ ➡ ヴェネツィア ➡ ミラノ

4都周遊 PLAN

初めてのイタリアで訪れたい人気の4都市を、7泊9日で存分に満喫する。

迫力満点のコロッセオは外せない

午後便 日本からフィウミチーノ空港へ

Day1 ローマ
ローマに到着 ▶P.35

直行便の場合、ローマまで約12時間45分のフライト。ホテルに移動して、翌日からの予定に備えよう。 ●ローマ泊

Day2 ローマ
古代ローマの遺跡に感動

コロッセオやパンテオンなど歴史ロマンあふれるローマらしいスポットへ。ローマピッツァも楽しみたい。 ●ローマ泊

Day3 ローマ フィレンツェ
ヴァチカン＆人気広場を巡り、フィレンツェへ ▶P.93

サン・ピエトロ大聖堂や『ローマの休日』で有名なスペイン広場などを夕方まで満喫したら、フィレンツェへ移動を。 ●フィレンツェ泊

FRで約1時間30分

Day4 フィレンツェ
花の都を歩く

クーポラが美しいドゥオモを中心に、華やかな旧市街を見学する。 ●フィレンツェ泊

Day5 フィレンツェ ヴェネツィア
ウフィツィ美術館を鑑賞後、ヴェネツィアへ移動 ▶P.129

ルネサンス芸術の宝庫である美術館はマスト。技術が光る職人の街らしいおみやげもゲットしたい。 ●ヴェネツィア泊

FRで約2時間5分

Day6 ヴェネツィア
水の都でゴンドラに乗る

サン・マルコ広場に集まる名所を見学したら、憧れのゴンドラから眺める情緒ある景色にうっとり。 ●ヴェネツィア泊

Day7 ヴェネツィア ミラノ
朝からミラノへ向かいモードな街をおさんぽ ▶P.157

FRで約2時間25分

街の中心に立つドゥオモを見学。おしゃれな街のショップ巡りも。 ●ミラノ泊

Day8・9 ミラノ
『最後の晩餐』を見て空港へ

ダ・ヴィンチの傑作を鑑賞してから、約12時間10分の直行便で帰国の途につく。

午後便 ミラノ・マルペンサ空港から日本へ

ミラノへ向かう途中に立ち寄り　アレンジプラン

ヴェローナ ▶P.26

『ロミオとジュリエット』の舞台として知られる、街全体が世界遺産の美しい街。

アドバイス

ヴェネツィアとミラノの中間に位置。半日で観光できる。ヴェネツィア→ヴェローナはFRで約1時間10分、ヴェローナ→ミラノはFRで約1時間15分。

ローマ ➡ アマルフィ ➡ カプリ島 ➡ ポンペイ

南イタリア周遊PLAN

6泊8日の滞在で、イタリア屈指のリゾートエリアの美しい街と島に癒やされる。

憧れの青の洞窟は、息をのむ神秘的な美しさ

午後便 日本からフィウミチーノ空港へ

Day1 ローマ

ローマに到着 ▶P.35

直行便で夜にローマへ到着。ライトアップされるスポットもあるので、余裕があれば出かけてみよう。 ●ローマ泊

Day2 ローマ

コロッセオ＆スペイン広場の人気スポットを満喫

コロッセオは予約をして午前中に。スペイン広場やトレヴィの泉周辺はショップが並び散歩が楽しいエリア。 ●ローマ泊

Day3 ローマ アマルフィ

半日をローマで過ごしたらアマルフィへ出発! ▶P.20

テルミニ駅周辺の見どころをまわり、駅のフードコートでランチ。アマルフィへの移動は鉄道とバスを乗り継ぐので、時間に余裕をもちたい。 ●アマルフィ泊

FRで約2時間、SITA社のバスで約1時間15分

Day4 アマルフィ カプリ島

高級リゾート・アマルフィの海岸線を歩く

世界一美しい海岸線と称される街を散策。カプリ島へ船でアクセスし、地中海の風を感じよう。 ●カプリ島泊

船で約50分

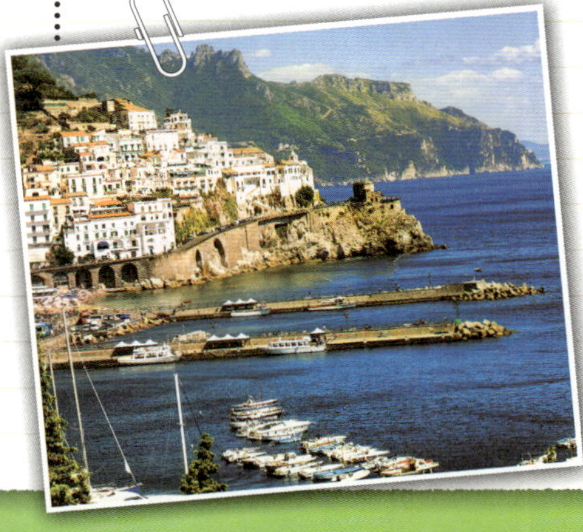

Day5 カプリ島

カプリ島の青の洞窟へ ▶P.24

地中海リゾートを代表する島。青の洞窟へは待ち時間も考慮して最初に向かいたい。 ●カプリ島泊

Day6 カプリ島 ポンペイ ナポリ

船で約20〜30分、ソレントでヴェスーヴィオ周遊鉄道に乗り換え約30分

ポンペイ遺跡を探検 ▶P.92

火山の噴火で一夜にして滅んだとされるポンペイ遺跡には、当時の住居や復元された人形模型があり見どころが多い。見学後は帰国に備えてナポリへ向かおう。 ●ナポリ泊

ヴェスーヴィオ周遊鉄道で約23〜36分

Day7・8 ナポリ

日本へ帰国

直行便はない。ローマで乗り継ごう。

午前便 ナポリ・カポディキーノ空港からフィウミチーノ空港へ。フィウミチーノ空港から日本へ

アレンジプラン アマルフィからひと足のばして

ポジターノ ▶P.23

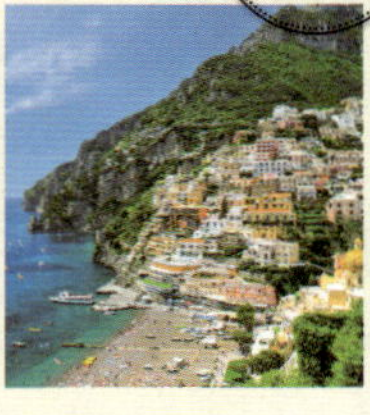

海の青とカラフルな家並みのコントラストが楽しめる、セレブ御用達のリゾート地。

アドバイス

アマルフィから日帰りで十分まわれる。交通手段は、SITA社のバスで約40分ほどの高台へ、船だと約20分の港へ行くことができる。

フィレンツェ ➡ シエナ ➡ サン・ジミニャーノ ➡ ローマ

トスカーナ周遊PLAN

州都フィレンツェを起点に、トスカーナの街と芸術を旅する6泊8日。

シエナやサン・ジミニャーノ周辺の田園風も必見

午後便 日本からフィウミチーノ空港へ。フィウミチーノ空港からアメリゴ・ヴェスプッチ空港へ

Day1 フィレンツェ

フィレンツェに到着 ▶P.93

ローマで国内線に乗り継ぎ、夜遅くに到着する。市内へはトラムまたはタクシーで移動しよう。 ●フィレンツェ泊

Day2 フィレンツェ

芸術の都でアート巡り

事前予約をしておき、まずはウフィツィ美術館へ。パラティーナ美術館やサン・マルコ美術館なども巡り、ルネサンス期の絵画に感動したい！ ●フィレンツェ泊

Day3 フィレンツェ

街の象徴のドゥオモとメディチ家の栄華をたどる

王道のドゥオモを見学後、メディチ・リッカルディ宮殿など、メディチ家ゆかりの場所を巡る。 ●フィレンツェ泊

Day4 フィレンツェ シエナ

Rで約1時間30分

中世の姿を残すシエナへ ▶P.33

トスカーナの田園風景に囲まれたシエナへ向かう。美しい街並みとシエナ派絵画などを見て歩きたい。 ●シエナ泊

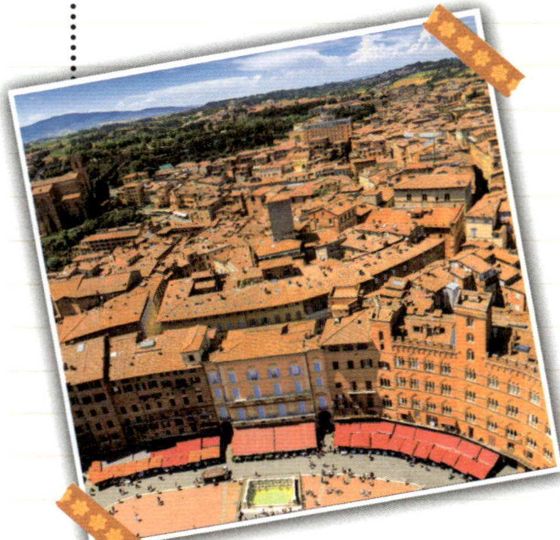

Day5 シエナ サン・ジミニャーノ ローマ

Rで約30分、ポッジボンシでSITA社のバスに乗り換え約20～25分

SITA社のバスでポッジボンシまで約20～25分、フィレンツェまで約50分乗り継ぎ、FRに乗り換え約1時間30分

美しい塔の街を歩く ▶P.30

丘の上の小さな街。富と権力の象徴として建てられた塔が印象的な街並みを半日観光し、ローマへ向かう。 ●ローマ泊

Day6 ローマ

ローマで芸術鑑賞 ▶P.35

人気のヴァチカン美術館は、事前予約のうえ午前中に。ベルニーニの彫刻やカラヴァッジョの傑作を所蔵する教会などを見て歩きたい。 ●ローマ泊

Day7・8 ローマ

日本へ帰国

午前中はテルミニ駅にアクセスしやすいスペイン広場周辺で観光や買い物を。

午後便 フィウミチーノ空港から日本へ

アレンジプラン +1日で世界遺産の斜塔を見学

ピサ ▶P.128

有名なピサの斜塔をはじめ、主要な見どころはドゥオモ広場周辺に集まっている。

アドバイス

ドゥオモ広場までは駅からバスで約10分。ピサまでの交通手段は、シエナ～ピサはRで約1時間45分(途中、Empoliエンポリ駅で乗り換えあり)。ピサ～フィレンツェはRVで約1時間。

都市の移動とプランニング

周遊プランの移動は鉄道が基本。小さな街や島へはバスや船も使う。滞在する曜日や時期がプランにも影響するので、しっかり吟味したい。

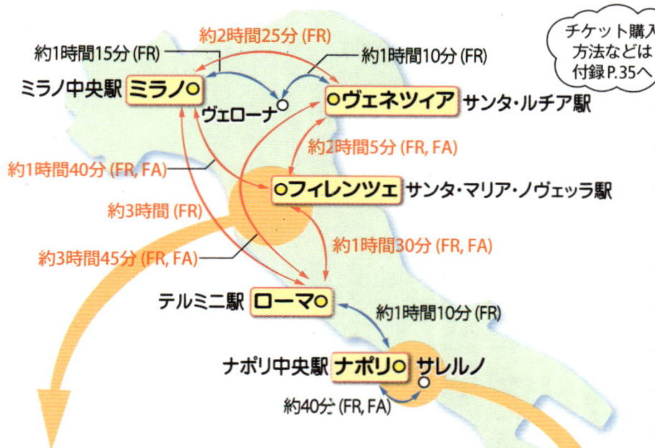

チケット購入方法などは付録P.35へ

イタリアの高速鉄道

紹介しているモデルプランの都市間は、主にトレニタリア社の高速鉄道で移動している。フレッチャロッサ(FR)、フレッチャルジェント(FA)が中心。トスカーナの小さな街を訪れる場合は普通列車(R)や快速列車(RV)などの在来線も利用する。

トスカーナの移動手段をCheck!

フィレンツェから在来線に乗車する。SITA社のバス路線は鉄道のない街へのアクセスに便利。

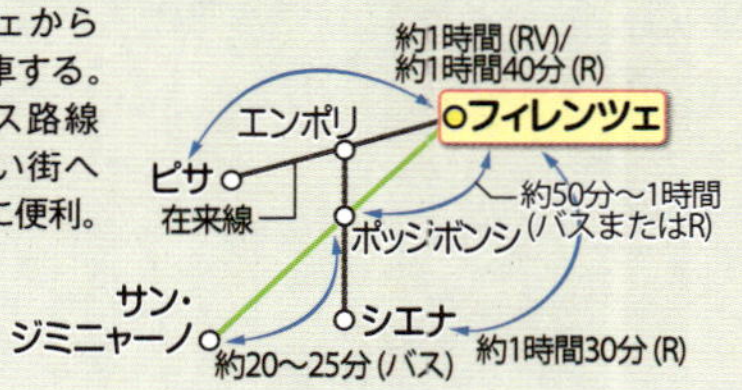

南部のローカルな移動手段をCheck!

北部と行き来する起点になるのは、高速鉄道の停車駅であるナポリとサレノル。周辺に点在する街や島へは、ナポリを起点としたヴェスーヴィオ周遊鉄道、各街を結ぶSITA社の中・長距離バス、海岸線を結ぶ船などを組み合わせて移動する。

●主な移動手段と所要時間

ナポリ～カプリ島
ベヴェレッロ港からマリーナ・グランデ港まで船で所要50分～1時間25分。

ナポリ～ポンペイ
ヴェスーヴィオ周遊鉄道で所要23～36分。

サレルノ～アマルフィ
SITA社のバスで所要1時間15分。船で所要35分。

ナポリ～ソレント
ヴェスーヴィオ周遊鉄道で所要50分～1時間10分。船で所要40分。

旅行には何日必要？

複数都市に滞在したいなら
6泊8日以上

移動を含めると遊びたい日数+3日が必要。特にローマ、フィレンツェ、ヴェネツィア、ミラノの4都市は見どころが多い。それぞれ1.5～2日以上滞在できると主要スポットを満喫できる。小さな街は移動と観光で+1日が目安。

プランの組み立て方

❖ 日曜や祝日を考慮しよう
日曜や祝日はレストランやショップ、観光スポットの休みが多く、美術館は月曜休みが多い。大都市では開いている場合もある。

❖ 予約は最大限に活用を
世界中から観光客が訪れるイタリアでは、チケット購入や施設への入場に行列ができることも多い。ミラノの『最後の晩餐』の鑑賞など、予約必須のスポットもある。スムーズな旅行には出発前に予約を済ませておくのが得策だ。英語やイタリア語の公式サイトから予約するのが基本だが、不安な場合は、手数料はかかるが代理店に予約を代行してもらうのもよい。

❖ 長期休暇やクリスマスに注意
8月前後のバカンスのシーズンには2週間～1カ月ほど休む店が多い。大都市であれば開いているお店もあるが、小さな街へ訪れる場合には注意が必要。クリスマスの12月25・26日、メーデーの5月1日も休む店が多い。

❖ 飛行機移動も検討
主要都市の移動手段は空路もある。詳細は付録P.35を参照。

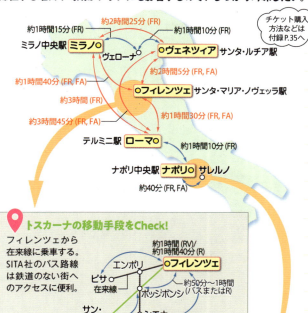

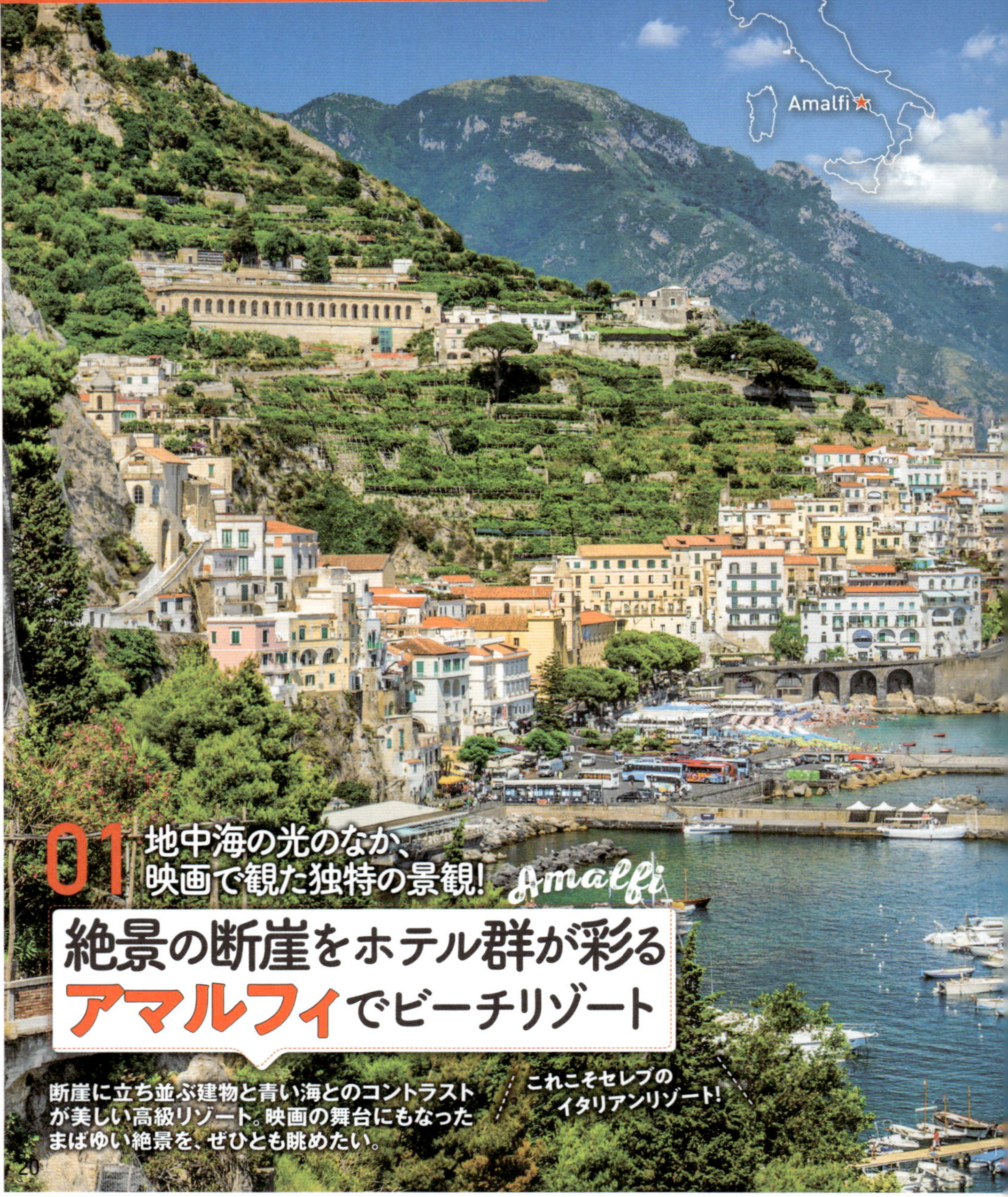

01 地中海の光のなか、映画で観た独特の景観！

Amalfi

絶景の断崖をホテル群が彩る アマルフィでビーチリゾート

断崖に立ち並ぶ建物と青い海とのコントラストが美しい高級リゾート。映画の舞台にもなったまばゆい絶景を、ぜひとも眺めたい。

これこそセレブのイタリアンリゾート！

©iStock.com/bluejayphoto

ソレントからサレルノを結ぶ 全長約40㎞のアマルフィ海岸

長靴の形をしたイタリアのちょうど足首あたり、ナポリの西側のソレントを南下し、アマルフィを経て東側のサレルノまで約40㎞続くアマルフィ海岸。切り立った断崖に張り付くようにカラフルな家々や塔、大聖堂などが重なり合う、中世の面影を残した小さな街が点在し、世界一美しい海岸として1997年に世界遺産に登録された。

中心地となるアマルフィは10世紀ごろにはピサやジェノヴァ、フィレンツェに並ぶ海洋共和国として栄華を誇ったが、ノルマンの征服や大嵐によって衰退と壊滅の歴史を歩む。しかし20世紀に入り再びその美しさが注目され、一帯はイタリア随一のリゾート地として蘇った。今もかつての交易の名残が街のそこかしこに見られる。アマルフィからバスで15分ほどのポジターノをはじめ、断崖にひらけた天空の街ラヴェッロ、マヨルカ焼きで知られる陶器の街ヴィエトリ・スル・マーレなど、魅力的な街が点在している。

アクセス

ローマから

ナポリ中央駅までFRで1時間10分。徒歩すぐのナポリ・ガリバルディ駅からソレント駅までヴェスーヴィオ周遊鉄道ソレント行きで50分～1時間10分。終点で下車し、SITA社のバスに乗り換え、Ⓑ5070番ポジターノ経由アマルフィ行きで1時間30～40分で到着。または、ローマからサレルノ駅に行き、Ⓑ5120番アマルフィ行きに乗り換え1時間15分でもアクセス可。海岸巡りに便利な乗り降り自由の1日券€10がおすすめ。アマルフィの港からは隣接する街などへの船も運航している。

急峻な山肌に並ぶ家々が美しい景観をつくる

街歩きアドバイス

セレブが集う高級リゾートとして知られるアマルフィ。長い交易の歴史からイスラムの影響が色濃く残り、迷宮のような小道の散策も楽しい。メインストリートのロレンツォ・ディ・アマルフィ通りには人気のレストランやショップが立ち並び、名産のレモングルメやレモンリキュールのリモンチェッロなども味わえる。

↑甘く爽やかなリモンチェッロ

地中海に君臨した美しい古都と出合う

アマルフィの街を散策

9世紀に始まる1000年の歴史ある街並みが広がる。中心広場にそびえる聖アンドレアのドゥオモ周辺には屋台やカフェなどが並ぶ。

アマルフィの歴史を語る

ドゥオモ

Duomo

MAP P.22

987年の創建。街の守護聖人、聖アンドレアを奉じた大聖堂。7回の改修でバロックやイスラム、ゴシックなどさまざまな様式が混在する。夕日に映えるファサードは必見。

☎089-873558 交Amalfiバス停から徒歩2分 所Piazza Duomo 開9:00～18:45(7～9月は～19:45)11～2月10:00～13:00、14:30～16:30 休無休 料無料

↑アマルフィが誇るドゥオモ

↑壁や天井に繊細で見事なフレスコ画が描かれた大聖堂の内部

↑イエスの最初の信徒・聖アンドレアが眠る地下聖堂の中央祭壇
©Greta Gabaglio/123RF.COM

↑大聖堂へ続く62段の大階段の上から通りを一望できる
©WiesÅ,aw Jarek/123RF.COM

中庭を囲む120本の柱

天国の回廊

Chiostro del Paradiso

MAP P.22

13世紀にアマルフィの貴族たちの墓地として建設。イスラム風の美しい建築と、奥の礼拝堂に描かれたフレスコ画が見事。

☎089-871324 交Amalfiバス停から徒歩4分 所Via Salita Episcopio 1 開9:00～18:45(7～9月は～19:45) 11～2月 10:00～13:00 14 :30～16:30 休無休 料€3

↑真っ白な回廊に、地中海風の鮮やかな緑の中庭が映える

海岸に連なるもうひとつのリゾート

ポジターノで路地歩き

映画や芸術界のVIPらがこよなく愛する“アマルフィ海岸の宝石”。息をのむ眺めと、花や緑に彩られた白塗りの路地をゆっくりと散策したい。

街歩きアドバイス

アマルフィから船で20分。またはⒷ5070番でSpondaスポンダまで40分。バス停スポンダは東側の高台にあり、周辺は紺碧の海と街を一望できる展望スポットだ。砂浜から断崖と街を見上げるのもダイナミックだ。ブーゲンビリアの棚が美しいムリーニ通りやリゾート・ファッションのブティックが軒を連ねる白い路地には、リゾートの雰囲気が色濃く漂う。

↑レース使いのポジターノ・ファッションの店が並ぶ

↓小さな砂浜を囲む美しい街並みを船から眺めるのもよい

街を見守る美しきシンボル

サンタ・マリア・アッスンタ教会

Chiesa di Santa Maria Assunta

MAP P.23

街の中心部にそびえる鮮やかなマヨルカ焼きのクーポラが印象的な教会。主祭壇に飾られた「黒聖母」の異名を持つ13世紀のビザンチン風の板絵は必見。

☎089-875480 交Spondaバス停から徒歩11分 所Piazza Flavio Gioia 開8:00～12:00 16:00～20:00 休無休 料無料

↑青い海を見下ろす白くシンプルなファサードを持つ教会

→主祭壇には海賊から街を守ったといういい伝えのある黒聖母像がある

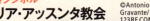

02 スターたちに愛される かわいい島へ船で渡る

断崖から見下ろす 海もスゴイ！

洗練されたカプリ島の街路にセレブな時が流れる

ナポリの沖合30㎞に浮かぶリゾート島。幻想的な洞窟と絶景が広がり、おいしい魚介料理や美しい広場が彩る魅惑の島。

Isola di Capri

世界中のセレブがバカンスを楽しみに訪れ、青い海に無数の豪華クルーザーが停泊する

Isola di Capri

エリアガイド

街歩きアドバイス

古代ローマ皇帝も愛したという美しい景色が見どころ。青の洞窟を見学したあとは、中心部のカプリ地区で世界中から観光客の集うウンベルト1世広場をはじめ、美術館や名産の香水工房のあるサン・ジャコモ修道院なども巡りたい。時間があれば西側のアナカプリ地区まで足をのばして標高589mのソラーロ山で絶景ロープウェイを楽しんだり、のどかな街並みを散策したりするのもおすすめ。

←ソラーロ山の展望台からの景色

アクセスと交通

ローマから

ナポリ中央駅までFRで1時間10分。徒歩すぐのナポリ・ガリバルディ駅からⓂ1号線に乗り換え5分、Municipio駅下車、徒歩8分でベヴェレッロ港に到着。カプリ島のマリーナ・グランデ港まで船で50分～1時間25分。冬季は便数が減るので注意。

イタリア屈指の絶景スポット
幻想的な青の洞窟をめざす!

世界中からその神秘の世界をひと目見ようと多くの観光客が訪れるが、晴れて波の低い日にしか見ることができない。確率が高いのは5~8月だ。

日差しが強い夏の午前中が鮮やかで美しい

↑洞窟の入口の高さはわずか1m。期待と緊張の一瞬だ

©mkos83/123RF.COM

一度は見たい神秘的な青の世界
青の洞窟
Grotta Azzurra

MAP P.25

見る者を魅了するその青い輝きは、水中に開いた穴から太陽光が入り、石灰の白い海底に反射することで起こる。古代ローマ皇帝のプールや、神殿の一部だったとも伝えられる。

☎081-8370634(マリーナ・グランデ) 交マリーナ・グランデ港からボートで15分 所Banchina del Porto 開9:00~日没の1時間前 休悪天候、波の高い日 料入場料€14(洞窟へのボート代別途)

↑小舟に乗り換える洞窟前は入場を待つボートでいっぱい

↑長さ約54m、高さ約15mの洞窟内を5分ほどで一周する

青の洞窟ツアーを体験

チケットを購入する

マリーナ・グランデ内のチケット売り場でツアーに申し込む。洞窟のみを巡るツアーや、カプリ島クルーズなどがある。

モーターボートで洞窟へ

ツアー客が20~30人集まった時点で出発。約20分ほどで洞窟の前に到着する。

洞窟前で小船に乗り換える

4~5人乗りの小さな手漕ぎボートに乗り換え、船頭に入場料+ボート代を支払う。ハイシーズンや悪天候のときは洞窟前で2~3時間待つこともある。

いよいよ洞窟の内部へ

洞窟の入口は狭いので、仰向けになって入る。5分ほど見学して、ツアーは終了。船頭さんにチップ(€1程度)を渡すといい。

観光客の集うカプリの中心地
ウンベルト1世広場
Piazza Umberto I

MAP P.25

教会や時計台、カフェに囲まれたカプリの中心地。高台にあり、絶景の展望スポットでもある。

所Piazza Umberto I

↑広場のシンボルの時計台。1階には観光案内所も入っている

←パステルカラーのヴィラが立ち並ぶカプリの街並み

↓美しい庭園が広がるアウグストゥス庭園

街の北東、アディジェ川を渡ったサン・ピエトロ城の丘の上から望むヴェローナの全景

03 お城や旧市街や野外劇場もある中世の小さな街 Verona

悲恋の舞台となった古都 美しいヴェローナの街を歩く

古代ローマに始まる2000年の歴史が息づく世界遺産の街。そして、世界で最も有名な恋愛物語の舞台となった「愛の街」でもある。

『ロミオとジュリエット』の舞台!!

今なお人々の心を揺さぶる
ロメオとジュリエッタの故郷

シェイクスピアが描いた悲恋物語『ロミオとジュリエット』の舞台となったのは14世紀のヴェローナ。皇帝派と教皇派に分かれて抗争が続いていた時代に起きたと伝わる悲恋の民間伝承をベースに書き上げたといわれている。街には物語を愛し、歴史を保存するために設立されたジュリエッタ・クラブがあり、ボランティアの女性たちが毎年世界中から手紙やメールで届く1万通もの恋の相談に返信し続けている。

不思議にも、川と城壁に囲まれ街全体もハート形の「愛の街ヴェローナ」。物語の世界と現実を行き交うロマンティックな時を過ごすのも楽しい。

アクセス

ヴェネツィア、ミラノから

ミラノからFRで1時間15分。ヴェネツィアからREで1時間10分。駅からアレーナ(円形闘技場)までは徒歩20分、またはatv社のⒷ11・12・13・90・92・94・98番などで8分、Piazza Braバス停下車すぐ。

赤いレンガ色に染まる街を散策

恋の聖地と古都の歴史をたどる

街を囲むように蛇行するアディジェ川が流れ、悲恋の物語と古都の物語がリアルに現在と交錯するロマンティックな街並みを歩く。

バルコニーに立ってジュリエッタに思いを馳せてみたい
ジュリエッタの像の右胸に触れると幸せな結婚ができるという
©Fabian Meseberg/123RF.COM

↓中庭のバルコニーの下にたたずむブロンズのジュリエッタ像
©Gregor Jerič/123RF.COM

←物語を愛する人たちのために後からしつらえられたバルコニー
©Malgorzata Pakula/123RF.COM

街歩きアドバイス

「愛の巡礼地」と呼ばれる街では、ロメオとジュリエッタの物語にゆかりのあるスポットを巡りながら、古代ローマ時代から中世の最盛期へと続く壮麗な建築物を楽しもう。カフェや屋台が並ぶエルベ広場でゆっくり過ごしたあとは、ランベルティの塔をはじめ、川を渡った古代遺跡と城壁跡に築かれた展望スポットから、悠久のヴェローナの眺めに浸りたい。

↑中世の堅固なスカリジェロ橋
©bloodua/123RF.COM

ジュリエッタに恋の願い事を

ジュリエッタの家

Casa di Giulietta

MAP P.27

13世紀に建てられたカプレーティ家の建物を、物語の中の家としてしつらえたもの。中庭にジュリエッタの像が立ち、ロメオと愛をささやいた大理石のバルコニーや、ルネサンス風の寝室もある。

☎045-803-4303 交アレーナから徒歩7分 所Via Cappello 23 開8:30(月曜13:30)～19:30(チケット販売は～18:45) 休無休 料€6(ジュリエッタの墓との共通券€7)

↑落書き自由の壁にびっしり書き込まれた恋の願い事
©Dmitriy Feldman123RF.COM

©WiesÅ‚aw Jarek/123RF.COM

『ロミオとジュリエット』ゆかりのスポット

ジュリエッタの墓

Tomba di Giulietta

© Marco Carbonini / 123RF.COM

MAP P.27

フレスコ画博物館の中庭にある地下埋葬所に置かれたジュリエッタの石棺。

☎045-800-0361 交アレーナから徒歩10分 所Via Luigi da Porto 5 開8:30(月曜13:30)～19:30(チケット販売は～18:30) 休無休 料€4.50(ジュリエッタの家との共通券€7)

ロメオの家

Casa di Romeo

MAP P.27

ロメオの一族モンテッキ家の建物。個人所有のためプレートが見られるのみ。

交アレーナから徒歩10分 所Via Arche Scaligere 4 開休料外観のみ見学自由

ヴェローナを象徴する古代ローマ遺跡

アレーナ(円形闘技場)

Arena(Anfiteatro Romano)

MAP P.27

1世紀の前半に建設された古代ローマの円形闘技場。当時とほぼ同じ姿で残る貴重な遺跡で、イタリア国内3番目の大きさを誇る。音響もよく、毎年夏には迫力満点の野外オペラが開催される。

☎045-800-3204 交Verona Porta Nuovaヴェローナ・ポルタ・ヌオーヴァ駅からⒷ11・12・13・90・92・94・98番などで8分、Piazza Braバス停下車すぐ 所Piazza Bra 開8:30(月曜13:30)～19:30(チケット販売は～18:30、夏季のオペラ開催日は～16:00) 休無休 料€10

↑ロマンティックにライトアップされた夜のアレーナ

←長さ約152m、幅約128m、高さ約30mで2万2000人を収容できる

↓中央のマドンナの噴水はヴェローナの象徴

→高さ84mのランベルティの塔からは街を一望できる

カフェや露店が立ち並ぶ

エルベ広場

Piazza delle Erbe

MAP P.27

ローマ時代以降、何世紀にもわたり市場や集会所のある街の中心であった広場。周囲には貴族や商人の豪邸が並び、建物の壁には16世紀のフレスコ画も見られる。塔やカフェに囲まれ、野菜や肉、おみやげ物を売る白いパラソルの露店が並ぶ。

交アレーナから徒歩10分 所Piazza delle Erbe

アディジェ川を渡って展望スポットへ

対岸にはランベルティの塔が見える

テアトロ・ロマーノ

Teatro Romano

MAP P.27

1世紀の建築で夏にバレエやジャズを楽しめる劇場。階段の上からアディジェ川と街を一望できる。

☎045-800-0360 交アレーナから徒歩20分 所Regaste Redentore 2 開8:30(月曜13:30)～19:30 休無休 料考古学博物館€4.50

街全体を見渡せる最高の展望スポット

サン・ピエトロ城

Castel San Pietro

MAP P.27

テアトロ・ロマーノの上の高台に位置する。現在城はなく、入口のカフェから街全体を見渡せる。

交アレーナから徒歩25分 所Piazzale Castel S. Pietro

中世ヴェローナの堂々たる城塞

カステルヴェッキオ博物館

Museo di Castelvecchio

MAP P.27

ヴェローナ市民を守るための城塞として1354年に建設。現在は市立美術館になり、14～18世紀の彫刻や絵画が展示され、建造物の構造と作品を堪能できる。

☎045-806-2611 交アレーナから徒歩6分 所Corso Castelvecchio 2 開8:30(月曜13:30)～19:30(チケット販売は～18:45) 休無休 料€6、60歳以上€4.50、10～5月の第1日曜は€1

↑繁栄を極めたヴェローナの代表的建築物

芸術作品に魅了されるゴシック教会

サンタナスターシア教会

Basilica di Sant'Anastasia

MAP P.27

殉教者聖ピエトロを記念し1290～1481年に建立された、街で一番大きな教会。質素な外観に反して壮麗な内部には有名な『せむし男』の彫刻や感動的なフレスコ画が広がる。

☎045-592-813 交アレーナから徒歩15分 所Piazza S. Anastasia 開9:00～18:30 11～2月10:00～17:00(通年土曜、祝前日は～18:00、日曜、祝日は13:00～18:00) 休無休 料€3

↑未完のファサードの向こうは芸術世界

04 城壁に囲まれた石畳を歩く

San Gimignano

美しい塔のある街 サン・ジミニャーノで中世の旅

葡萄とオリーブ畑に包まれて

標高324mの丘に広がる独特の風景。中世に富と権力の象徴として競って建てられ、最盛期に72本を数えた塔は、今も14本が現存する。

↑中世の邸宅や塔に囲まれ三角形に広がるチステルナ広場

© lachris77/123RF.COM

レンガ色の街並みと塔からのパノラマに感動! 時が止まった城壁内を散策

13世紀に隆盛を極めた美しい建物が残る街並み。さまざまな角度で街を眺めながら、おいしいワインや食事を味わいたい。

ドゥオモ広場には塔や見どころがいっぱい

© jakobradlgruber/123RF.COM

街を象徴する中世の空気が漂う

ドゥオモ広場

Piazza del Duomo

MAP P.31

中世は街の中核部分であった場所。ドゥオモ、市立美術館のあるポポロ宮殿、柱廊のあるポデスタ宮殿に囲まれ、現存する塔のうち7つが林立する、中世にタイムスリップしたような光景。

交 モンテマッジョ広場から徒歩8分

↓最上階まで上がれるサルビッチの塔から街を見渡せる

高さ54mのグロッサの塔から街を一望する

エリアガイド

街歩きアドバイス

石畳の道にワインショップやバールの並ぶメインストリートのサン・ジョヴァンニ通りからチステルナ広場を抜け、ドゥオモ広場へ。塔の上から城壁に囲まれた街の全貌を眺めたり、フレスコ画の美しいドゥオモとポポロ宮殿の美術館で芸術を満喫。城壁に上がることもでき、塔とはまた違った景色を楽しめる。歩き疲れたらワインショップやバールに立ち寄り、おいしい白ワインとハムを堪能。ジェラートやパニーノの店も多く、こちらもおすすめ。

アクセスと交通

フィレンツェから

SITA社のシエナ行きバスで50分、鉄道の場合はRで1時間のPoggibonsiポッジボンシで、サン・ジミニャーノ行きのバスに乗り換え20～25分、San Gimigano(Piazzale Montemaggio) サン・ジミニャーノ(モンテマッジョ広場)下車すぐ。

石造りの建物に囲まれたストリート
©gonewiththewind/123RF.COM

彫刻やフレスコ画が見事

ドゥオモ
Duomo

MAP P.31

12世紀の建設で、円柱で3廊に仕切られたロマネスク様式の残る教会。聖女フィーナの伝説をドラマチックに描いたフレスコ画『聖女フィーナの生涯』が圧巻。

☎0577-940152 交モンテマッジョ広場から徒歩8分 所Piazza del Duomo 開10:00(日曜12:30)～19:30(土曜は～17:30) 11～3月10:00(日曜12:30)～17:00※宗教行事中は入場不可、入場は閉場の30分前まで 休1月1・15～31日、3月12日、11月15～30日、12月25日 料€4、6～18歳€2

階段から広場の眺めを楽しめる
© lachris77/123RF.COM

美術館からグロッサの塔へ上がっていける
© lauradibiase/123RF.COM

市庁舎の一部が美術館になっている

絵画と建築と眺望を楽しめる

ポポロ宮殿(市立美術館)
Palazzo del Popolo

MAP P.31

13世紀に建てられた美しいたたずまいと、街で一番高いグロッサの塔を備える。館内の壁面に残るフレスコ画や、ルネサンス期の絵画などは見応えがあり、鑑賞後は塔の上から眺望を楽しみたい。

☎0577-990312 交モンテマッジョ広場から徒歩8分 所Piazza del Duomo 2 開10:00～19:30 10～3月11:00(1月1日12:30～)～17:30 休12月25日 料€9

ドゥオモ付属美術館にある屋上展望テラスは、マンジャの塔に並ぶシエナの展望スポット

05 レンガ造りの鐘楼がカンポ広場と噴水を見下ろす Siena

世界一美しいという広場のある シエナは糸杉のある街

トスカーナの古都

トスカーナ地方の田園と糸杉並木を抜け、広がる丘の上に築かれた古都。イタリア美術史を語るうえで重要なシエナ画派を生んだ街としても知られる。

102mのマンジャの塔から眺めたシエナの街

中世が香る旧市街に彩りを添える芸術

シエナカラーに染まる街を歩く

緑の丘に広がる独特の乾いた茶褐色の街並み。13～14世紀の最盛期に築かれた建築物と、神秘的な絵画の数々を堪能したい。

エリアガイド

街歩きアドバイス

旧市街の中心に広がるカンポ広場の美しい眺めを楽しみ、周辺を散策したあとはプッブリコ宮殿に隣接するマンジャの塔から広場と街を眺めよう。ドゥオモの壮麗な建築とフレスコ画を見学し、付属の美術館をはじめシエナ派の絵画をゆっくり鑑賞したい。年2回、7月2日と8月16日に開催される競馬「パリオ祭」に合わせて訪れるのもおすすめだ。

↑パリオ祭が開催される前後はシエナの街が熱狂に包まれる
© dogstock/123RF.COM

アクセスと交通

フィレンツェから

SITA社の直行バスで約1時間15分、Siena(Via Tozzi) シエナ(トッツィ通り)下車。鉄道はRで1時間30分。駅から旧市街までは、バスで約5分。

シエナが誇る世界一美しい広場

カンポ広場

Piazza del Campo

MAP P.33

旧市街の中心に立つプッブリコ宮殿に向かって9つの白い線が延び、ゆるやかに傾斜する貝殻のような形の広場。中央に「ガイアの泉」の噴水があり、周りを中世の建築が取り囲む。パリオ祭開催時には熱狂の舞台に。

交 グラムシ広場から徒歩8分

←周囲にレストランやカフェの外テーブルが並ぶ人々の憩いの場

↑マンジャの塔から美しい広場を俯瞰できる

聖女カテリーナを奉じる教会

サン・ドメニコ教会

Basilica di San Domenico

MAP P.33

シエナとイタリアの守護聖人、聖カテリーナの頭部を収めた祭壇のある、ゴシック様式の教会。シエナ派の画家たちの名作で彩られた内部が見事。

☎0577-280893 交 グラムシ広場から徒歩4分 所 Piazza San Domenico1 開 7:00～18:30 11～2月8:30～18:00 休 無休 料 無料

↑シエナをはじめ、イタリアの人々の信仰を集める広々とした教会

大理石とモザイクの息をのむ建築美

ドゥオモ
Duomo

MAP P.33

ゴシックの優美なファサードと、黒と白の大理石からなる横縞模様が印象的。40人もの芸術家たちが200年かけて製作した床面のモザイク画、併設のピッコロミニ図書館の息をのむほど美しい精緻なフレスコ画など見どころ満載。

☎0577-286300(コールセンター) 交グラムシ広場から徒歩8分 所Piazza del Duomo 開10:30〜19:00 日曜、祝日13:30〜18:00 土曜、祝前日10:30〜18:00 11〜2月10:30〜17:30 12月26日〜1月8日10:30(日曜、祝日は13:30)〜18:00(土・日曜、祝日、祝前日は〜17:30) 床面の装飾公開期間8月18日〜10月27日の10:30〜19:00(日曜は9:30〜18:00) 休無休(8月中旬の数日と12月25日は見学不可) 料OPA SI PASS€8〜15(天国の扉を除くドゥオモ内の施設や美術館の見学が可能)、天国の扉€20

↑ロマネスクとゴシックが融合した目を見張る内装

↑ゴシックの気品あふれるファサードと縞模様の塔が印象的

傑作と名高い洗礼盤が素晴らしい

サン・ジョヴァンニ洗礼堂
Battistero di San Giovanni

MAP P.33

ドゥオモの後陣の真下に立つ。ドゥオモの拡張計画が頓挫したことで建設され、ファサードが未完のまま。当時の3大彫刻家による洗礼盤はトスカーナ彫刻の傑作と名高い。周囲のブロンズも見事。

☎0577-286300 交グラムシ広場から徒歩10分 所Piazza S. Giovanni 開10:30〜19:00(11〜2月は〜17:00) 休無休 料OPA SI PASS€8〜15(ドゥオモとの共通券)

→サン・ジョヴァンニ広場側が入口。未完のファサードの装飾も優美

慈善活動の日常を描いたフレスコ画は必見

サンタ・マリア・スカラ救済院
Ospedale Santa Maria della Scala

MAP P.33

13〜15世紀に建設され、各時代の建築様式が見られる。巡礼者や貧しい人たちを救済する病院のような施設で、その日常を描いたフレスコ画が壁一面に描かれた慈善介護の間は必見。

☎055-286300 交グラムシ広場から徒歩13分 所Piazza del Duomo 1 開10:00〜19:00(木曜は〜22:00) 10〜3月10:00〜17:00(木曜は〜22:00、土・日曜は〜19:00) 休10〜3月の火曜、12月25日 料€9

↑大きな窓が並んだ独特のファサード

シエナ派絵画を見る!

ルネサンス期のヴェネツィアやフィレンツェと並び称されるシエナ派の芸術家たち。神秘主義を好み、夢の世界のような色彩や線を特徴とする独自の画風は、700年の時を経た今もなお、鮮やかに見る者を魅了する。

市立美術館
Museo Civico

MAP P.33

シエナの繁栄の歴史を語る市庁舎(プッブリコ宮殿)の2階にある、シエナ派絵画の宝庫。7つの展示室と礼拝堂にマルティーニをはじめ、当時活躍した画家の名作がずらりと並ぶ。

☎0577-292223 交グラムシ広場から徒歩8分 所Piazza del Campo 1 開10:00〜19:00(11月1日〜3月15日は〜18:00、1月1日は12:00〜18:00) 休無休 料€10

↓地球地図の間の壁一面に描かれた、シモーネ・マルティーニ初期の代表作『荘厳の聖母』

国立絵画館
Pinacoteca Nazionale

MAP P.33

およそ4世紀にわたって続いたシエナ派絵画の流れをたどれる絵画館。シエナ派絵画は2〜3階、4階には北イタリアやフランドルの絵画を展示する。

☎0577-286143 交グラムシ広場から徒歩15分 所Via S. Pietro 29 開8:15〜19:15(月・日曜、祝日は9:00〜13:00) 休無休 料€8

↓マルティーニ作『福者アゴスティーノ・ノヴェッロの祭壇画』

ドゥオモ付属美術館
Museo dell' Opera Metropolitana

MAP P.33

ドゥオモのファサードを飾った優美な彫刻の実物をはじめ、かつてドゥオモの主祭壇とその周辺を飾ったドゥッチョ・ディ・ブオニンセーニャの一連の大作が展示されている。

☎0577-286300 交グラムシ広場から徒歩8分 所Piazza J. della Quercia 開10:00〜19:00、冬季10:30〜17:30、季節により異なる 休無休 料OPA SI PASS€8〜15(ドゥオモとの共通券)

↓ドゥッチョの大作『荘厳の聖母』の表面。裏面はキリスト伝とマリア伝が描かれている

幾多の歴史と文化に彩られた街

ローマ

ROMA

古代、中世へと時を越えて

紀元前の話、カエサルはライン川を渡り
英仏海峡を渡った。古代ローマはヨーロッパ全土を征服。
その後幾多の戦争を経て栄枯盛衰を繰り返すものの、
やがて中心はローマに帰して都市文化が開花。
だから今ローマには、古代が残りルネサンスが残り、
バロック芸術が残り、ヴァチカン市国がある。
政治・経済・芸術の歴史は、食文化とも手を携えて開花させ、
観光の合間に旅行者は美食を楽しむ。
推薦のお店はグルメの項で紹介するが、
下町トラステヴェレ(P.53)もすすめたい。

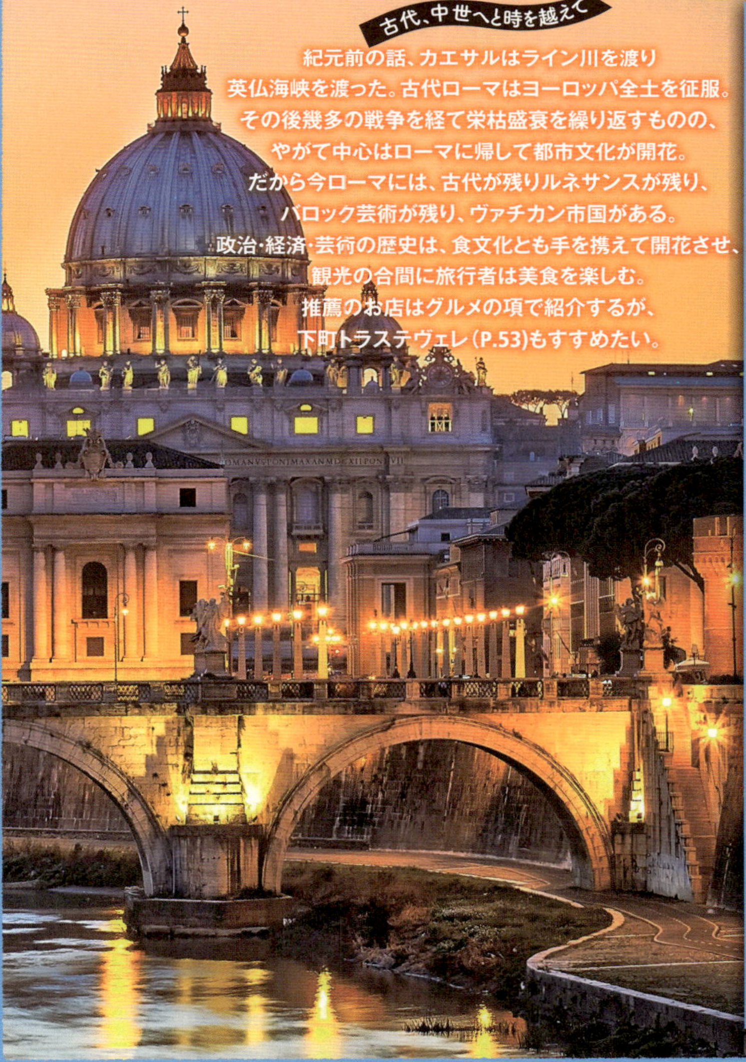

Contents

どこに何がある？
どこで何する？

街はこうなっています！
ローマのエリアと主要スポット

イタリアの偉人たちの墓がある古代の遺構パンテオン

首都ローマは世界屈指の観光都市。古代から現代までの建築と文化が融合し、鮮烈な魅力とエネルギーをたたえる。

スペイン階段から街を眺め、散策をスタート

メインエリアはココ!!

A スペイン広場周辺 ▶P40
Piazza di Spagna

137段ものバロック様式の大階段があるスペイン広場が街歩きの起点。階段上から街を一望でき、これから歩く各エリアを俯瞰できる。周辺は老舗カフェや洗練されたショップが並ぶ。

野外美術館のような広場や路地を気ままに巡る

B ナヴォーナ広場周辺 ▶P46
Piazza Navona

ベルニーニの噴水がそびえるナヴォーナ広場周辺は、地元っ子気分での街歩きが楽しいエリア。古代の円形神殿パンテオンにはラファエッロの墓も。周辺にはカフェやレストランも多い。

驚異の宗教芸術と膨大な美術コレクションが圧巻

傑作アートの宝庫!!

C ヴァチカン市国周辺 ▶P68
Stato della Città del Vaticano

世界最小の独立国家であり、カトリックの総本山であるヴァチカン市国には圧倒的な建築と美術品が集結。サン・ピエトロ大聖堂や、ヴァチカン美術館に加え、サンタンジェロ城も訪れたい。

市民の憩いの場、ボルゲーゼ公園内には美術館が点在

ローマってこんな街

旧市街は広く、見どころが多い。エリアの特徴を知り、計画を立ててから街歩きを始めたい。ローマらしい華やぎはスペイン広場周辺、古代遺跡はコロッセオ周辺、下町の風情はトラステヴェレ周辺、圧倒的な芸術群はヴァチカン市国で楽しめる。移動にはメトロやトラムを乗りこなそう。

古代ローマの栄華をたどる遺跡巡りの旅へ

D コロッセオ周辺 ▶P58

Colosseo

広大な遺跡群フォロ・ロマーノ

ローマの7つの丘のひとつ、パラティーノの丘周辺に古代遺跡が集中。円形闘技場コロッセオ、政治の中枢フォロ・ロマーノが時空を超える旅に誘う。時間を十分にとりたいエリア。

川向こうの風情に包まれて、下町グルメを満喫

E トラステヴェレ周辺 ▶P50

Trastevere

テヴェレ川の対岸にある下町。石畳の細い道が迷路のように続き、独特の風情を醸し出す。気軽に入れるトラットリアが多く特に夜の雰囲気がいい。コルシーニ宮殿など珠玉の美術館も。

イタリアの多彩な食材が集う"ローマの胃袋"

F テスタッチョ

Testaccio

街南西部の庶民的なエリア。地元っ子に人気の大規模メルカート「テスタッチョ市場」の散策が楽しい。小さなピラミッド、ローマを愛した詩人キーツらが眠るイギリス人墓地もある。

駅の喧騒を抜けて、「永遠の都」を歩き始める

G テルミニ駅周辺

Stazione di Roma Termini

「終着駅」という名の大ターミナル

鉄道でアクセスするとテルミニ駅に着き、人々の熱気と街のエネルギーが旅人に降り注ぐ。駅の地下にはショッピング街があり何かと便利。ローマ国立博物館や古代浴場跡などが近くに。

街のショッピングストリート

コンドッティ通り

Via Condotti

スペイン広場から西に延びるコンドッティ通りが街一番のショッピング街。ブルガリ本店をはじめ、ハイブランドが並ぶ。近くのバブイーノ通りにもショップが多い。

ROMA
TRAVEL PLAN

定番＋ハルカナおすすめ Do it！

至福のローマ モデルプラン

効率よく巡る 2プラン

街を歩けば教会や遺跡などの見どころに当たるローマ。
気の向くまま歩くのも楽しいが、限られた時間のなかでまわるには、
予約やすいている時間帯をうまく利用したい。

プランの組み立て方

❖ **ローマ・パスを有効活用!**
48時間€28と72時間€38.50の2種類があり、48時間は最初の1カ所、72時間は最初の2カ所の対象観光名所の入場料が無料、その後は割引料金に。ローマ市内の公共交通機関も無料。PLAN1の場合はコロッセオの入場料が無料。ただしコロッセオでローマ・パスを利用する場合はオンライン（手数料€2）、電話（手数料€2）、当日窓口のいずれかで入場時間の予約が必要。詳細は公式サイト（HP www.romapass.it）で確認を。

❖ **移動は徒歩が中心!**
地下鉄は観光エリア周辺を走っているので、徒歩移動が多くなる。歩きにくい石畳の道が多いので、履き慣れた靴にしよう。

❖ **行列回避! 事前予約を活用**
人気スポットは当日にチケット購入をしようとすると1時間以上の行列…ということも。事前にオンラインでチケットを購入しておけばスムーズ。特にコロッセオとヴァチカン美術館は予約をしておくのがおすすめ。入場の待ち時間も短縮したいなら開館すぐの時間帯を狙おう。

晩ごはんは、ローマ風ピッツァで！

PLAN 1

ローマを代表する遺跡群や美しい広場を巡る。移動は徒歩が中心。

コロッセオから真実の口へは徒歩30分またはタクシーで5分

9:00 古代ローマの遺構 コロッセオ＆フォロ・ロマーノを見学 ▶P.58

徒歩20分

圧巻のスケールの遺跡に感動！行列必至の人気スポットは朝イチで行くのがおすすめ。

アドバイス
コロッセオ、フォロ・ロマーノ、パラティーノの丘は共通券で入れる。所要時間は各1時間ほど。

フォロ・ロマーノに広がる壮大な遺跡群

5万人を収容する巨大な円形競技場で、さまざまな死闘が繰り広げられた

14:00 ヴィットリオ・エマヌエーレ2世記念堂からローマの街を一望 ▶P.57

徒歩15分

ヴェネツィア広場にそびえる白亜の記念堂の屋上に上って眺望を満喫！

15:00 パンテオンでローマ建築を満喫 ▶P.64

徒歩15分

ミケランジェロも称賛した美しい神殿をじっくり見てみよう。

➔建造は2世紀だが鉄筋を用いない石造りの建物では世界最大

16:00 彫刻が美しいナヴォーナ広場へ ▶P.46

ベルニーニ作の彫刻が見事な噴水が有名な広場。周辺には飲食店やショップも多い。

➔多くの人で賑わう広場

夕方以降は人混みも減って見学しやすい

PLAN 2 厳かな聖地で世界有数の美術館を見学。イタリアらしい広場を巡る。

サン・ピエトロ大聖堂の正面に広がる広場も美しい

ミケランジェロが『最後の審判』を描いたシスティーナ礼拝堂は必見！

© Federico Rostagno/123RF.COM

9:00 ヴァチカン市国で名作を鑑賞＆聖地巡礼 ▶P.68

歴代教皇のコレクションを展示する巨大な美術館とカトリックの総本山へ。美術館はできれば事前予約を。

地下鉄A線で7分

14:00 双子教会が目印のポポロ広場へ ▶P.43

かつてのローマの北の玄関口。広場から延びるバブイーノ通りではショッピングも楽しめる。

⬅オベリスクを中心に南へ3本の通りが放射状にのびる

徒歩10分

15:00 スペイン広場で『ローマの休日』を満喫 ▶P.41

『ローマの休日』でアン王女がジェラートを食べるシーンが有名（現在は飲食、座り込み禁止）。世界中の人々で賑わう広場を見学してみよう。

階段上には鐘楼が印象的なトリニタ・デイ・モンティ教会が建つ

ローマ最古のカフェ、アンティッコ・カフェ・グレコでひと休み

⬇コンドッティ通りにはブランドショップが並ぶ

徒歩10分

17:00 トレヴィの泉でコインを投げよう ▶P.44

バロック様式の豪華な建築と彫刻が彩る噴水は、ロマンティックな伝説が残るローマでも有数の人気スポット。

ローマの再訪を願って後ろ向きにコインを投げよう

好みのままに。アレンジプラン

観光スポットが豊富なローマで、ひと味違った楽しみ方をしたい人におすすめのスポットをご紹介！

のんびり派におすすめ

ボルゲーゼ公園 ▶P.54

広大な敷地で緑豊かな自然と美術館などが楽しめる市民憩いの公園。混雑も少なく、のんびりと散策が楽しめる。

土曜午前だけ開館

コロンナ美術館 ▶P.49

コロンナ家の所蔵するコレクションを公開している。『ローマの休日』の最後、記者会見のシーンが撮影された場所としても知られる。

足をのばして遺跡探訪

ポンペイ ▶P.92

ヴェスーヴィオ山の噴火によって溶岩と火山灰に埋もれた古代都市が発掘によって蘇った。古代都市の暮らしをのぞいてみよう。

圧巻のパノラマに
茫然とする

トリニタ・デイ・モンティ教会
Chiesa della Trinità dei Monti
16世紀にフランス王ルイ12世の命で建造。2つの鐘楼を持ち、教会前にはオベリスクが立つ
▶P.43

ポポロ広場、
コンドッティ通り…、
歩けば有名
スポットに出る

『ローマの休日』の世界のなかへ
スペイン広場&トレヴィの泉周辺 BEST SPOT 7

ローマ巡礼の北の玄関口だったポポロ広場の南側は、18世紀にスペイン広場と階段が造られ、バロックの劇場のようなドラマチックな空間に。映画『ローマの休日』のロケシーンも多い。

『ローマの休日』の名所巡り

映画史上に輝く傑作、W・ワイラー監督の『ローマの休日』(1953年)はオールローマ・ロケ。オードリー・ヘプバーン扮する某国のアン王女が新聞記者と恋に落ちる切ない一日を描く。ロケ地はスペイン広場のほか、真実の口、サンタンジェロ城前のテヴェレ川など。ラストシーンの記者会見の場はコロンナ美術館。

『ローマの休日』の主なロケ地

コロッセオ ▶P.58／パンテオン ▶P.64／真実の口 ▶P.65／コロンナ美術館 ▶P.49／サン・ピエトロ広場 ▶P.71／サン・ピエトロ大聖堂 ▶P.70／サンタンジェロ城 ▶P.65

DVD『ローマの休日』／発売中／1429円+税／発売元：NBCユニバーサル・エンターテイメント／販売元：NBCユニバーサル・エンターテイメント

『ローマの休日』に登場したことで一躍有名になった真実の口

“永遠の都”の華やぎに浸り 珠玉の教会とアート巡りへ

現代ローマの中心地、スペイン広場が街歩きの起点。観光客で賑わう階段上にはトリニタ・デイ・モンティ教会がそびえ、この前の小広場から街を一望できる。広場に下り、バブイーノ通りを北上すると、ポポロ広場に出る。一画のサンタ・マリア・デル・ポポロ教会では、カラヴァッジョの傑作2点が圧巻だ。コルソ通りを南下すれば、クイリナーレの丘周辺。大統領官邸のほど近くに、街屈指の噴水・トレヴィの泉があり、劇的な彫刻群と水の輝きの造形美が胸に迫る。周辺に点在するベルニーニらが手がけたバロック様式の教会も見どころだ。

スペイン階段は建築保全のため、現在は食べ歩き、座りこみが禁止に

ツツジ祭り
Azalee a piazza di spagna
毎年4月中旬～5月初旬には西洋ツツジで階段を飾る祭りを開催

スペイン階段
Scalinata della Spagna
後期ローマ・バロックを代表する傑作建築。階段上の教会と下の広場を結ぶため、18世紀にフランスの資金で完成

芸術家たちに愛されたローマ屈指の名舞台

1 スペイン広場
Piazza di Spagna

MAP 付録P.8 B-2

バロック様式の137段の階段を擁し、その上にトリニタ・デイ・モンティ教会がそびえるという壮大な構造。18世紀にフランスの資金で造られ、名前は長らくスペイン大使館があったことに由来。英国の詩人キーツらの芸術家、映画監督フェリーニなどが階段脇の館で暮らした。

交Ⓜ A線 Spagna スパーニャ駅から徒歩4分

↑広場周辺には老舗カフェや高級ショップが立ち並ぶ

テヴェレ川決壊時に舟がここに流れ着いた故事をもとに建造

バルカッチャの噴水
Fontana della Barcaccia
小舟(バルカ)の形の噴水は広場のシンボルのひとつ。バロックの巨匠ベルニーニの父、ピエトロの設計による

アクセス

起点となるのはメトロA線のスパーニャ駅。スペイン広場とポポロ広場周辺は徒歩圏内。クイリナーレ宮殿周辺へはA線バルベリーニ駅が便利だが、工事につき一時閉鎖(2019年8月現在)。

徒歩時間の目安

Ⓜ A線
スパーニャ駅
徒歩4分
1 スペイン広場
徒歩3分
2 トリニタ・デイ・モンティ教会
徒歩12分
3 ポポロ広場
徒歩1分
4 サンタ・マリア・デル・ポポロ教会
徒歩20分
5 トレヴィの泉
徒歩8分
6 サンタンドレア・アル・クイリナーレ教会
徒歩10分
7 サンタンドレア・デッレ・フラッテ教会
徒歩5分
スパーニャ駅
Ⓜ A線

マルグッタ通り
Via Margutta

映画『ローマの休日』でグレゴリー・ペックが演じた新聞記者のアパートがあった通り。石畳の道が続き、小粋なショップが点在

コンドッティ通り
Via dei Condotti

スペイン広場からテヴェレ川に延びるコンドッティ通りは、街一番のショッピング街。ブランドショップが立ち並び、いつも賑やか

コロンナ広場
Piazza Colonna

コンドッティ通りからコルソ通りに折れて南下すると、コロンナ広場に出る。周辺は首相官邸や下院議事堂などがある官庁街

中央のオベリスクは古代エジプトでの建造。アウグストゥス帝が移築

スペイン階段の上に立つ"三位一体"教会

2 トリニタ・デイ・モンティ教会

Chiesa della Trinità dei Monti

MAP 付録P.8 B-2

「トリニタ」は三位一体の意。フランス王ルイ12世の命による建造で、16世紀後半に完成。教会前広場のオベリスクは往時の巡礼者たちの道標となった。現在、内部の一般公開はされておらず、外観のみ見学できる。

☎06-6794-179 交Ⓜ A線 Spagna スパーニャ駅からすぐ 所 Piazza della Trinità dei Monti

スペイン階段上のトリニタ・デイ・モンティ教会は2つの鐘楼がシンボル

かつてのローマ巡礼の北の玄関口

3 ポポロ広場

Piazza del Popolo

MAP 付録P.8 A-1

鉄道が敷かれる前は、旅人はフラミニオ街道を通り、この広場にあるポポロ門をくぐってローマに着いた。3つの教会やオベリスクがそびえる街最大級の広場で、老舗カフェもある。

交Ⓜ A線 Flaminio フラミニオ駅からすぐ

サンタ・マリア・デイ・ミラーコリ教会とサンタ・マリア・デイ・モンテサント教会は外観の類似点から「双子教会」と呼ばれる

カラヴァッジョの傑作絵画に圧倒される

4 サンタ・マリア・デル・ポポロ教会

Basilica di Santa Maria del Popolo

MAP 付録P.8 A-1

創建は11世紀。現在の建物は1472年の再建で、ピントゥリッキオらが設計。のちの改築にはブラマンテ、ベルニーニも参画。カラヴァッジョの名画、ラファエッロ設計の礼拝堂が必見。

☎06-3610836 交Ⓜ A線 Flaminio フラミニオ駅から徒歩2分 所 Piazza del Popolo 12 開 7:30〜12:30 16:00(日曜、祝日16:30)〜19:00 土曜7:30〜19:00 休 無休 料 無料

左側廊のキージ礼拝堂はラファエッロの設計。モザイクが見事

中央の祭壇画は『マドンナ・デル・ポポロ』

カラヴァッジョの傑作絵画2点は左側廊奥のチェラージ礼拝堂にある。左は『聖ピエトロの逆さ磔』。中央はカラッチ作の祭壇画『聖母被昇天』

カラヴァッジョの『聖パオロの改宗』は劇的構図が見どころ

フェリーニが愛した老舗カフェ

カノーヴァ

Canova

MAP 付録P.8 A-1

ポポロ広場のカフェ。映画監督フェリーニと妻で女優のマシーナが足繁く通った。店内に写真も。

☎06-3612231 交Ⓜ A線 Flaminio フラミニオ駅から徒歩5分 所 Piazza del Popolo 16 営 7:00〜23:00 休 無休

E E

テラス席で優雅にくつろぎたい

常連さんに交じって、カウンターでの立ち飲みも粋

ローマ最大のバロックの噴水

5 トレヴィの泉

Fontana di Trevi

MAP 付録P.8 B-3

古代の放水口「乙女の泉」の跡地に18世紀に完成。設計はコンペで選ばれた若手建築家サルヴィ。建設途中に亡くなり、パンニーニが竣工させた。中央に海神、その下に貝殻の馬車を操るトリトンが。夜の風情もいい。

交Ⓜ A線 Spagna スパーニャ駅から徒歩10分

ライトアップされた泉や彫像は神秘的な美しさ

➡ローマ再訪を願ってのコイン投げは一時期禁止されていたが、現在はOK。後ろ向きで肩越しに投げるのが流儀とされる

4つの彫像をチェック!

ネプチューン
馬車で進む姿をしたローマの神話に登場する海神。泉の中央に立つ。

サルース
医神アスクレピオスの娘と伝わる、健康を司る女神。泉の右に立つ。

ケレース
泉の左に立つ豊饒の女神。収穫された農作物を持つ。

トリトンと海馬
海の変化の様子を象徴する海馬を操るトリトンの彫刻。

巨匠ベルニーニの技が冴える"バロックの真珠"

6 サンタンドレア・アル・クイリナーレ教会

Chiesa di S. Andrea al Quirinale

MAP 付録P.9 D-3

大理石の装飾美から、「バロックの真珠」と讃えられる。17世紀後半、イエズス会の依頼により、ベルニーニが設計。敷地の狭さを緩和する巧みなプランや、隠し窓からの光が美しい。

☎06-4740807 交Ⓜ A線Spagna スパーニャ駅から徒歩13分 所 Via del Quirinale 30 開 9:00～12:00 15:00～18:00 休 月曜 料 無料

⬆左右に長いプランを採用

⬇後陣を囲むバラ色の大理石も印象的

⬇クーポラの明かり採り窓の天使像はアントニオ・ラッジが制作

バロックの2大巨匠の建築と彫像が待つ

7 サンタンドレア・デッレ・フラッテ教会

Chiesa di Sant Andrea delle Fratte

MAP 付録P.8 B-3

フラッテは「藪」の意。12世紀の創建時、周辺は街外れの藪の中だった。17世紀後半にボッロミーニが改築を手がけ、ほぼ現在の形に。ベルニーニの天使像も必見。

☎06-6793191 交Ⓜ A線 Spagna スパーニャ駅から徒歩5分 所Via di Sant'Andrea delle Fratte 1 開6:30〜13:00 16:00〜19:00 7〜9月6:30〜12:30 16:30〜20:00 休無休 料無料

↑ボッロミーニはドームと鐘楼、後陣の改築を担った

↑楕円形のクーポラがボッロミーニの密度の高い空間づくりを物語る

←内陣にはベルニーニの2体の天使像があり、サンタンジェロ橋を飾る彫像のオリジナル。教会近くにはベルニーニが暮らした家があり、外壁に銘板が配される

周辺スポット テルミニ駅 周辺を散策

クイリナーレの丘からクイリナーレ通りを北東に向かい、9月20日通りをオルランド通りに右折すると、共和国広場とテルミニ駅周辺に出る。駅の喧騒のイメージが強いが、街の玄関口だけに見どころは多彩。必見の教会もある。

ベルニーニの最高傑作に出合える

サンタ・マリア・デッラ・ヴィットリア教会

Chiesa di Santa Maria della Vittoria

MAP 付録P.9 E-2

17世紀初頭、三十年戦争での勝利を記念して建立。ボルゲーゼ枢機卿の依頼により、カルロ・マデルノが完成。礼拝堂にベルニーニの傑作彫刻が。

☎06-42740571 交Ⓜ A線 Repubblica レプッブリカ駅から徒歩3分 所Via Venti Settembre 17 開7:00〜12:00 15:30〜19:15(7:00、8:00、18:30はミサのため入場不可) 休日曜、祝日の朝 料無料

↑ベルニーニファンには見逃せない珠玉の教会

↑ローマ・バロック様式の劇場的な空間が間近に

↓左翼廊のコルナーロ礼拝堂にあるベルニーニの傑作彫刻『聖テレーザの法悦』

聖女に矢を刺そうとする天使と聖女の両方の表情が圧巻

聖母マリアのお告げによって創建

サンタ・マリア・マッジョーレ大聖堂

Basilica di Santa Maria Maggiore

MAP 付録P.9 E-4

4世紀半ば、教皇の夢に聖母マリアが現れ、「雪の降る地に教会を建てよ」と告げ、その伝説により5世紀に建立された。

☎06-69886800 交Ⓜ A・B線 Termini テルミニ駅から徒歩5分 所Piazza di S. Maria Maggiore 開7:00〜19:00(入場は閉館30分前まで) 休無休 料€5(2Fモザイク画見学ツアー)

↑ローマ4大大聖堂のひとつで壮大な規模

↓後陣の『聖母の戴冠』のモザイクは13世紀末、トリッティ作

ミケランジェロ晩年の建築物

ピア門

Porta Pia

MAP 付録P.9 F-1

ローマの街路整備のため教皇ピウス4世がミケランジェロに設計を依頼。没年と同じ1564年に完成。

交Ⓜ A・B線 Termini テルミニ駅から徒歩15分

↑ファサードの彫刻は後世の芸術家作

名歌劇場でオペラ鑑賞も素敵

オペラ座

Teatro dell'Opera

MAP 付録P.9 E-3

1880年にロッシーニの『セミラーミデ』で開場。ローマが舞台の『トスカ』の初演も行われた。

交Ⓜ A線 Repubblica レプッブリカ駅から徒歩4分

↑外見は地味だが内部はきらびやか

↑ナヴォーナ広場の噴水を眺めながら、カフェタイムを楽しみたい

劇場都市で必見の絵画と彫刻が集結!!

ナヴォーナ広場周辺 BEST SPOT 7

古代の競技場跡にあるナヴォーナ広場は地元っ子の憩いの場。広場のシンボルである噴水をはじめ、周辺にはバロックの遺産が点在。ローマ随一のバールもある。

ナヴォーナ広場でくつろぎ 教会と神殿、美術館を巡る

まずはローマっ子に交じって、ナヴォーナ広場のカフェやレストランでゆっくり憩い、街歩きへ。テラス席で食事をしながら、目の前に迫るベルニーニらの劇的なバロック彫刻を楽しめるのはこの広場ならでは。周辺にはイエズス会の教会、イタリアの偉人の墓がある古代の万神殿パンテオン、貴族の館を利用した美術館が点在。外見が一見地味でも、内部に劇的な空間が広がり、芸術品の宝庫であるスポットが多数。ゆっくり巡ると、ローマの底力に触れられる。

ライトアップされた噴水や教会の景色は幻想的だ

↑中央のオベリスクはかつてアッピア街道にあった

バロックの噴水が彩る憩いの場

1 ナヴォーナ広場

Piazza Navona

MAP 付録P.7 F-3~4

17世紀に古代ローマの競技場跡を広場にする大整備が行われた。シンボルである3つの噴水はバロックの巨匠ベルニーニらが設計。地元客で賑わうカフェやトラットリアが多く、素顔のローマに触れられる。

交M A線Spagnaスパーニャ駅から徒歩18分

カンポ・デ・フィオーリ

Campo de' Fiori

ナヴォーナ広場近くの「花の野」の名を持つ広場。野菜や果物などの食料品、花の市場が並び、季節の彩りにあふれる

3つの噴水をチェック!

ナヴォーナ広場には3つの噴水が配され、バロックの傑作彫刻が華やぎを添える。

ムーア人の噴水
Fontana du Maure

南側の像はベルニーニ晩年のデザイン。彫刻はマーリが担当。イルカと戦うムーア人の姿が躍動的。

ネプチューンの噴水
Fontana del Nettuno

北側の噴水は16世紀にデッラ・ポルタが建造。19世紀にザッパラがネプチューン像などを加え、現在の姿になった。

四大河の噴水
Fontana dei Quattro Fiumi

17世紀半ばのベルニーニ作。ドナウ・ラプラタ・ガンジス・ナイルの四大河を擬人化した彫像が圧巻。

ラファエッロのフレスコ画『巫女』が優美

2 サンタ・マリア・デッラ・パーチェ教会

Chiesa di Santa Maria della Pace

MAP 付録P.7 E-3

イタリアの平和を願い、15世紀後半にシクストゥス4世が創建。キージ礼拝堂を飾るラファエッロのフレスコ画、ブラマンテ設計の回廊が見事。

☎06-68804038 交Ⓜ A線Spagnaスパーニャ駅から徒歩18分 所Arco della Pace 5 開9:00〜11:45 休火・木・金・日曜 料無料

4人の巫女がアーチに沿ってリズミカルに描かれる

↑ローマの名家、キージ家のためにラファエッロが制作

アクセス

ナヴォーナ広場の最寄りバス停は40番のV.エマニュエーレ通り。乗り慣れないバスを控えたい場合は、スペイン広場周辺から名所の散策も兼ね、徒歩でアクセスするのもいい。

徒歩時間の目安

- Ⓜ A線 スパーニャ駅
- 徒歩18分
- 1 ナヴォーナ広場
- 徒歩1分
- 2 サンタ・マリア・デッラ・パーチェ教会
- 徒歩5分
- 3 サン・ルイジ・デイ・フランチェージ教会
- 徒歩5分
- 4 サンタ・マリア・ソプラ・ミネルヴァ教会
- 徒歩3分
- 5 聖イグナチオ・ディ・ロヨラ教会
- 徒歩4分
- 6 ドーリア・パンフィーリ美術館
- 徒歩5分
- 7 ジェズ教会
- 徒歩20分
- スパーニャ駅 Ⓜ A線

歩く距離 約4.7km

ヴェネツィア広場
Piazza Venezia

フォーリ・インペリアーリ通りなど5つの主要道路が集まる交通の要所。広場に立つヴェネツィア宮殿が名前の由来

フォーリ・インペリアーリ通り
Via dei Fori Imperiali

コロッセオまでフォロ・ロマーノや歴代の皇帝たちが造営したフォロが両側に広がり遺跡見学を楽しめる

ジュリア通り
Via Giulia

16世紀初頭に教皇ユリウス2世の命により、ブラマンテが整備。豪華な館が多く、散策すると楽しい

"カラヴァッジョ巡礼"に欠かせない教会

3 サン・ルイジ・デイ・フランチェージ教会

Chiesa San Luigi dei Francesi

MAP 付録P.7 F-4

ローマで暮らすフランス人のための教会として、16世紀に創建。堂内にはロランなど、フランスの著名人の墓がある。礼拝堂のカラヴァッジョの初期の宗教画、聖マタイ3部作は必見。

☎06-688271 交 Ⓜ A線Spagnaスパーニャ駅から徒歩18分 所 Piazza di S. Luigi de' Francesi 開 9:30(日曜11:30)～12:45(土・曜は～12:15) 14:30～18:30(土・日曜は～18:45) 休 無休 料 無料

↑主祭壇を飾るフランチェスコ・バッサーノの大作『聖母被昇天』

バロックの黎明を告げる劇的な構図と緊張感がみなぎる

↑カラヴァッジョの3部作はコンタレッリ礼拝堂に。左から『聖マタイの召命』『聖マタイと天使』『聖マタイの殉教』。宗教芸術に風俗画のようなリアリティーを付与し、新時代の到来を具現

地元で大人気のバール

タッツァ・ドーロ

Tazza D'Oro

MAP 付録P.8 A-4

パンテオン近くには街一番と評判のコーヒー専門店がある。エスプレッソの味わいは感動モノ。

☎06-6789792 交 Ⓜ A線Spagnaスパーニャ駅から徒歩14分 所 Via degli Orfani 84 営 7:00～20:00 日曜10:30～19:15 休 無休 E E

→夏季はコーヒーのかき氷、グラニータが人気

↓店内は観光客と地元客で賑わいをみせる

13～16世紀の美術史が堆積する

4 サンタ・マリア・ソプラ・ミネルヴァ教会

Basilica di Santa Maria Sopra Minervam

MAP 付録P.8 A-4

古代のミネルヴァ神殿跡に13世紀に建てられた。ローマでは珍しいゴシック様式。地味な外観とは異なり、内部は宗教芸術の宝庫。

☎06-69920384 交 Ⓜ A線Spagnaスパーニャ駅から徒歩20分 所 Piazza della Minerva 42 開 7:00～19:00 土・日曜10:00(日曜8:15)～12:30 15:30～19:00 休 無休 料 無料

↑ルネサンスからバロックの名画や彫刻が多く、「小さな美術館」の異名も

↓→ミケランジェロの彫刻『あがないの主イエス・キリスト』、ロマーノの名画『受胎告知』などは必見

身廊奥に描かれただまし絵のクーポラにも注目

5 聖イグナチオ・ディ・ロヨラ教会

Chiesa Sant'Ignazio di Loyola

MAP 付録P.8 B-4

イエズス会の創設者聖イグナチオ・ディ・ロヨラに捧げるため、17世紀前半に建造。イエズス会初の教会、ジェズ教会を手本とし、大理石や貴石による華麗な装飾が施され、劇場空間のよう。

☎06-6794406 交 Ⓜ A線Spagnaスパーニャ駅から徒歩20分 所 Via del Caravita 8a 開 7:30(日曜、祝日9:00)～19:00 休 無休 料 無料

翼廊など、堂内天井のフレスコ画はすべてポッツォ作

→ヴォールトのフレスコ画はアンドレア・ポッツォの『聖イグナチオ・ディ・ロヨラの栄光』

↓身廊奥には、遠近法を駆使したクーポラのだまし絵が

↑100以上の部屋があるローマ屈指の大きな館

名家の私邸でルネサンス絵画に浸る

6 ドーリア・パンフィーリ美術館

Galleria Doria Pamphili

MAP 付録P.8 B-4

教皇を多く輩出した名家、ドーリア・パンフィーリ家の館の一部を開放。ルネサンスと初期バロックの絵画が充実し、一家のかつての居室スペースも公開。貴族の暮らしを偲べる。

☎06-6797323 交Ⓜ A線Spagnaスパーニャ駅から徒歩15分 所Via del Corso 305 開9:00～19:00(入場は閉館1時間前まで) 休無休 料€12

20代前半から半ばに描かれた初期の作品だ

↑カラヴァッジョの名画3作も展示。左から『懺悔するマグダラのマリア』『エジプトへの逃避途中の休息』『洗礼者ヨハネ』

←中庭を5つも有する規模。柱廊の風情も美しい

ローマ初のイエズス教会

7 ジェズ教会

Chiesa del Gesù

MAP 付録P.8 B-4

16世紀、ロヨラが設立したイエズス会が教皇の承認を得たことを記念して建造。内部はバロックの宗教芸術の宝庫。日本で布教活動に従事したザビエルを祀る礼拝堂も。

☎06-697001 交Ⓜ A線Spagnaスパーニャ駅から徒歩20分 所Via degli Astalli 16 開7:00～12:30 16:00～19:45 休無休 料無料

→身廊には天井のフレスコ画を見るための鏡を配置

↑聖イグナチオの礼拝堂には金箔の聖人像が

↑身廊の天井はバチッチャ作のフレスコ画『キリストの御名の勝利』があり、天使が枠からはみ出す大迫力

←日本で布教後に中国で亡くなったザビエルの礼拝堂では、聖人の腕の一部を聖遺物として祀る

周辺スポット オープンは土曜だけ! 宮殿内の美術館

映画『ローマの休日』のラストシーンが撮影された優美なコロンナ宮殿で、バロック期を中心とする傑作絵画を鑑賞。

ローマの名家のコレクション

コロンナ美術館

Galleria Colonna

MAP 付録P.8 C-4

17世紀建造のコロンナ家の館の一部を利用し、土曜のみ開館。一族の個人コレクションを大広間や王座の間などに展示。16～17世紀にローマで活躍した画家やヴェネツィア派の絵画が充実する。

☎06-6784350 交Ⓜ A線Spagnaスパーニャ駅から徒歩15分 所Via della Pilotta 16 開9:00～13:15 休日～金曜 料€12(庭園込み€20、ギャラリー・庭園・イザベッレ王女居住区共通券€30)

↑『ローマの休日』のラスト、切ない記者会見シーンの舞台

↑土曜午前中にはガイド付きの庭園ツアーも実施

↓初期バロックの傑作、カラッチの『豆を食べる男』も展示

石畳を歩き
普段着のローマと
出合う散歩道
さんぽのあとの
ディナーも楽しみ!!
©Ekaterina Belova/
123RF.COM

下町の路地を抜けて教会と展望スポットをたどる
トラステヴェレ周辺 BEST SPOT 5

テヴェレ川を越えてトラステヴェレに入ると、風の匂いまで変わるかのよう。初めて訪れてもどこか懐かしい、素顔のローマが微笑みかける。

ジャニコロの丘にはローマ大学付属植物園も
ローマ大学付属
植物園
5 ジャニコロの丘
パオラの
•S.パンクラツィオ門

下町情緒に浸りながら教会巡りやグルメ三昧を

ローマの下町トラステヴェレ(テヴェレ川の向こう)は、だいたいのルートを決めつつも、心が赴くままに散策するのが楽しい。石畳の小路に響き渡る地元っ子の声、路地裏のレストランなど、素顔の街を訪ね歩くのがこのエリアの醍醐味。見逃せないのは、聖母と聖女にゆかりがある中世の3つの教会、ルネサンスのフレスコ画が残るファルネジーナ荘。ジャニコロの丘からの絶景も深く心に刻まれる。

⬇サンタ・マリア・イン・トラステヴェレ広場は地元っ子の待ち合わせ場所

3世紀に殉教した聖女を祀る

1 サンタ・チェチーリア・イン・トラステヴェレ聖堂

Basilica di Santa Cecilia in Trastevere

MAP 付録P.11 F-3

音楽の守護聖人、聖チェチーリアが230年に殉教した地に4世紀に創建。聖女の遺体は何世紀も行方不明だったが、9世紀にアッピア旧街道の地下墓地で発見。その際に聖堂が再建された。

☎06-5899289 交 Ⓣ8番Trastevere/Mastaiトラステヴェレ/マスタイ駅から徒歩6分 所Piazza di Santa Cecilia 22 開教会・地下遺構10:00~12:30 16:00~18:00 日曜11:30~12:30 16:30~18:30 フレスコ画10:00(日曜11:30)~12:30 休無休 料地下遺構、フレスコ画各€2.50

⬇主祭壇には聖女の遺体を表したマデルノ作『聖チェチーリア像』が横たわる。1600年の作

⬇後陣クーポラのモザイクは13世紀に活躍したA・カンピオの作

中世の芸術家カンピオがローマに残した貴重な芸術作品

聖フランチェスコが13世紀に逗留

2 サン・フランチェスコ・ア・リーパ教会

Chiesa di San Francesco a Ripa

MAP 付録P.11 F-3

アッシジの聖フランチェスコがローマ巡礼の折、ここにあった宿泊所に滞在したとされる。現在の建物は、その跡地にフランチェスコ会の信奉者である貴族が再建。ベルニーニ晩年の傑作彫刻がある。

☎06-5819020(06-5803509) 交 Ⓣ8番Trastevere/Mastaiトラステヴェレ/マスタイ駅から徒歩3分 所 Piazza S. Francesco d'Assisi 88 開 8:00〜12:45 15:00〜18:00 休 無休 料 無料

内部は17世紀にパッラヴィチーニ枢機卿が改築

左側廊礼拝堂にあるベルニーニの祭壇彫刻『福者ルドヴィカ・アルベルトーニ』は必見だ

アクセス

トラム8番でトラステヴェレ通りのベッリ、またはマスタイ停留所で下車しよう。対岸からテヴェレ川に架かる橋を渡り、徒歩でアクセスするのも楽しい。

徒歩時間の目安

Ⓣ8番
トラステヴェレ/マスタイ駅
徒歩6分
1 サンタ・チェチーリア・イン・トラステヴェレ聖堂
徒歩6分
2 サン・フランチェスコ・ア・リーパ教会
徒歩8分
3 サンタ・マリア・イン・トラステヴェレ聖堂
徒歩7分
4 ファルネジーナ荘
徒歩20分
5 ジャニコロの丘
徒歩20分
トラステヴェレ/マスタイ駅
Ⓣ8番

歩く距離 約3.6km

トラステヴェレっ子の心の故郷

3 サンタ・マリア・イン・トラステヴェレ聖堂

Basilica di Santa Maria in Trastevere

MAP 付録P.11E-2

聖母信仰の中心地となった教会。3世紀ごろ創建され、現在の建物は12世紀にインノケンティウス2世が再建。18世紀に正面の柱廊が増築された。ファサード、内部とも聖母を描いたモザイク画が輝く。

☎06-6794179 交Ⓣ8番Trastevere/Mastaiトラステヴェレ/マスタイ駅から徒歩8分 所Piazza di Santa Maria 開9:00～17:30(土曜は～20:00)※時間変動あり 休無休 料無料

↑後陣クーポラのモザイク画は『イエスと聖母』。その下には『聖母マリアの生涯』が

聖母とイエスが寄り添い、その周囲を聖人たちが囲む

↑床は中世のコズマーティ様式を用い、19世紀に改築

↑「プシケのギャラリー」の天井には『エロスとプシケの結婚』などのフレスコ画が

下絵はラファエッロが描き、弟子のロマーノらが完成した

↓ラファエッロのフレスコ画『ガラテアの勝利』も必見

珠玉のフレスコ画が壁と天井を埋め尽くす

4 ファルネジーナ荘

Villa Farnesina

MAP 付録P.11 D-1

16世紀初頭、裕福な銀行家A・キージの依頼により、ペルッツィが完成。16世紀末にはファルネーゼ枢機卿が所有した。ラファエッロやペルッツィのフレスコ画が夢のような空間を織りなす。

☎06-68027397 交Ⓣ8番Trastevere/Mastaiトラステヴェレ/マスタイ駅から徒歩13分 所Via della Lungara 230 開9:00～14:00(第2日曜は～17:00) ガーデンツアー12:30～14:00 休第2以外の日曜、一部祝日(ガーデンツアーは無休) 料€10(ガーデンツアーは€2)

緑の丘でローマの絶景に憩う

5 ジャニコロの丘

Colle del Gianicolo

MAP 付録P.10 C-2

古代から丘自体が街の防壁の役割を果たし、数々の異民族の侵入をここで防いだ。現在は街いちばんの散歩スポットに。

交Ⓣ8番Trastevere/Mastaiトラステヴェレ/マスタイ駅から徒歩20分

↑快適な散歩道が整備され、地元の人も愛用

↓丘の上には広場やあずま屋があり、街の大パノラマが眼下に

周辺スポット イタリア式庭園も見られる！街で最大の公園を散策

トラステヴェレの西にはローマ最大の市民公園、ドーリア・パンフィーリ公園が広がり、四季の風情が美しい。

庭園美と自然が見事に融合

ドーリア・パンフィーリ公園

Villa Doria Pamphili

MAP 付録P.4 B-3

17世紀にカミッロ・パンフィーリ枢機卿が造営。20世紀にローマ市が買い取り、公園として整備した。

☎06-0608 交Ⓣ8番Trastevere/Mastaiトラステヴェレ/マスタイ駅から徒歩30分 所Via di S. Pancrazio 開7:00～21:00(冬季は～20:00) 休無休 料無料

↓幾何学模様が美しいイタリア式庭園、瀟洒な館、噴水が点在

↓地元っ子の憩いの場のひとつ

↓中央の通りの東は自然の宝庫

散歩のあとのお楽しみ

グルメ激戦区 トラステヴェレで晩ご飯

ライトアップされた狭い石畳の一角に、歴史的建造物に交じり飲食店が立ち並ぶ。地元客で賑わう人気店では、手頃なねだんでおいしい料理を楽しめる。

いつも行列ができる人気店

トッナレーロ

Tonnarello

MAP 付録P.11 E-2

トラステヴェレの名店。行列ならその場で予約して、時間まで街ぶらするのもよい。メニューには地元料理が揃うので、ローマの味が堪能できる。

☎06-5806404 交Ⓣ8番Trastevere/Mastai トラステヴェレ/マスタイ駅から徒歩10分 所Via della Paglia 1 営8:00～24:00 休無休 E 英 ✆ 💳

BAR-TABACCHI
夜はとっても幻想的な雰囲気だよ

↓郷土料理の代表トマト＆パプリカソースのポロ・アラ・ロマーナ(チキン)

↓シコシコ麺にベーコンと塩の効いたカルボナーラ

↑テラス席は外に2カ所。店内も広いがいつも混雑している

裏通りにある昔ながらの店

ダ・ルチア

Da Lucia

MAP 付録P.11 E-2

迷路のような石畳の道を探検。初めてなのに郷愁を感じる店。郷土料理の量は日本人には適量で、いろいろな料理を試せる。生ハム＆チーズの前菜、パスタ、ジビエ料理も楽しめる。

☎06-5803601 交Ⓣ8番Trastevere/Mastai トラステヴェレ・マスタイ駅から徒歩5分 所Vicolo del Mattonato 2 営12:30～15:00 19:30～23:00 休月曜、8月初旬から4週間 E 英 ✆ 💳

↑ローマ料理に多い食材、イカと豆を使った郷土の煮物

↑第2の皿にお袋の味、チーズ入りオムレツ

古い店なので地元の人も通ってくるよ
Lucia

↑古い秤や水差しがオブジェの家庭的な店

生ビール専門店で乾杯！

ビル＆フッド

Bir&Fud

MAP 付録P.11 E-2

トラステヴェレの玄関口トゥルリッサ広場からすぐ。ワイン中心のローマで生ビールが楽しめる。地元の軽食を肴にジョッキを傾けるのもオツなもの。

☎06-5894016 交Ⓣ8番Trastevere/Mastai トラステヴェレ・マスタイ駅から徒歩10分 所Via Benedetta 23 営18:00～翌2:00(金～日曜12:00～)※ピッツァの提供は19:00～ 休無休(7・8月に夏期休暇あり) E 英 💳

うちの搾りたての生を試してみてよ

↑目立たない入口だが店内は広い。カウンターの奥はくつろげる空間

←ローマの地ビールや欧州の黒ビールもある

↑トマト不使用のシンプルなホワイト・ピッツァも美味

↓ローマ名物ミートボールは酒のツマミに最高

地元っ子流!!
ローマの休日の
過ごし方
スペイン広場からも
アクセスしやすい!!

© Stefania Valvola/123RF.COM

↑背の高い松林が続き、夏季は格好の日陰になる

↓レンタサイクル、遊覧バスでの散策も可能だ

→公園中央の湖水庭園ではボート遊びも楽しめる

新たな魅力を発見! 緑豊かなローマを歩く
ボルゲーゼ公園 BEST SPOT 3

街の北に広がるボルゲーゼ公園は地元っ子の憩いの場。歴史のエネルギーがゆらめく街なかとは違い、心がほどける緑と光が出迎えてくれる。

森林浴を楽しみながら 公園内のミュージアムへ

旧市街の喧騒を背に公園に入ると、空気が変わるのを感じる。雄々しい松の木、優しい木洩れ日、小鳥のさえずり…。ローマ中心部で最大のボルゲーゼ公園は、シエナ出身のシピオーネ・ボルゲーゼ枢機卿が自らのヴィラとして1605年に造営。広大な庭園に優美な館や噴水が点在する豪華さを誇った。1902年にイタリア政府が所有し、一般公開。広場や湖、噴水や神殿、貴重な美術館などを巡ろう。

ボルゲーゼ公園
Villa Borghese

MAP 付録P.8 C-1

交Ⓜ A線Spagnaスパーニャ駅から徒歩7分

→総面積9.5ha、周囲6kmもの広さのイギリス式庭園

水のきらめきに映える優美な彫像
1 ヴィーナスの噴水
Fontana di Venere

MAP 付録P.5 D-1

ボルゲーゼ美術館の裏の広場にある噴水。中央にヴィラの設計を手がけた建築家G・ヴァサンツィオが制作したとされる白大理石のヴィーナス像が立つ。庭園の造営と同じ17世紀前半の作品。

ウフィツィ美術館所蔵の『メディチ家のヴィーナス』の模刻とされる

↑美術館見学後は裏手にまわり、噴水も眺めたい

周辺スポット エトルリア文明にふれてみよう!

イタリアの先住民族、エトルリア人の神秘性と高度な芸術にふれる。

先住民族の美術工芸品を展示
ヴィッラ・ジュリア・エトルスコ博物館
Museo Nazionale Etrusco di Villa Giulia

MAP 付録P.4 C-1

紀元前7～6世紀にイタリア半島で栄えたエトルリア文明の貴重な美術品を展示。『夫婦の寝棺』など彫像が充実。

☎06-3226571 交Ⓣ19番Museo Etrusco Villa Giuliaムゼオ・エトルスコ・ヴィッラ・ジュリア駅からすぐ 所Piazzale di Villa Giulia 9 開9:00～20:00 休月曜 料€10

↓教皇ユリウス3世のかつての別荘を利用

アクセス

最寄り駅はメトロA線のフラミニオ駅もしくはスパーニャ駅。スペイン階段上部からそのまま徒歩でアクセスするのも手軽で、ピンチョの丘を過ぎると広大な公園に出る。

徒歩時間の目安

Ⓜ A線
スパーニャ駅
徒歩20分
1 ヴィーナスの噴水
徒歩1分
2 ボルゲーゼ美術館
徒歩10分
3 湖水庭園
徒歩10分
フラミニオ駅
Ⓜ A線

歩く距離 約4km

驚異的な個人コレクションの数々

2 ボルゲーゼ美術館

Galleria Borghese

MAP 付録P.5 D-1

17世紀にシピオーネ・ボルゲーゼ枢機卿が収集した美術品を展示。彫刻と絵画が多く、枢機卿がベルニーニのパトロンでもあったことから、巨匠の傑作も多数揃う。見学には予約が必須だ。

☎06-32810 交Ⓜ A線 Flaminio フラミニオ駅から徒歩15分 所Piazzale Scipione Borghese 5 開9:00〜19:00(最終入館は17:00) 休月曜、12/25、1/1 料€20(予約料金€2含む、特別展示の場合は割増)

太陽神アポロから逃れる妖精ダフネが木に変身する一瞬を表現

↑ベルニーニの最高傑作と讃えられる『アポロとダフネ』は枢機卿の依頼により制作。1622〜25年

↑枢機卿が造営したヴィラを美術館として使用

→ラファエッロの『一角獣を抱く貴婦人』は修復中のレントゲン撮影時に一角獣の部分を発見

↑カラヴァッジョの最晩年の作『ゴリアテの首を持つダヴィデ』。1609〜10年

↑カラヴァッジョ『病めるバッカス』は画家の自画像だとされる。1594年

休日は家族連れで賑わう

3 湖水庭園

Giardino del Lago

MAP 付録P.5 D-1

公園中央の人工湖。18世紀にイタリア式庭園からイギリス式に改築された際に造成された。ボート遊びができ、休日はファミリーの姿が多い。ギリシャ風神殿も建つ。

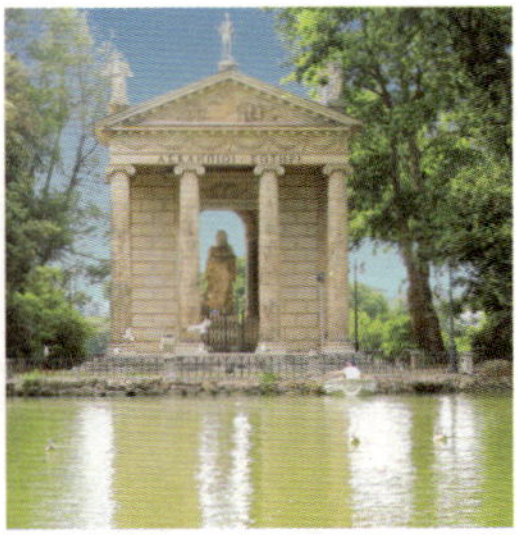
↑医学の神エスクレピオスを祀る神殿

ローマの歴史を1フレームに

1 サン・ピエトロ大聖堂

Basilica di San Pietro

ヴァチカン市国周辺 MAP 付録P.6 B-3

サン・ピエトロ大聖堂の頂上からローマ全域を視界に収められる、人気No.1の展望スポット。階段は551段だが途中までエレベーターもある。入場は有料で階段€8、エレベーター€10。

▶P.70 © polifoto/123RF.COM

Nice View
ドーリア式円柱の美しいサン・ピエトロ広場やローマの街の全貌を見渡せる唯一の場所。

↓展望台は自由に歩ける

➡地上120mにあるクーポラの頂上部分が展望台

どこから見てもフォトジェニック!! 丘の上から街を一望

永遠の都を見渡す展望スポット BEST 5

ローマの街には、古代ローマ時代から2000年の時を超えて、過去と現代が同居する独特の景色が広がる。その悠久の眺めを堪能したい。

ヴァチカンへの巡礼路を見渡す

2 サンタンジェロ城

Castel Sant'Angelo

ヴァチカン市国周辺 MAP 付録P.7 D-3

テヴェレ川の右岸にそびえる城塞で、サン・ピエトロ大聖堂を正面に眺めることができる。

▶P.65

Nice View
テヴェレ川を挟んでヴァチカンへと続く巡礼路が眺められる。

↑橋から眺めるライトアップされたサンタンジェロ城も美しい

© bloodua/123RF.COM

Nice View
ポポロ広場が夕日に輝く黄昏どきから夜の景色を眺めたい。

ローマの街の息吹が感じられる

3 ピンチョの丘

Monte Pincio

スペイン広場周辺 MAP 付録P.8 A-1〜B-1

広大なボルゲーゼ公園に隣接する丘の上の展望台。ローマの街を東側から眺める格好で眺望を楽しめる。

⬅高さはないが市街地を間近に眺められる開放的な展望台

交 Ⓜ A線Flaminio フラミニオ駅から徒歩8分 所 Viale Gabriele D'Annunzio

川面に映える甘美な眺め

4 ウンベルト1世橋

Ponte Umberto I

ヴァチカン市国周辺 MAP 付録P.7 E-3

ローマとヴァチカンを結ぶサンタンジェロ橋とサン・ピエトロ大聖堂を一緒に眺められる。

交 Ⓜ A線Lepanto レーパント駅から徒歩16分 所 Ponte Umberto I

Nice View
10体の天使像が立つサンタンジェロ橋の姿とサン・ピエトロ大聖堂との構図が素晴らしい。

© Potapova Valeriya/123RF.COM

➔ 灯りがテヴェレ川に映える夜の景色もロマンティック

© vvoennyy/123RF.COM

➔ ヴェネツィア広場に立つ記念堂

Nice View
コロッセオやフォロ・ロマーノの遺跡群を間近に見渡せる。

地上80mのテラスからローマを一望

5 ヴィットリオ・エマヌエーレ2世記念堂

Monumento Nazionale a Vittorio Emanuele II

コロッセオ周辺 MAP 付録P.12 B-1

イタリア王国を統一した初代国王の記念堂。地上80mの屋上テラスの展望台のほか、途中階にあるカフェからも景色が楽しめる。

交 Ⓜ B線Colosseoコロッセオ駅から徒歩10分 所 Piazza Venezia 開 9:30〜19:30(入場は〜18:45) 休 無休 料 無料(エレベーター€7)

Timeslip
ローマ時代にタイムスリップ
in Roman times

スペクタクルに人々の大歓声が響いた円形競技場

古代ローマ熱狂の舞台 コロッセオ

「コロッセオが滅びるとき、ローマは滅び、世界も滅ぶ」。そう古代人に言わしめた競技場は揺るぎない存在感。ここに世界の中心があった…。

剣闘士と猛獣との血みどろの死闘に市民が熱狂した巨大な円形闘技場

古代の詩人ユウェナリスは、ローマ帝国の政策を「パンとサーカス」と揶揄した。市民に無償で食糧と見世物を提供することで政治から目をそらさせる、というものだ。その見世物の舞台が円形闘技場コロッセオ。72年にウェスパシアヌス帝が着工し、息子のティトゥス帝が80年に完成させた。長径188m、高さ57mもの壮大な規模で、4階建ての観客席に約5万人を収容。剣闘士と猛獣、剣闘士同士の闘いが見世物の中心となり、片方が死ぬまでショーとしての死闘が続いた。その残忍性から、5世紀にホノリウス帝が開催を中止し、以後、何世紀も放置。19世紀に発掘調査が始まり、現在の姿が蘇った。

何でできている？

セメントと火山灰を主成分とする古代コンクリートとレンガが主な建材。4万人の奴隷が建造に携わり、人力クレーンの荒技も。コンクリートの強度は現代以上とされる。

コロッセオ

Colosseo

MAP 付録P.13 D-2

☎06-39967700 交Ⓜ B線Colosseo コロッセオ駅からすぐ 所Piazza del Colosseo 開8:30～18:15(9月は～18:00、10/1～10月最終土曜は～17:30、10月最終日曜～2/15は～15:30、2/16～3/15は～16:00、3/16～3月最終土曜は～16:30) 休12/25、1/1 料€12、フォロ・ロマーノ、パラティーノの丘との共通券€18(2日間有効)、オーディオガイド(日本語)€5.50 ※2019年11月よりコロッセオ、フォロ・ロマーノ、パラティーノの丘の共通券(1日有効)€16も発売 HP www.colosseo-roma.it

柱の様式

3階 コリント式

アカンサスという植物の葉をかたどった装飾が柱頭にあり、柱身に溝を持つ。紀元前4世紀以降に用いられた。

2階 イオニア式

柱頭に渦巻き装飾を配し、繊細で優美な印象。紀元前5～4世紀にイオニア地方とギリシャで流行した様式。

1階 ドーリア式

紀元前6～5世紀にギリシャで主流だった様式。柱頭に装飾がなく、柱基もない。シンプルで荘厳なイメージ。

夜景も必見！

名画『フェリーニのローマ』の冒頭にも登場するコロッセオのライトアップは間近で見ると感動的。

夏季は夜間入場の期間もある！

半壊しているのは…

5世紀に闘技場としての使用が禁止され、その後は放置。ルネサンス期に建築資材として上部が切り出され、現在の姿に。

全体の見学の目安時間は1時間半くらい

入口のローマ数字

観客席への出入口は80もあり、壁上部にローマ数字の入口番号が。入場券に明示された番号から入るシステムだった。

見学アドバイス

行列を回避する方法

当日券のチケット売り場はいつも混雑。事前のWEB予約（www.coopculture.it）が便利だ。フォロ・ロマーノとパラティーノの丘を含めた共通券もあり、フォロ・ロマーノの売り場が比較的すいている。ローマ・パスの割引も利用できるが、2019年3月から入場予約が必須になった。

オーディオガイドを借りる

地上階のチケット売り場近くにオーディオガイドの貸出窓口も。日本語もある。

剣闘士との記念撮影に注意

周辺には剣闘士の格好をして記念撮影をすすめる輩が出没。事前に必ず料金確認を。

1階の観客席は元老院や貴族の席だった

5万人を収容した巨大な娯楽施設の魅力に迫る!!

コロッセオ入場後の注目ポイント BEST 6

剣闘士は地下からアレーナに登場。皇帝への挨拶を経て、死闘に臨み、観客席は熱狂の渦に。英雄か死者か。究極の闘いがここで繰り広げられた。

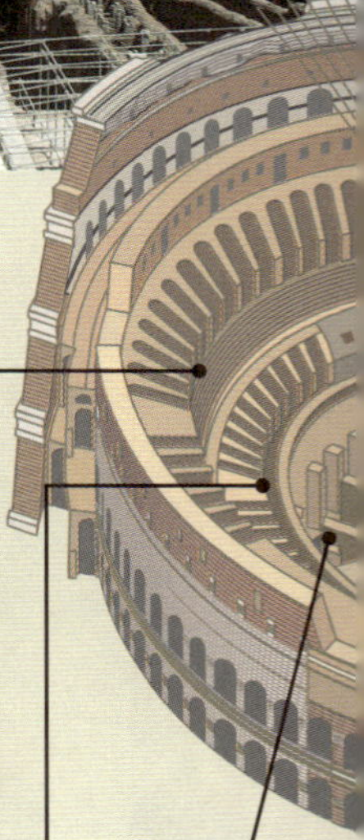

Column

剣闘士と猛獣

アレーナで闘った剣闘士は、奴隷や戦争で捕虜になった男たちだった。負傷して地に伏した者の運命は皇帝が握り、親指を上に向けると「生」を、下に向けると「死」を示した。剣闘士と闘った動物は、アフリカや中東から連れてこられたライオン・トラ・ヒョウなどがほとんど。勝利を重ねた剣闘士は英雄として讃えられ、生き延びて家庭を持てる者もわずかながら存在した。

落成セレモニー

コロッセオ竣工の80年、ティトゥス帝は100日間に及ぶ落成セレモニーを開催。この期間だけで2000人ほどの剣闘士と5000頭以上の動物が命を落としたとされる。無料で楽しめる大スペクタクルにローマ市民は熱狂。その後300年以上、死闘ショーが続いた。

模擬海戦

大がかりな見世物が可能だったアレーナでは、模擬海戦も行われた。全面に水を張って船を浮かべ、剣闘士が兵士に扮して、歴史的に名高い海戦を再現。この闘いもどちらかが勝つまで続けられ、死者が多く出た。

往時は白大理石の装飾があり、今では一部が残る

1 観客席

4層の観客席は身分に応じて場所が決まり、1階が元老院や貴族階級など、2階以上が市民の席だった。

2 入場門

剣闘士の入場門は、皇帝の席とその正面の執政官の席のちょうど中央にあった。観客の大熱狂のなか、死を覚悟して、アレーナに登場した。

3 地下の檻

地下には小さな部屋が並び、動物が檻に入れられていた。建築技術に秀でたローマらしく、檻ごとアレーナに引き上げる設備も。

夏季の炎天下は帽子とサングラスは必携だ

おみやげをチェック

2階のショップには、アクセサリー、Tシャツ、小物などオリジナル商品が揃う。

オオカミに育てられたローマの建設者を刻んだ指輪 €15

€4.50
コロッセオをかたどった手の平サイズのマグネット

€12
コロッセオの文字が入ったおしゃれなアルミ製の水筒

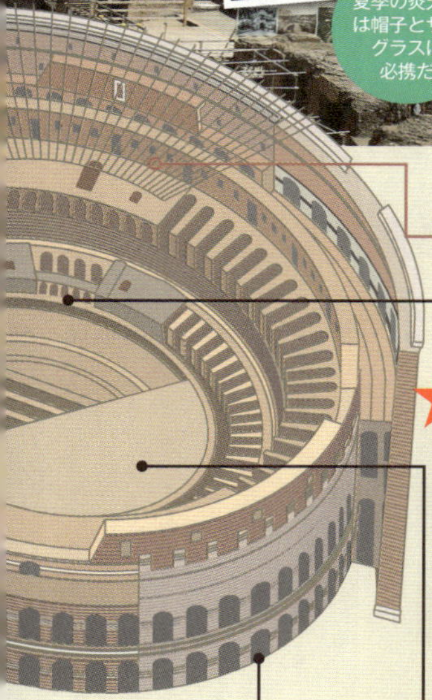

日よけの天蓋

4階上部にあったポールに巨大な天蓋を張り、夏の強い日差しを防いでいた。

6 皇帝の席

1階中央に特別席が設けられ、皇帝とその一族はここから観戦。剣闘士は入場後に皇帝に挨拶をして、死闘に臨んだ。

4 出入口

5万人の観客が効率よく席に着けるよう、アーチを持つ80の出入口が設けられた。

5 アレーナ

地下の檻の上部に敷いた板が闘技の舞台となった。血を吸い取るために砂「アレーナ」がまかれ、闘技場もそう呼ばれるように。

アレーナへの入場はガイドツアーのみ可能

周辺の歴史スポット

暴君ネロの幻の巨大宮殿跡
黄金宮殿
Domus Aurea

コロッセオ周辺 MAP 付録P.13 D-2

ローマの遺跡群で最もミステリアスな場所。64年のローマの大火後、ネロ帝は更地になった広大な敷地に自らの住居となる宮殿を建造。コロッセオの25倍もの面積があり、華麗な装飾で輝いていたとされる。現在も発掘調査と遺跡修復が進行中で、一部のみを公開。

☎06-39967700 交Ⓜ B線Colosseoコロッセオ駅から徒歩6分 所 Via della Domus Aurea 1 開 土・日曜8:30〜16:45、要予約 休 月〜金曜 料 €18

©Steven Heap/123RF.COM

↑古代建築の均衡美の極致のひとつ「八角形の間」
←コロッセオのすぐ近くに入口がある

古代ローマ最大の凱旋門
コンスタンティヌスの凱旋門
Arco di Costantino

コロッセオ周辺 MAP 付録P.13 D-2

ミルヴィオ橋の戦いでのコンスタンティヌス帝の勝利を記念して、315年に建造。見事な浮き彫りはほかの皇帝の建造物からの移築が多い。

交Ⓜ B線Colosseoコロッセオ駅から徒歩3分
所 Via di San Gregorio

↑コロッセオの南西に立ち、高さは約28m

政治、文化、宗教の中枢として発展した古代ローマの中心地

壮大なフォロ・ロマーノの遺跡群を巡る

街の中心部に広大な遺跡エリアが残るのが、"永遠の都"と呼ばれるゆえんのひとつ。いざ、2000年以上の時空を超えるドラマチックな旅へ。

カエサルとアウグストゥスが推進した壮大な都市計画の夢の跡

「フォロ」は政治・文化・宗教の中枢を指すラテン語。その名のとおり、この地は共和制から帝政期までのローマの中心地となった。もとはパラティーノの丘とカンピドーリオの丘に挟まれた湿地帯だったが、古代ローマの干拓技術を背景に、紀元前6世紀ごろに街を形成。紀元前1世紀のカエサル、アウグストゥスの時代に拡大計画が進み、目抜き通りである「聖なる道」やその周辺の建物が整備された。4世紀のコンスタンティヌス帝の時代までフォロは拡大を続けるが、395年のローマ帝国の分裂後は中枢としての機能を失い、衰退。時を経た19世紀の発掘調査により、巨大な古代都市が現代に復活した。

フォロ・ロマーノ

Foro Romano

コロッセオ周辺 MAP 付録P.12 C-2

☎06-39967700 交Ⓜ B線Colosseoコロッセオ駅から徒歩5分 所 Via dei Fori Imperiali 開 8:30～19:15(9月は～19:00、10/1～10月最終土曜は～18:30、10月最終日曜～2/15は～16:30、2/16～3/15は～17:00、3/16～3月最終土曜は～17:30) 休 12/25、1/1 料 €12、コロッセオ、パラティーノの丘との共通券€18(2日間有効) ※2019年11月よりコロッセオ、フォロ・ロマーノ、パラティーノの丘の共通券(1日有効)€16も発売

夏は暑く、冬は寒い。服装対策も万全でいこう！

注目ポイント BEST 8

東西に長い広大な西側から東側へま

1 クーリア

20世紀に復元された元老院集会所。元の建物は紀元前後に何度か焼失。現在のプランは4世紀にディオクレティアヌス帝が再建した遺構に基づく。

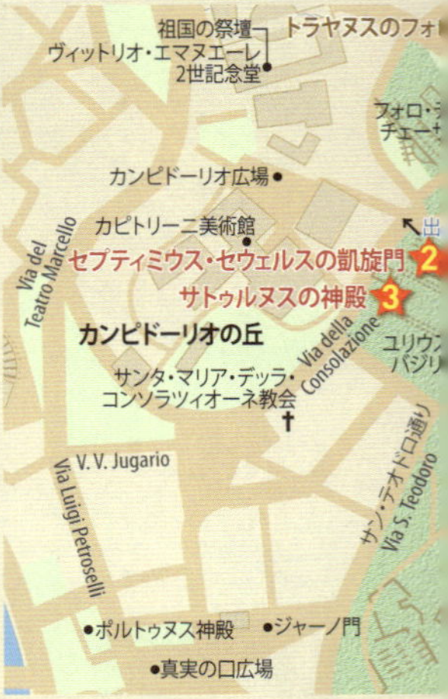

2 セプティミウス・セウェルスの凱旋門

セウェルス帝の在位10年を祝して、203年に建立。小アーチにはパルティアの戦いの浮き彫りが残る。

3 サトゥルヌスの神殿

紀元前5世紀ごろに建造され、その後、数回の改築を経た。8本の円柱と柱頭が奇跡的に姿をとどめる。

4 ウェスタの神殿

竈の女神ウェスタに捧げられ、神殿中央に灯る「聖なる火」を巫女たちが守っていた。

予想以上に広大。歩きやすい靴で訪れよう

体力にあわせてコロッセオの翌日の見学がおすすめ

見学アドバイス

共通券を利用

フォロ・ロマーノ、パラティーノの丘、コロッセオの3施設共通券が便利。2日間有効で、各施設への入場は1回のみ。当日券はフォロのチケット売り場が混雑が少ない。Webの事前予約もいい。

出入口をチェック

フォーリ・インペリアーリ通りとサン・グレゴリオ通りに出入口がある。少々混むこともあるが、前者の入口がおすすめ。フォロを巡ったあとにパラティーノの丘から遺跡群を俯瞰できる。

パラティーノの丘から遺跡を一望

フォロの東側に立つティトゥス帝の凱旋門近くの階段を上ると、パラティーノの丘に出る。そのファルネジアーニ庭園周辺からの眺めは格別だ。

周辺の歴史スポット

復讐の神に捧げた神殿があった
アウグストゥスのフォロ

Foro di Augusto
コロッセオ周辺 MAP 付録P.12 C-1

義父カエサルを暗殺したブルータスを戦いで破ったあと、アウグストゥスが紀元前1世紀半ばに建造。広場やバジリカ、復讐の神マルスを祀る神殿が建てられた。近くにカエサルのフォロも。

☎ 06-0608 交 Ⓜ B線Colosseoコロッセオ駅から徒歩8分 所 Piazza del Grillo 1 開 休 料 見学自由

↑神殿のコリント式円柱の土台などが残る

浮き彫りが見事な記念柱が立つ
トラヤヌスのフォロ

Foro di Traiano
コロッセオ周辺 MAP 付録P.12 C-1

名将として名高いトラヤヌス帝が2世紀に建立。設計はダマスクスの建築家アポロドロス。バジリカ跡と浮き彫りが精緻な高さ40mの記念柱が残る。

☎ 06-0608 交 Ⓜ B線Colosseoコロッセオ駅から徒歩8分 所 Via dei Fori Imperiali 開 休 料 見学自由

↑隣にはトラヤヌス帝の市場跡がある

敷地に多種多様な遺跡が点在。
わり、パラティーノの丘へ抜けよう。

8 アントニヌスとファウスティーナの神殿

アントニヌス・ピウス帝が、141年に亡くなった妻に捧げた神殿。11世紀に神殿跡の柱廊を利用し、教会に改修。神殿と教会が入り交じった建物に。

7 ロムルスの神殿

309年に亡くなったロムルスに捧げるため父帝が建立したとされる円形神殿。中世に教会の一部として改築。

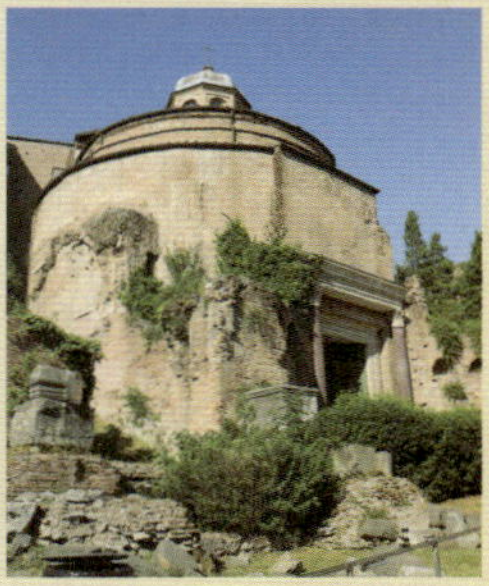

6 マクセンティウス帝のバシリカ

高さ35m、敷地面積6000㎡の規模を誇った古代ローマ最大級の建造物。306年にマクセンティウス帝が建造。往時は大理石装飾が。

5 ウェスタの巫女の家

巫女たちが暮らしていた建物跡。約50の部屋があったとされ、中庭に頭部が欠けた巫女像が並ぶ。

建物の高さとクーポラの直径は同じ43.3m

天井中央には明かり採りの直径約9mの窓が

内部はラファエッロなど偉人たちの墓が並ぶ

ミケランジェロ、ブルネレスキらが賞賛した神殿

神々を祀るパンテオンの建築美

2世紀建造の巨大神殿が街なかに往時のまま健在。ミケランジェロが“天使の業”と讃えた驚異の建築技術と荘厳な雰囲気が胸を打つ。

ローマの神々を祀った古代建築の最高傑作

古代の建物として最大級の規模と奇跡的な保存状態を誇る。キリスト教公認前のローマでは多神教が信仰され、その神々を祀るために紀元前27～25年にアグリッパが建造。名称は「すべての神々」の意だ。その後の焼失により、120年ごろにハドリアヌス帝が現在の円形神殿を再建。建物の高さとクーポラの直径はともに43.3m、クーポラを支える壁の厚みは6mあり、上部の重みを支える巧みな設計が施される。神々を祀っていた祭壇は中世以降、イタリアの偉人の墓となり、ラファエッロ、ウンベルト1世、ヴィットリオ・エマヌエーレ2世、ペルッツィらがここで眠る。

注目ポイント BEST 5

1900年の時を経て、柱廊・内部とも当時の姿をほぼ完璧にとどめる。

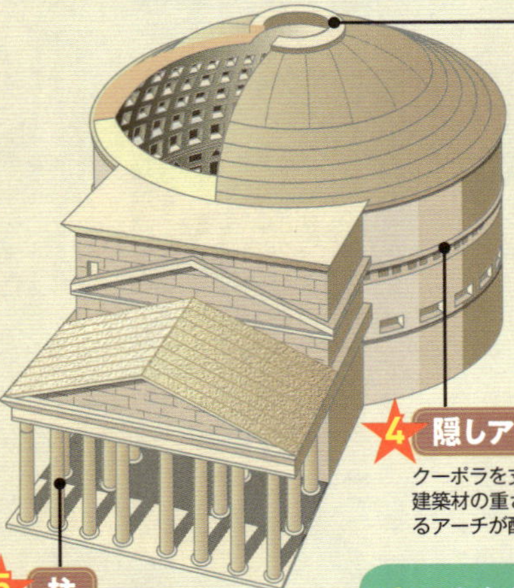

1 クーポラ

古代のコンクリート技術を結集。中央の窓からの光が時とともに移動。

2 主祭壇

入って正面が主祭壇。アーチを戴き、縞模様が美しい大理石円柱が囲む。

3 ラファエッロの墓

37歳で亡くなった画家ラファエッロの墓の上には聖母子像が。

4 隠しアーチ

クーポラを支える壁には建築材の重さを分散させるアーチが配される。

5 柱

前柱廊には花崗岩のコリント式円柱16本が並び、上部のペディメントを支える。

パンテオン

Pantheon

ナヴォーナ広場周辺 MAP 付録P.8 A-4
☎06-68300230 交 Ⓜ A線Spagnaスパーニャ駅から徒歩15分 所 Piazza della Rotonda 開 8:30～19:30 日曜9:00～18:00 日曜以外の祝日9:00～13:00 休 一部祝日 料 無料

夜景も必見！

夜の闇が迫るころ、パンテオンはほのかにライトアップ。古代に誘われるような雰囲気。

周囲の灯りとともに幻想的なムード

ローマ時代をもっと知りたい!!

カンピドーリオの丘とパラティーノの丘を中心とする街の南側には、魅力的な遺跡がまだまだ点在。古代芸術の博物館も必見だ。

2000年の歴史を見守った
テヴェレ河畔の堅牢な城塞

サンタンジェロ城

Castel Sant' Angelo
ヴァチカン市国周辺 MAP 付録P.7 D-3

皇帝の廟として、2世紀初頭に建造。中世以降は城塞の役目を果たし、ヴァチカンとの通路を整備。教皇の住居にもなった。現在は城の歴史を展示する博物館が入り、最上階から絶景を望める。

☎06-6819111 交Ⓜ A線 Lepanto レーパント駅から徒歩10分 所Lungotevere Castello 50 開9:00～19:30(木～日曜は～24:00)入場は各閉館1時間前まで 休無休 料€15

豪華な風呂と施設を備えた
ローマ時代の一大社交場

カラカラ浴場

Terme di Caracalla
ローマ南部 MAP 付録P.5 D-4

217年にカラカラ帝が建造。一度に1600人が入浴できる空前の規模を誇り、入浴施設のほかに運動施設・図書館なども完備。華麗な大理石装飾も施されていた。

☎06-39967700 交Ⓜ B線 Circo Massimo チルコ・マッシモ駅から徒歩10分 所Via delle Terme di Caracalla 52 開9:00～16:30(2/16～3/15は～17:00、3/16～3月最終土曜は～17:30、3月最終日曜～8月は～19:15、9月は～19:00、10/1～10月最終土曜は～18:30、月曜は～14:00)チケット売場は各閉場1時間前まで 休12/25、1/1 料無料

映画『ローマの休日』の
名シーンに登場する彫像

真実の口

Bocca della Verità
コロッセオ周辺 MAP 付録P.12 B-3

嘘つきの手を噛み切るという伝説を持つ彫像「真実の口」は、ローマ時代の下水溝の蓋だったとされる。現在はサンタ・マリア・イン・コスメディン教会の柱廊に。教会前の広場には古代神殿が建つ。

☎06-0608 交Ⓜ B線Circo Massimoチルコ・マッシモ駅から徒歩12分 所Piazza della Bocca della Verità 18 開9:30～17:50(冬季は～16:50) 休無休 料喜捨

映画『ベン・ハー』のような
戦車レースが行われた競技場

チルコ・マッシモ

Circo Massimo
コロッセオ周辺 MAP 付録P.12 C-3

パラティーノの丘の遺跡群を背後から望む広大な緑地。紀元前1世紀、カエサルが30万人収容の巨大競技場を整備。熱狂的な戦車レースが開催された。ポポロ広場のオベリスクはかつてここにあった。

☎06-0608 交Ⓜ B線Circo Massimoチルコ・マッシモ駅から徒歩8分 所Via del Circo Massimo 開休料見学自由

ミュージアムでローマ時代を知る

時を超えて輝く古代アートに出合える博物館・美術館にも足をのばしたい。

古代彫刻と奇跡の壁画

ローマ国立博物館 マッシモ宮殿

Museo Nazionale Romano Palazzo Massimo alle Terme
テルミニ駅周辺 MAP 付録P.9 E-3

↑壁画・彫刻とも細部までの緻密な描写が心を打つ

市内に4つの博物館が点在し、テルミニ駅近くのマッシモ宮殿には、共和制期から帝政期の彫刻・壁画・石棺などが集う。3階の『リヴィア家のフレスコ画』は圧巻。ナヴォーナ広場近くの分館、アルテンプス宮殿にも古代彫刻の傑作が。

☎06-480201 交Ⓜ A・B線 Termini テルミニ駅から徒歩5分 所Largo di Villa Peretti 2 開9:00～19:00 休月曜 料€10(アルテンプス宮殿との共通券€12)

傑作古代アートの宝庫

カピトリーニ美術館

Musei Capitolini
コロッセオ周辺 MAP 付録P.12 B-2

↑一般に公開された美術館としては世界最古とされる

カンピドーリオの丘に立ち、歴代教皇や枢機卿が収集した古代彫刻とブロンズ像を多数展示。ローマ建国神話にちなむ『カピトリーノの牝狼』『棘を抜く少年』などが見事。胸像が並ぶ「哲学者の間」も。

☎06-0608 交Ⓜ A・B線 Termini テルミニ駅から徒歩30分 所Piazza del Campidoglio 開9:30～19:30(入場は閉館1時間前まで) 休月曜、一部祝日 料€16※ビデオガイド(英語)€6

HISTORY OF ROMA

Roma History

古代ローマ時代から現代まで、変遷を続ける都市の物語

再生を繰り返す永遠の都の歴史

川の島からローマ誕生

ローマ建国

ローマの歴史はテヴェレ川のある伝説から始まる。ローマ中心部のこの川にティベリーナ島という島がある。この島で雌のオオカミの乳で育てられた双子の兄弟がいた。その兄のロムレスが紀元前753年にパラティーノの丘に都市を建設したのがローマの始まりと伝えられて、ロムレスが王となり王政であった。王政ローマは世襲でなく、やがてエトルリア人の王に支配されることとなり、ローマ市民が反発。7代の王を最後に共和制へ移行した。

勢力を拡大し分離統治

共和制の時代

紀元前509年、共和制がスタート。元老院に、政務官、民会を加え体制を強化した。同時に近隣市域へ勢力を拡大。同272年にはイタリア半島を統一。カルタゴと約100年も戦い、西地中海の覇権も手中に収めた。植民地の軍事基地を拠点に都市が形成され「分離して統治せよ」という言葉が表すように、ローマと各都市で条約を結ぶ分離統治が行われた。ローマの支配が拡大するにつれてローマ市も繁栄し人口は10万人に達した。都市整備も進められ水道の建設が行われた。一方、イタリアから難民が押しかけスラムも形成された。約500年続いた共和制は、数多くの外征を原因に貧富の差が拡大し内政が混乱。さまざまな対立のなか、カエサルが終身独裁官となりローマを統治。しかし、元老院一派により暗殺された。その後内戦の時代となる。

コロッセオやパラティーノの丘の近くにある約2000年前の古代ローマ遺跡、フォロ・ロマーノ ▶P.62

世界最大都市の最盛期

帝政下のローマの繁栄

長い内戦を制したのはオクタヴィアヌスで、紀元前27年、元老院から「アウグストゥス」という称号を与えられ、初代皇帝となった。形式的には共和制であったが、議会制を重んじる中央集権体制を完成させた。64年、皇帝ネロのもと、ローマ市街地の3分の1を焼失する大火災が発生。その後、区画整理が行われ整然とした街並みが形成された。続くウェスパシアヌス帝は、5万人を収容する競技場、コロッセオを完成。大規模建物の建設は、皇帝の威信を世に示しつつ富の再分配機能を果たした。2世紀に登場した、ネルヴァ、トラヤヌス、ハドリアヌス、アントニヌス・ピウス、マルクス・アウレリウス・アントニヌスの5人のローマ皇帝を五賢帝と呼ぶ。政局は安定し、領土が最大となるなど、ローマが最盛期に。オクタヴィアヌスから五賢帝までの約180年間を「パクス・ローマーナ(ローマの平和)」と呼ぶ。3世紀になると異民族の侵入が激化。対応できなくなったローマを見限り、地元の有力者を皇帝に見立て建国する属州まで出現した。中央では元老院の発言力が低下し帝国は弱体化していった。

世界遺産にも登録されているコロッセオ。剣闘士による殺し合いなど残酷な娯楽が行われた ▶P.58

紀元前25~27年ごろに造られたとされるパンテオン。一度は焼失したが、ハドリアヌス帝時代に再建された ▶P.64

時代	年	できごと
王政期	前753	ロムレスによるローマ建国
王政期	前600ごろ	フォロ・ロマーノ建設
共和制期	前509	共和制の成立
共和制期	前272	イタリア半島統一
共和制期	前264	ポエニ戦争(~前146)
共和制期	前60	カエサルらによる第1回三頭政治
帝政期	前27	アウグストゥスが初代皇帝となる
帝政期	64	ローマの大火
帝政期	79	ヴェスーヴィオ山噴火、ポンペイ壊滅
帝政期	90	コロッセオ建設
帝政期	95	五賢帝による統治
帝政期	118	パンテオン再建
帝政期	313	ミラノ勅令によるキリスト教公認
帝政期	329	コンスタンティヌス1世の命によりサン・ピエトロ大聖堂創建
帝政期	375	ゲルマン民族の大移動が始まる
民	395	ローマ帝国の東西分裂
民	476	西ローマ帝国滅亡

(年表目盛: 前700 前600 前500 前400 前300 前200 前100 1 100 200 300 400 500)

テヴェレ川の島から誕生したというローマは、やがて世界最大の都市に成長。権力争いや他民族の侵攻で翻弄されるなか、ルネサンスやバロックなど美しい芸術を育んだ。さまざまな時代の遺跡や文化をいたるところに残している。

帝国の滅亡から教皇の街へ
帝国の東西分裂

ディオクレディアヌス帝は復興のために4人で治める四分割統治を行った。この統治は数年間続いたが、4人のうちの1人、コンスタンティヌスがほかから疎まれ内戦へ発展。375年、ゲルマン民族の大移動が始まり、帝国は領土を脅かされた。テオドシウス1世が遺言で2人の息子に分割統治を指示。395年、帝国は東西に分裂した。ローマは西ローマに属したが首都ではなくなり、政治的地位は低下した。476年、西ローマ帝国は、ゲルマン人の傭兵隊長オドアケルの支配により滅亡した。その後、キリスト教が公認されるとローマはキリスト教の中心に。この混乱期に聖ペトロの後継者とされるローマ教皇が権威を確立。フランク王ピピンが教皇に領土を寄進したことを契機に、ローマは教皇庁が統治する教会国家の首都となった。

ローマ最古の教会と伝わるサンタ・マリア・イン・トラステヴェレ聖堂。数世紀にわたり改装が繰り返され、12世紀のモザイク画が残る ▶P.52

ルネサンスとバロック開花
ローマの再生

教会国家の地域が確立し、ローマは、ミラノ、ヴェネツィア、フィレンツェ、ナポリと肩を並べる大国となった。そうしたなか、フィレンツェでルネサンスが開花。1053年に教皇に就任したユリウス2世のもと、ルネサンスの中心はローマに移った。教皇は、老朽化したサン・ピエトロ聖堂を壊し新聖堂にし、ミケランジェロやラファエッロをローマに招いた。ミケランジェロは教皇の命令でシスティーナ礼拝堂の天井画を、ラファエッロはヴァチカン宮殿の「署名の間」の壁画を描いた。ブラマンテはサン・ピエトロ大聖堂の設計を行う。フランス王家とハプスブルク家による支配権をめぐるイタリア戦争中、ローマは神聖ローマ皇帝カール1世の軍による略奪を受け、この事件でルネサンスは終焉したとされる。17世紀にはバロック芸術が開花。16世紀のプロテスタントによる宗教改革を受けて、カトリック教会が立て直しを強化した結果生まれた新しい芸術の潮流であった。カラヴァッジョなどの絵画、ベルニーニ等の彫刻や建築でローマの街は彩られた。ニコラ・サルヴィ作のトレヴィの泉もこの時代に造られた。

聖ペテロ殉教の地に立つヴァチカン市国を代表するサン・ピエトロ大聖堂。堂内は世界最大級の広さを誇る ▶P.70

映画『甘い生活』にも出てくるトレヴィの泉。この美しい泉は、バロックを代表する遺産 ▶P.44

王国と大戦を経て共和国に
イタリア統一後のローマ

イタリアは、政治的には中世を通じて統一されることはなく、北には多くの都市国家が、中部には教皇の教会国家が存在し、南にはナポリやシチリア島で王国が続いていた。19世紀中期、ヴィットリオ・エマヌエーレ2世のもと大部分が統一され、イタリア王国が誕生。20世紀に入り指導者がファシスト党のムッソリーニとなり、日本、ドイツとともに第二次世界大戦へ参戦するも敗北。戦後は国民投票を経て、現在のイタリア共和国となった。

時代	年	出来事
…動期		
ローマ教皇領期	756	ピピンの教皇領寄進、教皇領の始まり
	1053	ユリウス3世が教皇に就任
	1096	第1回十字軍遠征
	1494	イタリア戦争（～1559）
	1534	イエズス会創設
	1626	現在のサン・ピエトロ大聖堂が完成
	1732	トレヴィの泉建設開始
イタリア王国期	1861	イタリア王国成立
	1870	イタリア王国が教皇領を統合、首都をローマとする
	1914	第一次世界大戦（～18）
	1929	ヴァチカン市国の独立
	1939	第二次世界大戦（～45）
イタリア共和国期	1947	イタリア共和国成立
	1980	「ローマ歴史地区、教皇領とサン・パオロ・フオーリ・レ・ムーラ大聖堂」が世界遺産に登録
	1984	「バチカン市国」が世界遺産に登録

（年表目盛：700　800　900　1000　1100　1200　1300　1400　1500　1600　1700　1800　1900　2000）

ミケランジェロ、
ベルニーニ…
天才芸術家の
傑作が大集合!!

時を超えたアートの宝庫 ヴァチカン市国へ入国

カトリックの独立国家、ヴァチカンは国全体が世界遺産。ルネサンスとバロック期の建築・美術が凝縮し、世界最小の国に人類屈指の美が集う。

サン・ピエトロ広場と大聖堂は夜のライトアップも素敵

聖ペテロの司教座

Cathedra Petri

教皇のみが座れる後陣奥の椅子。17世紀にベルニーニが制作し、精緻な細工が見事。ステンドグラスには1羽の鳩が

世界最小の0.44km²の国に キリスト教の長い歴史が堆積

ヴァチカンの宗教上の歴史は、旧サン・ピエトロ大聖堂の創建に遡る。4世紀半ば、キリスト教を公認したコンスタンティヌス帝が、キリストの一番弟子・聖ペテロの墓があった地に聖堂建設を命じ、今の大聖堂の前身が完成。そこに教皇ら聖職者たちが暮らすようになり、キリスト教の布教とともに教皇領も拡大した。19世紀半ばに起こった国家統一運動のなか、ヴァチカンと統一軍の対立が続くが、1929年のラテラノ条約により和解。教皇領であったローマを手放す代わりにヴァチカン内の主権を確保。独立国家としての"ヴァチカン市国"が誕生した。

国の面積は0.44km²、人口は約800人(2018年10月時点)で枢機卿や司祭など。元首はコンクラーヴェ(教皇選挙)で選ばれる教皇。公用語はラテン語だが、日常会話はイタリア語が通用。国旗と国歌に加え、独自の切手や郵便局、出版局や銀行などがある。

クーポラ
Cupola

高さ132.5m、直径42.5mの圧巻のスケール。ミケランジェロが設計し、その死後、弟子のフォンターナが完成させた

天才芸術家たちの英知を結集した壮麗な聖堂

サン・ピエトロ大聖堂

Basilica di San Pietro

MAP 付録P.6 B-3

世界のカトリック教会の総本山。創建は4世紀。1506年にユリウス2世の命による再建が始まり、ブラマンテ、ラファエッロ、ミケランジェロらが設計と建築指揮に当たった。完成は1626年。

▶P.70

右身廊にはミケランジェロ初期の傑作『ピエタ』が

大天蓋を囲む4本の支柱には聖遺物を持つ聖人像が配される。北西の彫像はベルニーニ作の『聖ロンギヌス像』

大天蓋
Baldacchino

17世紀前半にベルニーニが制作。主祭壇を覆うブロンズ製の天蓋を大迫力の4本の円柱が支える。最高部は29m

大聖堂、広場、美術館… 名だたる芸術家たちの作品に彩られた小国へ

カトリックの総本山! ヴァチカン市国を巡る

城壁に囲まれたヴァチカン市国の領土のうち、自由に観光できるのはサン・ピエトロ広場、サン・ピエトロ大聖堂、ヴァチカン美術館の3つ。広大な庭園はガイド付きツアーのみとなる。

information

● 早朝か夕方早めがおすすめ
独立国家だが、ローマ側からの出入国は自由でパスポートも不要。大聖堂見学は観光客が比較的少ない早朝か閉館1～2時間前くらいがいい。旅行代理店などで予約できるオーディオガイド付きの優先入場チケットを利用すれば待たずに入場できる。

● セキュリティ＆服装チェック
入口でセキュリティチェックを受けて入場。宗教施設のため、肌を露出しすぎた服装はNG。肩や足を覆えるストールを携帯しておくと便利。

● ミサで入場できないことも
特別なミサの折は入場制限があることも。聖堂内の一部でミサがあることも多く、静粛に堂内を歩きたい。

ルネサンス建築の一大傑作

サン・ピエトロ大聖堂

Basilica di San Pietro

MAP 付録P.6 B-3

現在の聖堂はユリウス2世の命による再建。1506年にブラマンテが着工し、ラファエッロやミケランジェロらの手を経て、120年後に完成。

☎06-69881662(インフォメーション) 交Ⓜ A線Ottaviano/S. Pietro/Musei Vaticani オッタヴィアーノ/サン・ピエトロ/ムゼイ・ヴァチカーニ駅から徒歩10分 所 Piazza S. Pietro 開 7:00～19:00(10～3月は～18:00) 休 宗教的祝日 料 無料、オーディオガイド(日本語)€8(イヤフォン代別途€1、イヤフォン持参可、デポジットとして身分証明書を預ける)、宝物館€8、クーポラ€8(エレベーター込みは€10)

歴代教皇が愛した庭園

ヴァチカン庭園

Giardini Vaticani

MAP 付録P.6 A-3

ヴァチカン市国の北側は広大な庭園。ガイド付きツアーでのみ見学が可能だ。事前予約が必要。

HP biglietteria musei.vaticani.va

聖堂地下のグロッタ

Sacre Grotte Vaticane

ベルニーニ作『聖ロンギヌス像』の台座下に地下墓地への階段があり、旧聖堂の遺構、歴代教皇の墓などを巡れる。

聖ペテロ像

Statua di San Pietro

大聖堂の起源はキリストの弟子、聖ペテロの墓に由来。初代教皇でもあり、カンビオ作の彫像が大天蓋近くにある。

ピエタ

Pieta

右身廊の入口近くには、ミケランジェロ20代半ばの傑作『ピエタ』が。キリストの遺骸を抱える聖母の表情に注目。

クーポラ

Cupola

ブラマンテの構想をもとにミケランジェロが設計。エレベーターと階段で頂上に出られ、ローマを一望できる。

▶P.56

11人の使徒

Statue di apostolo

ファサードには洗礼者ヨハネを除く11人の使徒の像が並ぶ。

聖ペテロ像

Statua di San Pietro

大聖堂左側には天国の鍵を持った聖ペテロの石像が立つ。

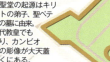

古代彫刻から現代の美術まで多彩な作品が揃う

イタリア芸術の至宝が集う

ヴァチカン美術館

Musei Vaticani

MAP 付録P.6 B-2

ルネサンスを中心とした貴重なイタリアの芸術遺産が集結。システィーナ礼拝堂のフレスコ画は人類が成し得た奇跡のひとつ。 ▶P.72

ベルニーニ設計の光と影の大空間

サン・ピエトロ広場

Piazza San Pietro

MAP 付録P.6 B-3〜C-3

大聖堂前の広場は30万人が集まれる壮大な規模。17世紀後半、アレクサンデル7世の命を受け、バロックの巨匠ベルニーニが設計。曲線と光の陰影を駆使した劇的な空間だ。

㊋ⓂA線Ottaviano/S. Pietro/Musei Vaticani オッタヴィアーノ/サン・ピエトロ/ムゼイ・ヴァチカーニ駅から徒歩10分

大柱廊上では140体の聖人像が見守る

大柱廊

Portico

長径240mの楕円形広場の周囲は、4列のドーリア式円柱が並ぶ半円形の回廊。円柱は284本にも及ぶ。

噴水

Fontana

オベリスクを挟む2基の噴水は、南側がベルニーニ、北側がカルロ・マデルノの設計といわれている。

オベリスク

Obelisco

1世紀にエジプトからローマに移築。かつてはカリギュラ帝の古代競技場にあったが、16世紀にドメニコ・フォンターナが現在の場所に移した。

ベルニーニポイント

Bernini point

オベリスクと噴水の中間点に円形の石が埋め込まれ、この上に立つと大柱廊の4列の柱が1本に見える仕掛けがある。

聖パウロ像

Statua di San Paolo

大聖堂の右側に立つ聖パウロの像は剣を右手に持つ。

ヴァチカンから手紙を出そう

独立国家としての郵便局があり、独自のポストカードと切手がある。はがきを書くスペースもあり、ポストも完備。旅の素敵な思い出を手紙に託そう。

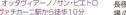

らせん階段

出口近くにあるらせん階段はジュゼッペ・モーモの設計により、1932年に完成。二重らせんの構成で、下に行くほど幅が狭くなる幻想的な造り。

古代から現代まで、15万点以上の作品を収蔵する美の殿堂!

聖なる傑作が集結するヴァチカン美術館

世界最小の独立国家のなかに、イタリア屈指の巨大美術館が鎮座。教皇の住居であった宮殿を改築した荘厳な空間に、歴代教皇の膨大なコレクションを展示。人類の美の遺産がここに集う。

ヴァチカン美術館

Musei Vaticani

MAP 付録P.6 B-2

16世紀初頭、教皇ユリウス2世がベルヴェデーレ宮殿の中庭に古代彫刻を収集・展示したのが起源。ヴァチカン宮殿の大半が美術館となり、展示面積4万㎡以上の壮大なスケールだ。24の美術館・博物館・絵画館・図書館で構成され、ピオ・クレメンティーノ美術館、絵画館、ラファエッロの間、システィーナ礼拝堂が最大の見どころとなる。

☎06-69884676 交Ⓜ A線Cipro チプロ駅から徒歩5分 所Viale Vaticano 開9:00～18:00(入館は～16:00)、毎月最終日曜は～14:00(入館は～12:30) 休日曜、祝日 料€17

↑ベルヴェデーレ宮殿を中心に周囲の建物を改築し、現在の美術館が完成

information

● チケットはWebで購入

美術館のサイトから予約が可能。スムーズに入場できるので、ぜひ利用したい。支払いはクレジットカードで、予約料が別途€4必要。HP biglietteriamusei.vatican.va

● オーディオガイドを利用

地上階に上がると、オーディオガイドの貸し出しカウンターがあり、日本語も用意。

● 午前の早い時間がおすすめ

見学コースは全長7㎞、貴重かつ膨大な展示品が迷宮のような空間に続く。見学時間を長くとるため、朝早い入館がベスト。

● プランを決めて美術館巡りへ

すべての作品をゆっくり鑑賞するには数日を要する。数時間から半日強で見学する場合は、何を見るかを絞っておこう。

ヴァチカン美術館の館内構成

展示室は上階と地上階の2層。入口は一段低いフロアにあり、セキュリティチェックやチケットの引き換え(予約者の場合)後に、エスカレーターか階段で地上階へ向かう。中庭にも自由に出られ、鑑賞中の休憩に格好の場だ。

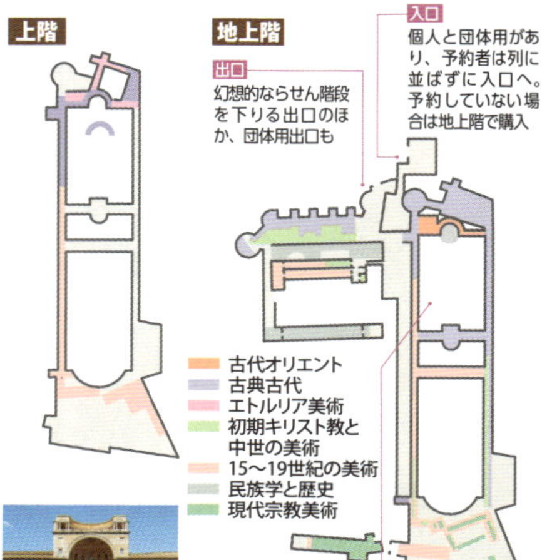

松笠(ピーニャ)のブロンズ像は古代の噴水の一部。ひと休みにいい

piano superiore

上階

壮大な3つのギャラリーの奥にラファエッロの間が

上階の大部分は丸天井の造りとなり、天井装飾も見どころ。古代彫刻が並ぶ燭台のギャラリー、タペストリーのギャラリー、地図のギャラリーが続き、その奥にラファエッロの間がある。

2階 鑑賞時間 1～2時間

必見作品はこれ！

アテネの学堂 ……… mapB

タペストリーのギャラリー
Musei Vaticani Galleria delle Arazzi

キリストの生涯をテーマにした大型のタペストリーが壁を埋める。織物の変色を防ぐための暗めの照明も幻想的。

地図のギャラリー
Galleria delle Carte Geografiche

16世紀にグレゴリウス13世の命で完成。当代随一の地理学者ダンティが下絵を手がけた、イタリア各地と教皇領の地図が並ぶ。

ラファエッロの間
Stanze di Raffaello

ユリウス2世が25歳のラファエッロに教皇の居室のフレスコ画を依頼。この仕事の成功により、ローマで栄光をつかんだ。4部屋あり、最初に着手した第3室・署名の間で初期の代表作『アテネの学堂』『聖体の論議』など、神と理性の真理を描いた4枚の絵を見られる。

A 聖体の論議
Disputa del Santissimo Sacramento

最初に完成したフレスコ画。上部中央に教皇を描き、周りに聖人と学者を配し、宗教と真理の勝利を描いた。
●ラファエッロ

B アテネの学堂 必見！
Scuola di Atene

署名の間のフレスコ画のひとつ。古代ギリシャの哲学者と科学者が真実の追求に関して論議する様子を描く。下絵はミラノのアンブロジアーナ絵画館(→P.166)に展示。
●ラファエッロ

鑑賞のポイント
中央奥のプラトンはダ・ヴィンチ、その手前のヘラクレイトスはミケランジェロ、右下のエウクレイデスはブラマンテをモデルにしている。右端にラファエッロの自画像も隠し絵のように描かれる。

piano inferiore

地上階

ルネサンス絵画と古代彫刻、ミケランジェロの“神の国”へ

美術館の中核部。ルネサンス絵画の至宝が集う絵画館、古代彫刻が並ぶピオ・クレメンティーノ美術館、ミケランジェロの大傑作が天井と壁を埋めるシスティーナ礼拝堂は必見だ。

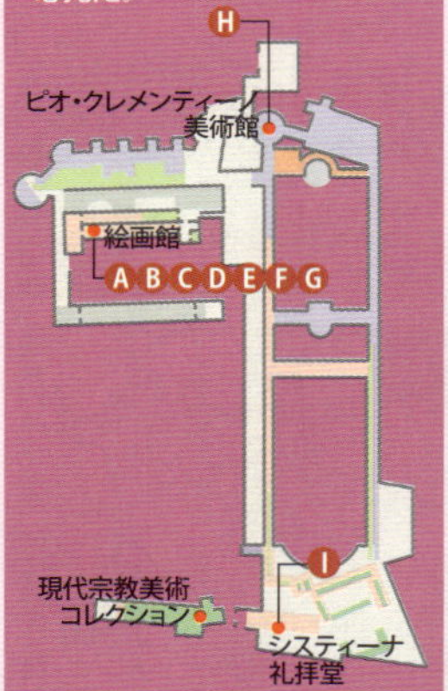

必見作品はこれ！

キリスト降架 map A

キリストの変容 map E

聖ヒエロニムス map G

最後の審判 map I

↓ピオ・クレメンティーノ美術館は古代の傑作彫刻の宝庫

絵画館
Pinacoteca

ルネサンス絵画を中心とする、11〜19世紀の絵画とタペストリーの部門。時代や流派に分かれた展示が18室に施され、イタリア美術史を俯瞰できる。特に、第8室のラファエッロ、第9室のダ・ヴィンチの展示室は見応えがある。

A キリスト降架
Deposizione

必見!

バロック期の天才画家、カラヴァッジョがローマの教会のために制作。キリストの遺骸を葬る弟子たちを描く。1602〜04年ごろ。

●カラヴァッジョ

鑑賞のポイント
動的な構図と明暗の対比が劇的。背景の暗さがキリストの遺骸をさらに強調。

B ステファネスキの祭壇画
Trittico Stefaneschi

再建前のサン・ピエトロ大聖堂の祭壇画として、フィレンツェ絵画の巨匠、ジョットらが制作。1320年ごろ。

●ジョットと弟子たち

C 聖母子
Madonna col Bambino

ヴェネツィア生まれのルネサンス期の画家、クリヴェッリが1482年に制作。聖母マリアの優美な装飾と緻密な線画が特徴。

●クリヴェッリ

E キリストの変容
Trasfigurazione

ラファエッロ最晩年の1520年の作。2つの奇跡が描かれ、上部は使徒とともに山に登ったキリストが神の光に包まれる姿。

●ラファエッロ

必見!

鑑賞のポイント
上下2部構成となり、上部は神の子キリストの山頂での奇跡、下部は悪魔憑きの少年を癒やす様子。

D フォリーニョの聖母
Madonna di Foligno

ウンブリア州フォリーニョ出身の枢機卿コンティの依頼で制作。ラファエッロ29歳の作。1512年。

●ラファエッロ

鑑賞のポイント
上下が分断された状態で見つかり、後世の修復で1枚の絵に復元。未完のため下絵の部分も。

G 聖ヒエロニムス 必見!
San Girolamo

古代の神学者ヒエロニムスが自分の胸を石で打ち、欲望を払う修行の様子を描く。解剖学にも長けたダ・ヴィンチの人体描写が秀逸。1482年ごろ
●ダ・ヴィンチ

ピオ・クレメンティーノ美術館
Museo Pio-Clementino

ブラマンテ設計のベルヴェデーレの中庭を囲む展示室に、古代ギリシャと古代ローマの傑作彫刻が集結。ルネサンスの芸術家に影響を与えた『ラオコーン像』は必見。

H ラオコーン
Laocoonte

精緻な表現に見入る、紀元前1世紀ごろの古代ギリシャ彫刻。1506年にローマで発掘。

現代宗教美術コレクション
Collezione d'Arte Contemporanea

20世紀後半にパウロ6世が新展示室として公開。19〜20世紀に制作された、キリスト教をテーマとする絵画や彫刻、モダンアートなどを展示。ここで一度、現代に引き戻されたあと、色彩の小宇宙システィーナ礼拝堂に出る趣向だ。

システィーナ礼拝堂
Cappella Sistina

15世紀に完成した教皇専属の礼拝堂。16世紀前半、ミケランジェロが祭壇画『最後の審判』と天井画を描き、芸術による"神の国"を現出。20世紀末の大修復でルネサンス期の色彩が蘇った。

I 最後の審判 必見!
Giudizio Universale

礼拝堂の祭壇画。クレメンス7世とパウルス3世の命による制作で、『新約聖書』の人類の終末が題材。中央部にキリスト、その左に聖母マリアが。
●ミケランジェロ

鑑賞のポイント
ユリウス2世の命により制作。中央の画面は『旧約聖書』の創世記が題材となり、天地創造と人類誕生、楽園追放、人類再生の物語が描かれる。

●アダムの創造
人類誕生の瞬間。神が最初の"人"であるアダムに命を吹き込むシーンが2本の指のドラマチックな構図で展開。

●楽園追放
左が禁断の木の実を手にするアダムとイヴ。右が原罪を背負った2人が苦悶のなか、楽園を追放される場面。

鑑賞のポイント
キリストの右下、聖バルトロマイが持つ生皮にはミケランジェロの自画像がある。

© fefo/123RF.COM

F 聖母戴冠
Oddi Altarpiece

ペルージャの教会の祭壇画として、1502〜04年にラファエッロが制作。2部構成となり、上部が天国での聖母の戴冠シーン、下部は地上の人々。
●ラファエッロ

© Viktor Gladkov/123RF.COM

ART & CULTURE

ルネサンス3大巨匠の軌跡を追う

ルネサンス時代をまさに完成させた3人の天才たち。ともに活躍したのはわずか30年ほどだが、その濃密な期間は、今も美術史に輝かしい足跡を残す。

森羅万象を見つめた異色の芸術家

1452〜1519年

レオナルド・ダ・ヴィンチ

Leonardo da Vinci

1452年、自然豊かなヴィンチ村に公証人の非嫡出子として生まれる。14歳でドナテッロの弟子であったヴェロッキオの工房に入門し20代で『キリストの洗礼』や『受胎告知』などを描く。その後は相次ぐ戦争と、パトロンらの依頼で活動の場をミラノやヴェネツィア、ローマへ実に8回も移動しながら作品を描いた。完全主義ゆえに自ら破棄した作品もあり、現存する絵画は15点ほどで、未完も多い。自然科学、哲学、解剖学や軍事技術までを持つ超人的な知性は多くの人を魅了した。最晩年はフランスのアンボワーズで過ごし、フランソワ1世や弟子たちに見守られながら1519年5月2日に死去した。

必見作品Best3

最後の晩餐 ▶P.167

ミラノのサンタ・マリア・デッレ・グラツィエ教会の依頼で描いた名作。キリストの顔は未完のままだという。

受胎告知 ▶P.111

初期の代表作。当初別人の作品とされたが、技法や考え抜かれた構図などからダ・ヴィンチ以外にないといわれる。

キリストの洗礼 ▶P.111

ヴェロッキオと共作し、ダ・ヴィンチの才能を証明してみせた衝撃のデビュー作。左の天使の部分を描いている。

魂を解き放つ神のごとき彫刻家

1475〜1564年

ミケランジェロ・ブオナローティ

Michelangelo Buonarroti

1475年、トスカーナ地方のカプレーゼに生まれる。幼いころから絵画を好み、13歳でギルランダイオ工房に入門。14歳でその才能を認められ、メディチ家の全面的支援のもとで古代彫刻を学ぶ。ヘレニズムの影響はこのときに受けたもの。しかし政変によって21歳のときに活動の場をローマへと移し、ここで彫刻家として名声を得る。26歳のときにフィレンツェでダヴィデ像を制作するが、再びローマに呼び戻され、晩年には『最後の審判』やサン・ピエトロ大聖堂の改築設計も手がけた。89歳という3巨匠のなかでは最も長寿を誇り、書簡や回想録なども残している。遺体は遺言どおりフィレンツェに埋葬された。

必見作品Best3

ダヴィデ像 ▶P.113

たくましい肉体美と、攻撃の直前という静の状態に爆発的なエネルギーを込めた斬新な表現で周囲を驚嘆させた。

ピエタ ▶P.70

弱冠26歳のときに制作。彫刻の限界を超えた、奇跡の彫刻と絶賛され、彼の名声をゆるぎないものとした代表作。

最後の審判 ▶P.75

システィーナ礼拝堂の正面に描かれたフレスコ画。裸体が不道徳と論議を呼んだが、パウロ3世の強い支持を得た。

聖母の画家と呼ばれた早熟の天才

1483〜1520年

ラファエッロ・サンティ

Raffaello Santi

1483年、ウルビーノで画家の息子として生まれる。11歳のときに父が亡くなり、そのころペルジーノ工房に入門、17歳ですでに一人前の仕事をこなすまでになっていた。師匠のペルジーノから優美な女性像を、ダ・ヴィンチからピラミッド型の構図や人物の内面描写を、そしてミケランジェロから力強い肉体表現を学び、聖母子画家として人気を博した。ローマ滞在期間には有名な『アテネの学堂』など数々の作品を残している。人物の内面を感じさせるような肖像画も得意とし、特にユリウス2世の肖像画はのちの画家たちの手本とされた。しかし37歳のときに医療の過誤から不幸にも突然この世を去った。

必見作品Best3

アテネの学堂 ▶P.73

ミケランジェロに学んだ人物像の力強さと、ダ・ヴィンチのバランスの良い構図を調和させた古典主義の傑作。

ひわの聖母 ▶P.111

ひわという鳥によってキリストの受難の予兆が描かれた聖母子画。三角形の構図はダ・ヴィンチから学んだもの

ヴェールの女 ▶P.113

ダ・ヴィンチの影響を超えて独自の技法と表現方法を得て、より自由に描かれたラファエッロの最高傑作のひとつ。

3大巨匠の主要作品はここにある

政変やパトロンの依頼で都市を転々とした3巨匠。フィレンツェを中心にミラノやローマに作品が残される。

レオナルド・ダ・ヴィンチ

都市	施設	作品
ヴァチカン市国	ヴァチカン美術館 ▶P.72	聖ヒエロニムス
フィレンツェ	ウフィツィ美術館 ▶P.110	受胎告知 キリストの洗礼 東方三博士の礼拝
ミラノ	サンタ・マリア・デッレ・グラツィエ教会 ▶P.167	最後の晩餐
	アンブロジアーナ絵画館 ▶P.166	音楽家の肖像 アトランティコ手稿
	スフォルツェスコ城 ▶P.166	アッセの間
	レオナルド・ダ・ヴィンチ記念国立科学技術博物館 ▶P.167	設計図など

ミケランジェロ・ブオナローティ

都市	施設	作品
ローマ	サンタ・マリア・ソプラ・ミネルヴァ教会	復活のキリスト
	パオリーナ礼拝堂	聖ペテロの殉教 聖パウロの回心
	サン・ピエトロ・イン・ヴィンコリ教会	ユリウス2世廟
	カンピドーリオ広場	建築
	ピア門 ▶P.45	建築
	ファルネーゼ宮殿	建築
ヴァチカン市国	サン・ピエトロ大聖堂 ▶P.70	ピエタ クーポラ
	ヴァチカン美術館 ▶P.72	最後の審判 創世記
フィレンツェ	ウフィツィ美術館 ▶P.110	トンド・ドーニ カッシーナの戦いのための習作
	アカデミア美術館 ▶P.113	ダヴィデ像 聖マタイ 囚われ人 など
	バルジェッロ国立美術館 ▶P.113	バッカス トンド・ピッティ ブルータス アポロン
	ドゥオモ博物館 ▶P.99	ピエタ
	ヴェッキオ宮殿 ▶P.100	勝利
	ラウレンツィアーナ図書館	階段室 閲覧室
	サント・スピリト聖堂 ▶P.106	十字架像
	カーサ・ブオナローティ	ケンタウロスの戦い 階段の聖母 ヘラクレスとカクス など
ミラノ	スフォルツェスコ城 ▶P.166	ロダンニーニのピエタ 
シエナ	ドゥオモ ▶P.34	ピエタ

ラファエッロ・サンティ

都市	施設	作品
ローマ	バルベリーニ宮殿	ラ・フォルナリーナ
	ボルゲーゼ美術館 ▶P.55	一角獣を抱く貴婦人 キリストの埋葬 
	ドーリア・パンフィーリ美術館 ▶P.49	アンドレア・ナヴァジェーロとアゴスティーノ・ベアッツァーノの肖像
	ファルネジーナ荘 ▶P.52	ガラテアの勝利
	サンタ・マリア・デッラ・パーチェ教会 ▶P.47	巫女たち
	サンタゴスティーノ聖堂	イザヤ
ヴァチカン市国	ヴァチカン美術館 ▶P.72	アテネの学堂 聖ペテロの解放 パルナッソス キリストの変容 フォリーニョの聖母 聖母戴冠 など
フィレンツェ	ウフィツィ美術館 ▶P.110	ひわの聖母 レオXの肖像 荒野の聖ヨハネ エリザベッタ・ゴンザーガの肖像 グイドバルド・ダ・モンテフェルトの肖像 など 
	パラティーナ美術館 ▶P.112	小椅子の聖母 大公の聖母 ビビエーナ枢機卿の肖像 トンマーゾ・インギラーミの肖像 ラ・ヴェラータ エゼキエルの幻視 バルダッキーノの聖母 
ミラノ	ブレラ美術館 ▶P.164	聖母の結婚
	アンブロジアーナ絵画館 ▶P.166	アテネの学堂(下絵)

永遠の街の歴史に残る美味

グルメ

ROMA GOURMET

↑広く落ち着いた店内(上)。地元で愛される昔ながらのレストラン(下)

↓看板メニューの牛尾のビーフシチューは、先入観を打ち破るボリューム感

€24

19世紀末創業の臓物料理店

ケッキーノ・ダル1887

Checchino Dal 1887

テスタッチョ MAP 付録P.10 B-4

ローマを代表する臓物料理専門の老舗。胃や肝臓など使用する部位は多岐にわたる。香辛料と一緒に煮込まれた食材は臓物特有のにおいを消し、驚きのうまさに。

☎06-5743816 交Ⓜ B線Piramide ピラミデ駅から徒歩13分 所Via di Monte Testaccio 30 営12:30~14:45 20:00~23:45 休日曜夜、月曜

▶トリッパ・アッラ・ロマーナ €14

Trippa alla Romana

牛の胃袋を香辛料とトマトソースで煮込んだ名物料理。地元では夏バテ予防としても親しまれる人気メニュー

名物パスタも! 絶品肉料理も! 間違いのないお店だけ

絶対食べたい郷土料理がある4店

何を食べるか途方に暮れてしまうほど、名店ひしめくローマでは、地元で評判の店を訪れたい。どれも人気店のため、事前の予約がおすすめ。

いつも行列が絶えない

ダ・ジーノ・アル・パルラメント

Da Gino al Parlamento

ナヴォーナ広場周辺 MAP 付録P.8 A-3

国会議事堂に近く、議員らの行きつけとして知られる。味が評判となり、今や世界中から観光客が訪れるように。夜は開店の20時前から行列ができる。確実に入店するには20時か22時で予約を。

☎06-6873434 交ナヴォーナ広場から徒歩13分 所Vicolo Rosini 4 営13:00~15:00 20:00~22:30 休日曜、祝日

➡寓話的な天井画が愉快な食事を演出する(右)。隠れ家のような雰囲気の路地にある入口(左)

▶スパゲッティ・アッラ・アマトリチャーナ €12

Spaghetti alla Amatriciana

炒めた玉ネギの甘みとトマトの酸味が効いたソースが太めの麺とマッチする

ローマの郷土料理

階級差が激しかったローマ。庶民が貴重だった肉の尻尾や内臓などをおいしく食べられるよう工夫した煮込み料理が中心。カルボナーラなど名物パスタも。

トリッパ Trippa

牛の胃袋を煮込んだ料理でローマ風はトマトソースがベース。牛のほか、仔羊の小腸などもよく食べられている。

サルティンボッカ Saltinbocca

仔牛・豚・鶏肉に生ハムのスライスをのせてフライパンで焼いたもの。セージの葉と仕上げの白ワインが味に深みを加える。

カルボナーラ Carbonara

一説には炭焼き職人(カルボナーラ)が考案したとされ、炭色の黒胡椒とベーコン＆卵が特徴。地元では生麺が一般的。

美食家たちの溜まり場

ロショーリ

Roscioli

ナヴォーナ広場周辺 MAP 付録P.11 F-1

カンポ・デ・フィオーリから続く、歩行者しか通行できない石畳の小道にたたずむ。イタリア各地からの厳選した食材を販売し、食事スペースも備えた店内には地元のグルマンが集まる。

☎06-6875287 交ナヴォーナ広場から徒歩6分 所Via dei Giubbonari 21/22 営12:30～16:00 19:00～24:00 休日曜、祝日

※予約は公式サイト(salumeria roscioli.com)からのみ受付

←いつも賑わう人気店のため事前の予約は必須

↓部屋は3種類ある。写真は壁に名酒が陳列されたワインの部屋

スパゲティ・アッラ・カルボナーラ Spaghetti alla Carbonara €15

コシのある手打ち麺と特製の分厚いベーコン、卵黄が絡まり、チーズで整えられた絶妙な味

€28

→オーブンで焼いたシーバスのタルタルに野菜を添えて

€16

↑トマトソースにリコッタチーズが合う名物ミートボール

観光地に近い郷土料理店

トラットリア・ダ・ヴァレンティーノ

Trattoria Da Valentino

コロッセオ周辺 MAP 付録P.13 D-1

チーズと胡椒のみで味付けするカーチョ・エ・ペペが大評判の店。店主の笑顔と納得の味＆良心価格がリピーターを呼ぶ。パスタ以外にも、ローマの代表的料理を各種揃える。

☎06-4881303 交Ⓜ B線Cavour カヴール駅から徒歩5分 所Via Cavour 293 営12:00～16:00 19:00～22:30 休月曜

↑大通りに面した開放的な店。店内はリラックスできる空間

カーチョ・エ・ペペ Cacio e Pepe €8

地元で人気のメニューは、職人が手打ちする生パスタに2種類のチーズと黒胡椒をまぶしたシンプルなパスタ

グルメなフードコートに注目!!

ローマの味が何でも揃う

メルカート・チェントラーレ・ローマ

Mercato Centrale Roma

テルミニ駅周辺 MAP 付録P.9 F-4

パスタ、ピッツァからジェラート、スイーツ、パニーニ、チーズ、ラーメン、ワイン＆ビール店まで20店舗以上が揃う。テルミニ駅内という好立地で地元でも人気。

☎06-46202900 交Ⓜ A・B線Termini テルミニ駅から徒歩2分 所Via Giovanni Giolitti 36 営8:00～24:00 休無休

→2016年にオープンした"食の市場"

↘1kgあたりの値段が表示された切り売りピザ。指さしで注文しよう

↑屋台のように並ぶ店舗からお気に入りを探そう

↓注文後、すぐに目の前の大鍋にパスタが投入される

€4

€10

現代イタリアンをリードする気鋭のシェフがいる店へ

絶対美食のレストラン4店

地元の美食家たちが集まる、街で評判のレストランを厳選。世界を舞台に腕をふるうシェフたちが催す食の饗宴を堪能しよう。

最高峰店で美食を味わう

ラ・ペルゴラ

La Pergola

ローマ北部 MAP 付録P.4 A-1

カリスマシェフ、ハインツ・ベック氏が独創的なイタリア&地中海料理を提供。店内からはローマの夜景も堪能できる。数カ月先まで予約がいっぱいのため早めの予約を。

☎06-35092152 交Ⓜ A・B線 Termini テルミニ駅からタクシーで20分 所Via Alberto Cadlolo 101 営19:30～23:30 休日・月曜、8月上旬～下旬、1月の3週間

Chef's Profile

ハインツ・ベック

Heinz Beck

気鋭のドイツ人シェフ。天才的な独創性が芸術性あふれる料理を次々に生み出す

↑トリュフ、フォアグラ、アドリア海の新鮮な魚介類など、こだわりの食材を懐石風に仕上げた料理

おすすめコース

コース(10品)

10 Course Menu €260

フォアグラ、マリネ、ロブスター、仔羊、チーズ、シャーベットなど10品

おすすめコース

おすすめ5品コース

5 Course Menu €50～

シェフが創作する前菜・第1と第2の皿から3品・デザートの5品コース

Chef's Profile

能田耕太郎

Kotaro Noda

1999年に渡伊。2011年ミシュランで1ツ星獲得後、現ビストロの料理長に。2018年からは銀座「ファロ」のエグゼクティブシェフも務める

↑グリーンソースが鮮やかなサルディーニャの一品

↓↘落ち着いた店内(左)入口の64が目印(右)

日本人シェフが腕をふるう

ビストロ 64

Bistrot 64

ローマ北部 MAP 付録P.4 C-1

能田氏がシェフを務める、ネオビストロスタイルの人気店。伝統的なイタリア料理と日本的な視点がミックスされていると評判で、グルメなローマ人を満足させる。美しい盛り付けにも注目したい。

☎06-3235531 交Ⓣ2番 Tiziano/Xvii Olympiade ティツィアーノ/ディチャセッテージモ・オリンピアデ駅から徒歩3分 所Via Guglielmo Calderini 64 営18:00～22:30 休日曜、祝日

フェンディの邸宅
エノテカ・ラ・トッレ
Enoteca La Torre
ローマ北部 MAP 付録P.4 C-1

きらめくシャンデリア、ロココ調家具、大理石の床や柱は、かつて社交界の人々がパーティーをした空間を彷彿させる。極上の食材にシェフの独創性が光り味も秀逸だ。

☎06-45668304 交Ⓜ A線Lepant レーパント駅から徒歩13分 所Lungotevere delle Armi 23 営12:30～14:30 19:30～22:30 休日・月曜のランチ E 英

おすすめコース
エクスクルージョン(5品)
Excursion (Tasting menu 5 surprise course) €105
前菜2種、第1と第2の皿、デザート5品は旬の食材でシェフが考案する

↑テヴェレ川のほとりの白亜の屋敷はお城のよう

←色鮮やかなウェルカム・プレート

→ピーナッツ・ジェリーのプレート

→抹茶のグリーンが冴えるシュリンプ・スパゲティ

Chef's Profile
ドメニコ・スティーレ
Domenico Stile
ローマ最年少のミシュランスターシェフ。ナポリ出身で魚介料理やソースに定評あり

ビル最上階の地中海料理店
メディテラーネオ
MadelTerraneo
スペイン広場周辺 MAP 付録P.8 C-3

2017年オープンのラ・リナシェンテの最上階に、気鋭のシェフを招いてオープンした。店名の"地中海"の幸を使った料理も多く、旬の味がテーブルにのぼる。通し営業なのも旅行者にはありがたい。

☎06-87916650 交Ⓜ A線Spagna スパーニャ駅から徒歩13分 所Via del Tritone 61 営11:00～23:00 休無休 E 英

↖↗水と緑を演出した内装(左)トマトのスパゲティ(右)
↓テラス席は風が心地よく眺めもよい

Chef's Profile
リッカルド・ディ・ジアチント
Riccardo di Giacinto
イギリスやスペインなど各地で修業。確かな技術とオリジナリティで新境地を開く

おすすめコース
コース(3品)
3 Course Menu €35～
チーズ・ハム盛り合わせの前菜、パスタまたはピッツァ、メインとコーヒー
※コース料理はグループでの注文のみ

空港内のユニークなモダンダイニング

アッティミ・バイ・ハインツ・ベック
Attimi by Heinz Beck フィウミチーノ空港 MAP 付録P.3 D-3

トランジットを利用して、ハインツ・ベックの味が楽しめる空港内の画期的なレストラン。フライトまでの時間に合わせた30分(€39)、60分(€69)用のコース料理のほか、テイクアウトもできる。

☎345-623-6817 交フィウミチーノ空港 ターミナル3 パスポートコントロール後 所Via dell' Aeroporto di Fiumicino 営8:00～22:00 休無休 E 英

革新的かつ健康・バランス・テイスト・現代性を考慮し、旅の食事に適した料理の数々

必ずハマるテッパンをオーダー!

並びがいのある大人気ピッツェリア4店

イタリアのピッツァは厚い生地と薄い生地の2種あるが、ローマ風は超薄型。数多ある店からセレクトした店で、評判の味を食べ比べてみるのも楽しい。

B ブレサオーラ
生ハム&ルッコラの赤と緑のきれいな取り合わせにパルミジャーノチーズ
€12

B バフェット
トマト・キノコ・ソーセージ・玉ネギ・アーティチョーク・卵と、具だくさん
€10

C スーパービオ
オーガニック・トマト使用。モッツァレッラにリーフを散らしシンプルな旨さ
€12

A サーモン
欧州では高級食材のサーモンがイタリアではピザに登場。チーズと合う
€8.50

A レーモスペシャル
マッシュルーム・ナス・ソーセージが具材の店名を冠した品は食べ応えあり!
€8.50

A ベジタブル
本場で味わいたいカルチョーフィと少し苦みがあるリーフチコリーのピッツァ
€8.50

B ズッキーニ
トマトソースにズッキーニだけのシンプルさ。素の味わいがチーズにとろける
€8

A テスタッチョの人気店
ピッツェリア・ダ・レーモ
Pizzeria Da Remo

テスタッチョ MAP 付録P.10 B-3

➔元気に注文のかけ声響く店内

通りには屋根のあるテラス席があり、店内も奥行きがあり多くの客を回転させる給仕たちがテキパキと立ちまわる活気ある店。お会計は帰りに出口左手のレジで。

☎06-5746270 交 Ⓜ B線Piramide ピラミデ駅から徒歩13分 所 Piazza di Santa Maria Liberatrice 44 営 19:00～翌1:00 休 日曜 E

B 旅の出会い、相席御免の人気店
ピッツェリア・ダ・バフェット
Pizzeria Da Baffetto

ナヴォーナ広場周辺 MAP 付録P.7 E-4

➔開店時に窯の薪に点火

1階中央の窯の前では、手際よくピッツァ生地を丸く広げ具をのせチーズを振りかける職人技がみられる。ピッツァの種類は豊富なので、いろいろな味を試したい。

☎06-6861617 交 ナヴォーナ広場から徒歩5分 所 Via del Governo Vecchio 114 営 12:00～24:00 休 無休 E

ローマ風ピッツァのきほん

薄くのばした生地を薪の窯で焼き上げ、パリパリ食感に仕上げるのがローマ風。手ではなく、ナイフとフォークで切りながら食べる。注文は一人1枚が基本。

D トゥナ €8
Tonno(トンノ)と表示されるツナは本場でも定番。薄いローマ風と相性がイイ!

C マッシュルーム €9
マッシュルームの食材の美味しさがトマトソースとチーズに引き立てられる

D カプリチョーザ €8
生ハム・オリーブ・アーティチョーク・卵・マッシュルームにモッツァレッラ

D ベーコン €8.50
モッツァレッラとプロヴォラの2つのチーズが溶け合うホワイト・ピッツァ

C マリナーダ €7
トマトソースにガーリックの伝統的な味。シシリア島のオレガノが食欲をそそる

進化系ピッツァにも注目

↑四角い切り売りピッツァ

ピッツァに新風を吹き込む
ピッツァリウム・ボンチ
Pizzarium BONCI
ヴァチカン市国周辺 MAP 付録P.4 A-2

ベーカリーのマイスターが、切り売りをコンセプトに始めた店。厚い生地にバラエティ豊かな具がのせられる。

☎06-39745416 交Ⓜ A線Cipro チプロ駅から徒歩5分 所Via della Meloria 43 営11:00~22:00(土・日曜12:00~16:00 18:00~22:00) 休無休 E 英 カード

↑テイクアウト専門店

↓温めてくれるので、ふんわりもちもちの食感

三角形のピッツァ&サンド
トラピッツィーノ
Trapizzino
テスタッチョ MAP 付録P.10 B-3

外はカリカリ、中はモチふわのピッツァ生地で具をサンドした、ローマ発の新食品トラピッツィーノの専門店。

☎06-43419624 交Ⓜ B線Piramide ピラミデ駅から徒歩15分 所Via Giovanni Branca 88 営12:00~翌1:00 休無休

↑カウンターでテイクアウトかイートインかを伝える

↓具がたっぷり。特製スタンドに置いて召し上がれ

小さな店だがイートインもできる

←ボリューム満点、基本のトマト&ミート味。各種€4

C おしゃれでモダンな店
エンマ
Emma
ナヴォーナ広場周辺 MAP 付録P.11 F-1

→家族連れもカップルも笑顔になる味

地元で人気の店は開店前には人々が集い始める。ピッツァの種類も豊富で、本場ローマのなかでも群を抜く美味しさと評判。店は広くてスタイリッシュ、高級感もある。

☎06-64760475 交ナヴォーナ広場から徒歩10分 所Via del Monte della Farina 28 営12:30~15:00 19:00~23:30 休無休 E 英 予 カード

D 1936年創業の老舗
イル・グロッティーノ
Il Grottino
テスタッチョ MAP 付録P.10 B-2

→ピッツァも郷土料理もある人気店

テスタッチョ地域にある昔ながらの大衆食堂。地元の人も観光客もアットホームな雰囲気のなか、ワイワイビールを飲みながら食事する風景が見られる。味も定評あり。

☎06-5746232 交Ⓜ B線Piramide ピラミデ駅から徒歩15分 所Via Marmorata 165 営19:00~翌1:00 休火曜 E 英 カード

サン・ピエトロ大聖堂が見える絶景シートにご招待

眺望自慢のフォトジェニックカフェ 2店

街のシンボルであるサン・ピエトロ大聖堂を眺め、陽光を浴び、心地よい風に吹かれる最高のカフェでひと休み。

➡フルーツが鮮やかなチーズ・ケーキ€8

見渡す光景は一生に一度の思い出

ルーフ・ガーデン・レ・エトワール

Roof Garden Les Etoiles

ヴァチカン市国周辺 MAP 付録P.6 C-2

アトランテ・スターホテルの屋上にあるレストラン&カフェ。エレベーターで6階のレストランまで行き、さらに階段でもう1階あがると屋上だ。見事な花壇が整えられたテラス席からは最高の眺めが楽しめる。

☎06-68638163 交Ⓜ A線Ottaviano/S. Pietro/Musei Vaticani オッタヴィアーノ/サン・ピエトロ/ムゼイ・ヴァチカーニ駅から徒歩8分 所Via dei Bastioni, Via Giovanni Vitelleschi 34 営10:00〜翌1:00 休無休

サン・ピエトロ大聖堂の丸いクーポラを眺めながら一息

⬅トーストのクラブ・サンドイッチとベークト・ポテト€24

⬆キウイ・メロンなど夏のフルーツ盛り合わせ€9

⬆広々とした最上階のテラス席

⬆食事やドリンクができるパノラマ・カフェ&レストラン(左)宿泊客以外でも行ける、ホテルのエレベーターで屋上へ(右)

⬅入口から坂道を上るとカフェにたどり着く(左)オープン・ルーフのテラス席が人気(中)テヴェレ河畔にそびえ立つサンタンジェロ城(右)

ヴァチカンを見渡すテラス

レ・テラッツァ・カステル・サンタンジェロ

Le Terrazze Castel Sant'Angelo

ヴァチカン市国周辺 MAP 付録P.7 D-3

ハドリアヌス帝が2世紀に建てたサンタンジェロ城の最上階にあるカフェ。テラス席から大聖堂のクーポラも眺められる。まさにインスタ映えするワンカットを探してみよう。

☎06-68802598 交Ⓜ A線Lepantレーパント駅から徒歩15分 所Castel Sant'Angelo 営9:00〜19:30 休無休

歴史が刻まれた空間から眺めるローマは、また別格

⬅ローマの伝統的スイーツ、季節のアプリコット・パイ€5
⬇マフィンはチョコ味も€3.50

スペイン階段前の老舗カフェ

アンティッコ・カフェ・グレコ

Antico Caffè Greco

スペイン広場周辺 MAP 付録P.8 B-2

スペイン階段から見下ろす通りに位置し、名だたる芸術家が訪れた名店。一歩店内に足を踏み入れれば、燕尾服のボーイが席に案内してくれ、19世紀末のカフェの雰囲気が広がる。

☎06-6791700 交Ⓜ A線Spagna スパーニャ駅から徒歩3分 所 Via dei Condotti 86 営 9:00～21:00 休 無休 E E カード

1760年 創業

↑歴史ある建物は国の重要文化財に指定

↑アンティーク調のインテリアは高級感漂う

↑ブランド店が並ぶコンドッティ通りにある

↓カカオの香りが高いマロッキーノ€9

→アイスコーヒー、シェケラート€9

←フルーツとの取り合わせが鮮やかなパンナ・コッタ€12

レジェンドになった街の名店は外せません!

ローマ最古のカフェ&ジェラッテリア2店

ゲーテ、アンデルセン、ダンテも訪れたアンティッコ・カフェ・グレコは、風格があり一見の価値あり。パラッツォ・デル・フレッドは、1880年創業のジェラッテリアの元祖。

↓クリームやシャーベット系、フラッペもある

1880年 創業

↑店内は広々としていてグループもOK ←レジで会計後レシートを見せて購入

ジェラートとスイーツの店

パラッツォ・デル・フレッド

Palazzo del Freddo

テルミニ駅周辺 MAP 付録P.5 E-3

1928年ジョバンニ・ファッスィが初めてジェラートを商標登録。その後ドライアイスを使用しアメリカから世界へと広がる。ナッツやフルーツを使用したものまで種類は豊富。

☎06-4464740 交 Ⓜ A線Vittorio Emanuele ヴィットリオ・エマヌエーレ駅から徒歩5分 所 Via Principe Eugenio 65 営 12:00(日曜10:00～)～24:00(金・土曜は～翌0:30) 休 無休 E カード

↓ミント、チョコ、ブルーベリー、バナナなど種類は多くリッチなテイスト€1.60

カフェのきほん

イタリアのカフェは大きく分けて2種類。立ち飲みのバール・タイプと、着席のカフェ・タイプ。事前に知っていればあわてない。

立ち飲みの場合

①レジで注文する

レジでコーヒーの種類を伝えて注文し支払う。立ち飲みの場合チップは不要。

②レシートを渡す

レシートをカウンターに置くと、注文のコーヒーを手早く淹れてくれる。

着席の場合

席で注文&支払い

メニューを渡され注文する。最後にボーイを呼んでお会計。

カフェの種類

エスプレッソ Espresso

深煎り微細な粉を加圧状態で濾した濃厚コーヒー

カプチーノ Cappuccino

カップのエスプレッソに泡立てたミルクを注ぐ

ラテ・マッキアート Latte Macchiato

ミルクにエスプレッソを淹れ泡立てミルクを盛る

マロッキーノ Marocchino

カカオやチョコシロップにエスプレッソ&泡ミルク

パスティチェリア&ジェラッテリアで甘い休日を!

街で評判の絶品ドルチェがある5店

食通たちのニーズに応え進化を続けるローマのスイーツ。伝統を守りながらも革新を遂げた唯一無二の5店を厳選。

ティラミスのベーシック、ピスタチオ、ヘーゼルナッツ、ストロベリーの4種入りお試し版 €8

ローマに来たら絶対うちに寄ってね

行列のできるテイクアウト店

ポンピ

Pompi
スペイン広場周辺 MAP 付録P.8 B-2

1960年創業。アイスクリームメーカーのジュリアーノと提携し、創設したティラミス・ブランド。文化知識開発に貢献し、2012年に国よりカルタゴ国際賞を授与される。独自の解釈でティラミスに新たな味を生み出し、人気を博す。

☎06-24304431 交Ⓜ A線Spagnaスパーニャ駅から徒歩4分 所Via della Croce 82 営11:00～21:30(金～日曜～22:30) 休無休 E

↑店先での立ち食いティラミスはここでは常識

→人気の抹茶フレーバーは甘さひかえめで美味 €4

↑フルーツを贅沢に盛ったタルト €4

←ふんわりクリームにベリーを挟んだサクサクパイ(大)などティラミス以外も充実 €18.40

地元で評判のドルチェを

ロショーリ・カフェ・パスティチェリア

Roscioli Caffé Pasticceria
ナヴォーナ広場周辺 MAP 付録P.11 F-1

品質にこだわる人気のレストラン・ロショーリのベーカリー&スイーツ部門。根強い人気のマリトッツォやクロワッサンをはじめ、オリジナル・スイーツが並ぶ。カウンターでは、その場でコーヒーをオーダーしてひと休みできる。

☎06-89165330 交ナヴォーナ広場から徒歩5分 所Piazza Benedetto Cairoli 16 営7:00～23:00 休無休 E

↓目立たないが地元の人が通う評判の店

マリトッツォはローマの名物菓子で、パンにキメの細かいクリームを挟んだ一品だ €3

↓ロゴ入りチョコがあしらわれた、ストロベリーたっぷりのタルト €6

→常連も推薦のプチ・モンブラン。栗とクリームのハーモニーが最高 €1.50

うちの自慢のスイーツを味わいに来てね

しっとりとなめらか、香ばしいカカオがミックスされた絶品ティラミスは言葉にできない美味しさ!

€8

€6

↑チョコペーストで飾られた、ちょっと固めのワッフルも人気

€6

→洋梨＆クルミがたっぷり入ったケーキ

チョコレート製造の老舗

サイード

Said

テルミニ駅周辺 MAP 付録P.5 F-2

イタリアのチョコレート製造第一号の会社のカフェ。昔のチョコ型や器械も展示。1923年創業で、店内にはショップも併設し、おみやげ用の商品も充実している。

☎06-4469204 交ⓂA・B線Termini テルミニ駅から徒歩15分 所Via Tiburtina 135 営10:00～翌0:30(金曜～翌1:30、土曜19:00～翌1:30) 休日曜、8月中旬～9月上旬 E

チョコならやっぱりここが一番ね!

↑落ち着いたソファ席もある(上)テラス席でもくつろげる(下)

街で評判のジェラート店

ネーヴェ・ディ・ラテ

Neve di Latte

ローマ北部 MAP 付録P.4 C-1

オーナーが選び抜いた自然素材のミルク・卵・砂糖などを使用。フルーツやナッツ類も素材の味が生かされている。イタリアの食に関するウェブマガジンで1位に輝いた。

☎06-3215744 交Ⓣ2番Tiziano/Xvii Olympiade ティツィアーノ/ディチャセッテージモ・オリンピアデ駅から徒歩7分 所Via Luigi Poletti 6 営8:00～23:00(金・土曜は～翌0:30) 休無休 E

爽やかなパパイアとストロベリーのシャーベット。素材を生かした繊細な味わいが魅力

€3

味も品質も最高のものをお届けします

↑ローマ郊外に位置するが、味に惹き付けられて客足は絶えない

€3

→ピスタチオとベリー入りジェラート2種。濃厚で深い味わい

メランジ・クリームをメロン＆ピーチ2種盛りに。1カップで3通りもの味が楽しめる

€3.50

€3.50

↗コクがあるけどアクのないココア味と新鮮なバナナ味の出合い

ナチュラル派から熱視線

イル・ジェラート・ディ・サン・クリスピーノ

Il Gelato di San Crispino

スペイン広場周辺 MAP 付録P.8 C-3

アロンギ兄弟が母の味を再現しようと、1992年にオープンしたジェラッテリア。メレンゲの使い方が特徴で、フルーツ系もしっとりとなめらかな味わい。自然派食材にこだわり、たちまち人気に。ローマ市内に3店舗と、空港店もある。

☎06-6793924 交ⓂA線Spagna スパーニャ駅から徒歩9分 所Via della Panetteria 42 営11:00～翌0:30 休無休 E

↑トレヴィの泉から近い評判のジェラート専門店

ショーケースのフタを閉めるのが本格派

老舗のマロングラッセをお持ち帰り

↗→値段は手ごろでも重厚な味のマロングラッセ(100g)€5.50

幸せのマロングラッセ

ジュリアーニ

Giuliani

ヴァチカン市国周辺 MAP 付録P.7 D-1

1949年創業。大粒で高品質なマロングラッセが評判となり、世界中にファンをもつ。バラ売りは、お好みの詰め合わせも作ってくれる。

☎06-3243548 交ⓂA線Lepant レーパント駅から徒歩4分 所Via Paolo Emilio 67a 営9:00～20:00 休日曜

←飴色に輝くさまは宝石のよう

←永く愛される各種板チョコ

↑↗フルーツの砂糖菓子も色とりどり(左)"マロングラッセ"の看板が目印(右)
←笑顔で迎える女将さんと熟練店員さん

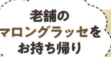

劇場都市の逸品を探す楽しみ

ショッピング

ROMA SHOPPING

Ⓐ特色カラーの靴が整然と並ぶ

➡落ち着いた上品なワインカラーが大人っぽい(左) 機能性のもあるドライバー用の手袋も(右)

➡オー・ローズ。フレッシュでピュアなローズの香り

⬅アクア・ディ・セールシリーズのボディ・シャワージェル

持ち帰りたいローマゆかりの定番&新定番を厳選

自分へのこだわりみやげがみつかる5店

永遠の都ローマで手に入れたいのは、一生ものの靴や手袋、革製品、それに香水や文房具。どれもカラフルで個性豊かなデザインばかり。

⬆丸いフォルムがキュートなシューズ。底がフラットなので歩きやすい

⬅先が尖ったデザインは、大人の装いにマッチ(左) 光沢のある青いラミレートレザーが魅力(右)

Ⓑ手袋のほかに革製小物も扱う

⬅やわらかな羊革製。裏地には暖かなカシミヤを使用

⬆冬を楽しく過ごせる鮮やかなピンク色

➡革製の財布。ほかに赤、青、黄色も

⬅モイスチャー・ボディ・ローション

Ⓒ小さな店内に香りがぎっしり

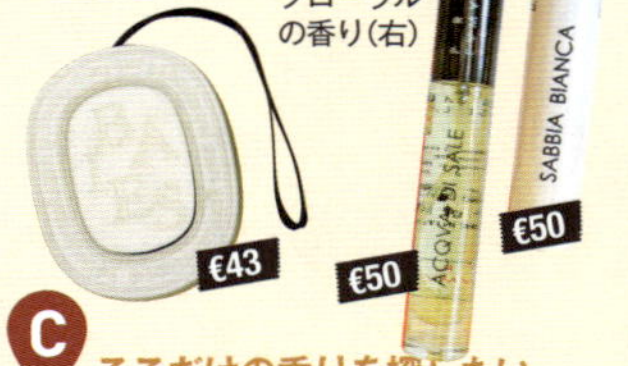

⬇クローゼット用のパレットパーヒューム

➡アクア・ディ・セール。ユニセックス(左)2018年の新ブランド。フローラルの香り(右)

A ファッショナブルな女性靴
バレレッテ
BallereTTe

スペイン広場周辺 MAP 付録P.8 B-3

2015年創業、イタリア製にこだわるブランド。高品質な靴が豊富なカラーで揃う。独創的なデザインも人気の秘密。

☎06-69310372 交 Ⓜ A線Spagna スパーニャ駅から徒歩6分 所 Via del Gambero 22 営 10:00～20:00 休 無休 E 💳

B クリスマスのプレゼントにも
セルモネータ・グローブス
Sermoneta Gloves

スペイン広場周辺 MAP 付録P.8 B-2

1960年設立の手袋の老舗。高品質な女性・男性用の手袋がリーズナブルな価格で手に入る。カラーやサイズも豊富。

☎06-6791960 交 Ⓜ A線Spagna スパーニャ駅から徒歩2分 所 Piazza di Spagna 61 営 10:00～20:00、9～3月は9:30～20:00(日曜は10:30～19:00) 休 無休 E 💳

C ここだけの香りを探したい
プロ・フムウム
PRO FVMVM

ローマ北部 MAP 付録P.4 B-1

ローマ発の香水ブランド。オリジナルの香水がラインナップ豊富に揃う。ほかにボディオイルやシャワージェルなども。

☎06-3217920 交 Ⓜ A線Lepanto レーパント駅から徒歩6分 所 Piazza Giuseppe Mazzini 4 営 10:00～19:30 休 無休 E 💳

Ⓓ美しいディスプレイにも注目!

€10

↑ゴムで閉じられるビビットな色使いの手帳。表紙は全6色

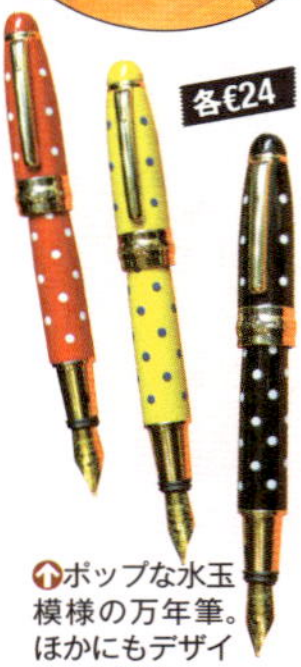

各€24

↑ポップな水玉模様の万年筆。ほかにもデザイン・色多数

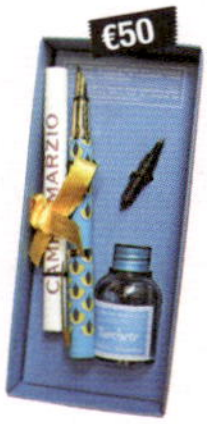

€50

↑箱入りの万年筆は贈り物に最適

→高級感のあるイタリア製の本革カードケース

各€30

←店名のロゴが入った小型のハート形ポーチ。全5色

各€25

各€160

←↑女性用のレザーバッグ。店名とローマ1933の文字入り

D 大切に使いたい逸品が揃う
カンポ・マルツィオ・デザイン

Campo Marzio Design

スペイン広場周辺 MAP 付録P.8 A-3

1933年創業の文房具・皮革製品の店。特にビビッドカラーとデザイン性に優れる万年筆やペンは人気の商品。

☎06-68807877 交Ⓜ A線Spagna スパーニャ駅から徒歩9分 所 Via di Campo Marzio 41 営10:00～20:00 休無休

各€24

←鉛筆・定規・消しゴム・ノートの文房具セット

各€6.50

↑植物が材料の特殊な紙を使用した花柄のノート

↓クルクル巻ける布製の袋入り色鉛筆

各€39.50

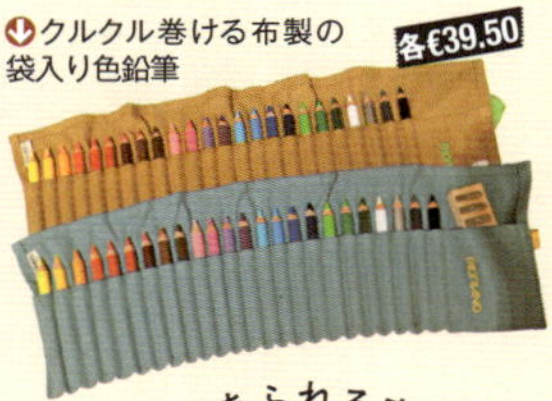

Ⓔ楽しい文房具であふれる店内

各€150

↑↗パスポートやチケットが入るトラベルポーチ

各€118

→1枚の革からできているポーチ。カラー豊富に揃う

E 文房具の博物館のような店
ファブリアーノ・ブティック

Fabriano Boutique

スペイン広場周辺 MAP 付録P.8 A-1

創業1200年、かのラファエッロやダ・ヴィンチも通ったという紙製品の超老舗。商品を見るだけでも飽きない。

☎06-2600361 交Ⓜ A線Spagna スパーニャ駅から徒歩7分 所 Via del Babuino 173 営10:00～20:00 休12/25、1/1

遺跡が見られるおしゃれなデパート

未来と過去が融合した空間
ラ・リナシェンテ

La Rinascente

スペイン広場周辺 MAP 付録P.8 C-3

地下1階から7階までの総合デパート。ブランド、コスメ、メンズ、レディス商品が勢揃い。

☎06-879161 交Ⓜ A線Spagna スパーニャ駅から徒歩8分 所 Via del Tritone 61 営10:00～23:00 休無休

↑全フロアが吹き抜けで開放的な空間を演出。屋上からはローマが見渡せる

↑コロッセオをイメージ

→7階はフードマーケット＆レストラン

地下1階で遺跡を見学

地下1階には紀元前19年に皇帝アウグストゥスが造ったローマ水道の遺構を展示している。

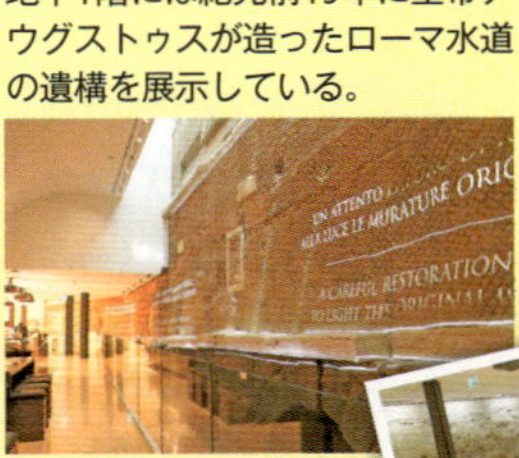

→遺跡横のカフェではドリンクと軽食がとれる

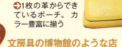

本物だけが集まる食材店でお買い物

グルメなおみやげは品質重視の2店で!!

ワイン・パスタから、チョコやクッキーまで、高品質なイタリアン・フード を探すならこの2店を訪れるのが近道。種類豊富な商品のなかから、お気に入りを見つけたい。

何でも揃う便利ショップ

カストローニ

Castroni

テルミニ駅周辺 MAP 付録P.9 D-4

お菓子からお酒まで品揃え豊富。ワンフロアなので、のぞいてみたらきっといいおみやげが見つかるはず。カウンターのカフェでひと息できる。

☎06-48906894 交Ⓜ A線 Repubblica レプッブリカ駅から徒歩7分 所 Via Nazionale 71 営7:30(日曜9:30)～20:00 休無休

↑ローマ市内に10店舗ほどを展開する老舗高級食材店(上)イタリアはもちろん、世界各国から厳選された商品を販売(下)

€3

↑コンパクトな缶入りドロップ。1731年にアマレリ一家が開発し、植物の根から果汁を抽出して作り世界に広がる

€4.80 €3.50

↑↗グルテンフリーのそば粉のパスタは、カストローニの自社製品

€12.50 €12.50

➡パスタ用レッドガーリック(左)とアーモンドペッパー(右)

€9.50

⬅ニンニク・黒トリュフ・マッシュルームのオイル3種詰め合わせ。パスタにかけるだけでおいしさ倍増

€3.80

➡かけるだけで本格パスタが楽しめるソース。さまざまな種類が揃う

€6.90

⬅イタリアではデザートにも出るビスケット。果実酒のお供にも最適

↘ニンニク、唐辛子入りのスパイス。振りかけるとペペロンチーノになる

€4.80

↓栗をまるごと砂糖でコーティングした箱入り銘菓マロングラッセ

€12.50

€9.50

⬅黒トリュフの瓶詰。パスタやサラダを豪華に変身させる

↓紅茶はミント、フルーツ、ジャスミンなどが揃い軽くて持ち運びによい

各€6

↓↘セサミ、チーズ、ペッパーなどクラッカーはさまざまな味が揃う

各€2.80

€5

⬅5色の車輪形ショートパスタ・ルオーテ。野菜パスタやサラダ・ミネストローネ・トマトスープに最適

3階建ての大型食品スーパー

イータリー

Eataly

ローマ南部 MAP 付録P.5 D-4

品質重視で各地の中小企業と提携し、2007年にできた新ブランド。生産者、製造方法などにこだわり、高品質なイタリア食材が充実している。

☎06-90279201 交Ⓜ B線Piramideピラミデ駅から徒歩10分 所Piazzale 12 Ottobre 1492 営9:00～24:00 休無休 E

地下鉄ピラミデ駅から地下道を経由してドーム型の入口に到着(上)厳選された食料品やオリジナル・ブランドの商品が並ぶ(下)

€6.10

イタリア産ドライ・オレンジ。ほかにもチェリー、ピーチなどが揃う

€4.50～

堅さが特徴のイタリアン・ビスケットはバリエーション豊富な展開

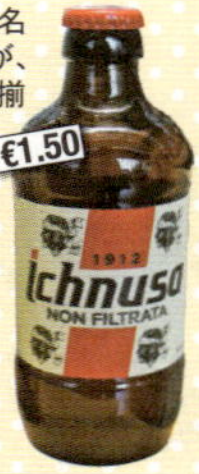

€1.50

ワインが有名なイタリアだが、地ビールの品揃えも豊富

€3.20

1859年創業のイタリア醸造のビール・ブランド。6.8%の高アルコール度

€1.90

シチリア発のメッシーナ・ビール。海塩結晶を加えたまろやかな味

€6.80

エスプレッソ用に挽かれた微細なコーヒー粉

€6.10

ビター・オレンジの皮が入ったマーマレード

€4.90

アンチョビの瓶詰。料理に加えると手軽に本格派の味に

€4.50

有機農法で育てられたフルーツを素材にしたグミ

€1.98

メレンゲを固めた、口にとろけるコーヒーの供

€4.80

ペースト状のピスタチオ瓶詰。ヨーグルトやアイスに添えて

€14

好きなものを選べるチョコレートとヌガーの詰め合わせ。リボン付き缶入りのほか、袋詰もある

€7.20

1952年から愛されるチョコペースト

€3.20

€3.20

トマトソースに合う6色のパスタ・リガトーニ(左)珍しいイタリアキノコ形スプニョーレ(右)

イータリーは買い物以外にもお楽しみイロイロ

イータリーの館内には、ハイクオリティ食材を使った料理を試せるコーナーもある。買い物のついでに立ち寄ってみよう。

フードコート

2階はピッツァや肉・ハム、シーフードなどの店にフードコートが設置される。

切り売りピッツァ

カウンターで作られる薄型のローマ風ピッツァはここでも試せる。

レストラン

3階には、現地直送の新鮮で高品質な食材を使ったレストランがある。

ビアバー

ローマでは珍しいビアバー。シックなカウンターとソファ席がある。

ONE DAY TRIP POMPEI

火山灰に埋もれた悲劇の古代都市 ポンペイ

ヴェスーヴィオ山を望む遺跡の街並み。紀元前に生きた2万人の市民の営みをいたるところで感じられる。

街歩きアドバイス

公開されている44haの広大な遺跡の中心となるのはフォロ周辺。ここをスタートに、見たいコースをあらかじめ決めて歩くのがよい。夏は帽子やサングラス、水のほか、道が悪いので歩きやすい靴を用意しておきたい。

ローマからのアクセス

テルミニ駅からトレニタリアのFRで約1時間10分、ナポリでヴェスーヴィオ周遊鉄道ソレント行きに乗り換え約23〜36分など。

紀元79年で時が止まった街へ

ポンペイ遺跡

Scavi di Pompei

MAP P.92

ヴェスーヴィオ山の火砕流で一夜にして消滅したポンペイ。古代ローマの生活をそのまま伝える唯一の遺跡でもある。44haのエリアに神殿や浴場、家屋、居酒屋など人々の豊かな営みが残されている。

☎081-8575111 交ヴェスーヴィオ周遊鉄道Pompei Scavi Villa Dei Misteri ポンペイ・スカーヴィ・ヴィッラ・ミステリ駅から徒歩2分 開9:00〜19:30(入場は〜18:00、土・日曜は8:30〜) 11〜3月9:00〜17:00(入場は〜15:30、土・日曜は8:30〜) 休1/1、5/1、12/25 料€15、共通券€18、10〜3月の第1日曜は無料

アポロ神殿

↑48本のイオニア式円柱が残る本殿

飲食物を提供する商店(テルモポリウム)の跡

大劇場

←紀元前2〜3世紀に建てられた劇場で、5000人を収容する

フォロの浴場

←男子用の温浴室の壁には男像柱の装飾が残っている

↓モザイクや貝殻で装飾された噴水を持つ家

小噴水の家

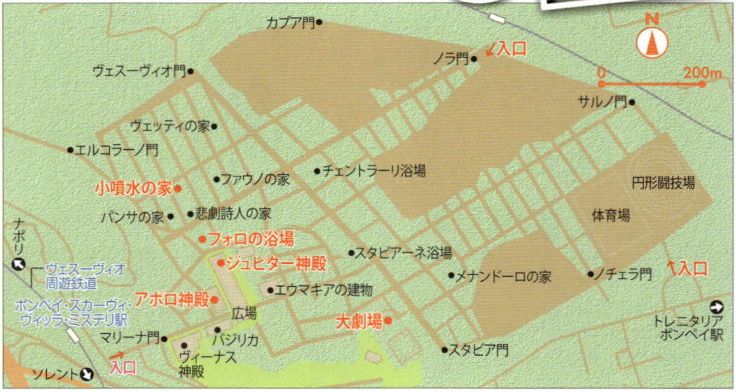

ルネサンス文化発祥の地

フィレンツェ

FIRENZE

屋根のない美術館を旅する

美の都といってもいい
手工業の都といってもいい
薬草や香水の都といってもいい
美食の都であることはいうまでもない。
街が爆発的に開花したのは10世紀も過ぎてからで
ローマが政治の中心として発展していく一方で
毛織物を中心に商業が興り、銀行が発生し
そのなかから、メディチ家という怪物のような
財閥が出現。それこそがこの街のすべてといってもよい。
街を整える原動力となり、美のパトロンとなり、
さまざまな文化を生み、育て、保護した。
ダ・ヴィンチもミケランジェロもそれを背景に
生まれたといっても過言ではなく、
美食の伝統もまたそこに源を発する。
花の都で、旅行者もまたいつのまにか
ちょっと華やぐ心持ちになる。

Contents

ハルカナ ✈ フィレンツェの基本情報

どこに何がある？
どこで何する？

アカデミア美術館ではミケランジェロの『ダヴィデ像』を鑑賞

街はこうなっています！
フィレンツェのエリアと主要スポット

15世紀にルネサンスが花開き、その面影が凝縮。「天井のない美術館」の呼び名のとおり、街全体が巨大な芸術劇場だ。

花の聖母大聖堂とメディチ家ゆかりの建物を巡る

メインエリアはココ!!

A ドゥオモ周辺 P.98

Piazza del Duomo

ルネサンスの故郷である街の見どころが集中。優美な“花の大聖堂”ドゥオモ、ルネサンスの立役者・メディチ家の宮殿や礼拝堂などに芸術家の偉業が残る。皮革製品などの露店も多い。

中世から現在までの街の歴史が蓄積する

B シニョリーア広場周辺 P.100

Piazza della Signoria

ランツィのロッジアには彫像を屋外展示

14世紀完成のヴェッキオ宮殿は都市国家時代の中枢。現在も市庁舎が入る。シニョリーア広場は市民と観光客で賑やか。南側ではルネサンスの至宝が集うウフィツィ美術館が待つ。

ルネサンス芸術の宝庫、ウフィツィ美術館は時間に余裕をもって！

フィレンツェってこんな街

花の聖母大聖堂がそびえるドゥオモ周辺が街の中心。その南にウフィツィ美術館があるシニョリーア広場周辺、その北に珠玉の美術館が点在するサン・マルコ地区が広がる。旧市街の観光は徒歩で十分。ポンテ・ヴェッキオを渡り、アルノ川対岸も散策したい。

ポンテ・ヴェッキオを渡り、オルトラルノを散策

C ポンテ・ヴェッキオ&ピッティ宮殿周辺 ▶P.104 Ponte Vechio&Piazza de' Pitti

ピッティ宮殿ではボーボリ庭園も見どころ

街最古の橋、ポンテ・ヴェッキオ対岸は「オルトラルノ(アルノ川の向こう)」と呼ばれる。メディチ家が造営した最大の宮殿、ピッティ宮殿は必見。北側のエリアには職人の店が多い。

街の玄関口でゴシック様式の教会が出迎える

D サンタ・マリア・ノヴェッラ駅周辺 Stazione di Santa Maria Novella

鉄道で街に入る際の玄関口。駅のすぐ近くに美しいファサードを持つサンタ・マリア・ノヴェッラ教会がそびえ、ルネサンスの故郷に来たことを実感。周辺はホテルや飲食店が多い。

アカデミア美術館やサン・マルコ美術館を見学

E サン・マルコ地区 ▶P.102 San Marco

フィレンツェ大学や音楽学校があり、街の文教地区にあたる。サン・マルコ美術館、アカデミア美術館、捨て子養育院美術館など、珠玉の美術館が点在。落ち着いた風情にも心が和む。

街のショッピングストリート

トルナブオーニ通り Via de' Tornabuoni

フェラガモ博物館があるフェローニ宮殿からストロッツィ宮殿にかけて延びるトルナブオーニ通りにブランドショップが集中。交差するストロッツィ通りにも高級店が。

FIRENZE
TRAVEL PLAN

至福のフィレンツェ モデルプラン

定番＋ハルカナおすすめ Do it！

見どころ凝縮 2プラン

アートのように美しい旧市街に見どころがぎゅっと集まっている。
徒歩で十分まわれる範囲だが、だからこそプランも迷うところ。
ここでは基本となる王道スポットを巡る2プランをご紹介！

プランの組み立て方

❖ **フィレンツェ・カードを活用**
72時間€85で、対象の美術館・博物館に優先入館できるカード。ただし、ウフィツィ美術館とアカデミア美術館は別途オンラインで入場予約をしなければならない。金額が高めなので、美術館・博物館を多くまわる人向け。オンライン(HP firenzecard.it)や観光案内所、ウフィツィ美術館(2番窓口)などで購入できる。ドゥオモ関連施設は優先入場の対象外なので注意。

❖ **クーポラは完全予約制**
ドゥオモのクーポラに上るにはホームページからチケットの予約と入場予約が必要。当日予約はほぼできないので出発前に予約を。

❖ **事前予約を活用**
チケット購入時の混雑を回避するために有効なのがオンラインでの事前購入。特にウフィツィ美術館は行列必至なのでぜひ活用を。

❖ **開館時間をチェック**
曜日や時期によって開館時間が大きく異なる施設が多いので、旅行日程と照らし合わせて確認しておこう。※例えばパラティーナ美術館は平日は夕方まで開館しているが、土・日曜、祝日の開館は午前中のみ

PLAN 1

花の都を彩る主要な建物を巡る。ショッピングやグルメも忘れずに。

ジョットの鐘楼の見晴らし台からクーポラがばっちり見える

10:00 まずはドゥオモへ行こう ▶P.98

フィレンツェを象徴する丸屋根の大聖堂。行列を回避するなら朝イチで。

華やかな正面のファサード。隣にはジョットの鐘楼がある

徒歩7分

14:00 政治の中心を担う ヴェッキオ宮殿を見学 ▶P.100

14世紀に建造。現在も市庁舎として利用される。彫刻や壁画で彩られた五百人広間は圧巻。

➡かつて市民議会も開催された広間

宮殿前のシニョリーア広場には多くの彫刻が

徒歩12分

15:30 ボタニカルコスメをゲット！ ▶P.124

何世紀も営まれてきたサンタ・マリア・ノヴェッラ薬局で修道院コスメを購入。隣接する美しい教会もぜひ見学しよう。

12番バスで約20分

17:00 街を見下ろす展望スポット ミケランジェロ広場へ ▶P.107

高台から街を眺められる広場。ダヴィデ像のレプリカも立つ。夕暮れどきの景色が美しい。夜の訪問は避けよう。

街一番の絶景スポット。この日まわったスポットの全景も見える

ボリューム満点！名物のビステッカは必食！

PLAN 2

芸術の都が誇る華やかな美術館や宮殿、レストランを存分に満喫しよう。

美術館内のカフェも人気がある

9:00 ルネサンス美術の宝庫 ウフィツィ美術館 ▶P.110

徒歩3分

ルネサンス芸術の中心であったフィレンツェが誇る珠玉のコレクションは必見！事前のチケット購入と入場予約でスムーズに入館しよう。

ボッティチェッリの『ヴィーナスの誕生』をはじめ数々の名画が揃う

←見学後はジェラートを食べてひと休みしたい

13:00 フィレンツェ最古の橋 ポンテ・ヴェッキオを渡る ▶P.104

徒歩5分

アルノ川に架かる橋。伝統産業の貴金属店が軒を連ねる。

中世の面影を残す橋は街のシンボル

14:00 ピッティ宮殿＆ボーボリ庭園を散策 ▶P.104

徒歩5分

メディチ家が居城した壮麗な宮殿。館内の美術館・博物館と広大なボーボリ庭園を見学できる。

豪華な内装に16〜17世紀の名画が展示されている

→庭園を上ると街の景色も楽しめる

18:00 芸術の都で アートな食卓を満喫 ▶P.120

ハイブランドの本店も多く並ぶフィレンツェ。ブランドプロデュースの美食を堪能しよう。

フェラガモ一族が経営するレストラン

好みのままに。アレンジプラン

時間を有効に使いたい人にぴったりのスポットに注目！世界的に有名な斜塔の街へも足をのばそう。

便利なフードコートを活用

中央市場 ▶P.121

2階のフードコートは24時まで開いており、予約なしで気軽に郷土料理を味わえるので、食事に困ったときに便利。

夏期は23時まで営業

ヴェッキオ宮殿 ▶P.100

PLAN1で出てくるヴェッキオ宮殿は、4〜9月に夜間開館がある。塔は21時まで、宮殿内は23時まで見学できる。夕食後に訪れてみては。

足をのばして斜塔見学

ピサ ▶P.128

フィレンツェから鉄道で約1時間で行ける小さな街。世界遺産のピサの斜塔をはじめ、広場周辺に観光スポットが集まっている。

輝かしい文化が生まれた花の都の中心地
ドゥオモ&シニョリーア広場周辺 BEST SPOT 6

フィレンツェの街歩きはルネサンスの美の遺産が集結するエリアから。周辺は歩行者天国となり、優雅な美術散歩を楽しめる。

丸屋根の華やかな大聖堂から野外美術館へ

“天井のない美術館”を巡り、時を遡る旅へ

街のシンボル、ドゥオモの正式名は「花の聖母大聖堂」。色大理石の幾何学模様が美しい姿を間近にすると、この街が「花の都」と呼ばれる由縁がよくわかる。そのドゥオモ広場では、ドゥオモ・鐘楼・洗礼堂が見どころとなり、クーポラの頂塔など街を一望できるスポットも。そこから南下したシニョリーア広場は中世以来、街の政治の舞台。政庁舎・ヴェッキオ宮殿がそびえ、周りにはルネサンス期の彫像が立ち並び、まるで野外美術館。歩いているだけで芸術鑑賞ができる贅沢なエリアだ。

ジョットの鐘楼からはドゥオモのクーポラが間近に

ブルネレスキのクーポラが圧巻

1 ドゥオモ
Duomo

MAP 付録P.19 E-1

フィレンツェ市民の心の故郷。13世紀末、アルノルフォ・ディ・カンビオの設計で着工。カンビオの死後、ジョットが引き継ぐが、クーポラの設計が難航。15世紀に入り、ブルネレスキが画期的な工法を生み出し、足場なしで巨大クーポラを建造。ゴシック様式の堂にルネサンスのクーポラを戴く、華やかな大聖堂が完成した。

☎055-2302885 交Santa Maria Novella サンタ・マリア・ノヴェッラ駅から徒歩10分 所Piazza del Duomo 開10:00～16:30(日曜、一部祝日13:30～16:30、季節により変動あり) 休無休、クーポラ日曜・一部祝日 料無料(クーポラ・洗礼堂・ジョットの鐘楼共通チケット€18)

ジョットの鐘楼
ジョットと弟子のピサーノが設計を担当。高さ84.7m。414段の階段で上部に出られる

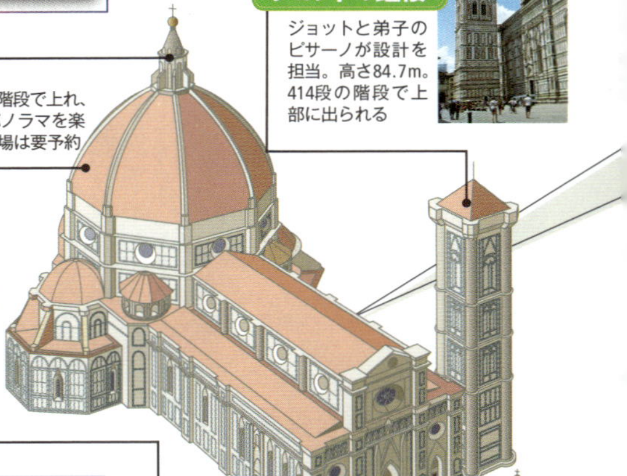

頂塔
クーポラ最上部まで階段で上れ、世界遺産の街の大パノラマを楽しめる。クーポラ入場は要予約

クーポラ
直径約45m、高さ105mのスケール。カンビオによる基礎部着工から170年以上をかけ、ブルネレスキが完成

ファサード
外観正面は19世紀に化粧直しが行われ、古代建築の影響を受けたネオ・ゴシック様式となった

サン・ジョヴァンニ洗礼堂
ロマネスク様式の八角形の建物で、東側の扉が見事

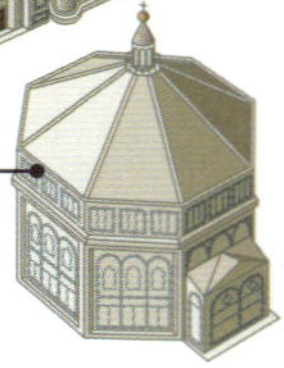

➔後陣南の外側には玉状の窪みが。1600年頃、クーポラ頂塔の玉が落雷で落ちた跡

ヴェッキオ宮殿の上階は、ドゥオモと鐘楼を一望するベストスポットのひとつ
高さ105m！
圧巻の建築美!!

⇧シニョリーア広場の騎馬像はトスカーナを掌握したコジモ1世像

天才建築家・ブルネレスキの傑作巡り

「ルネサンス建築の父」と呼ばれるフィレンツェ生まれの奇才、ブルネレスキ。彼が設計した建物を巡るのは、花の都の大きな楽しみだ。ローマで古代建築の空間構成を学んだ成果は、ドゥオモの巨大クーポラに結実。ドゥオモ周辺の教会や施設にも多くの仕事が残り、清澄で厳格な独特の空間造りに触れられる。

©Juris Kraulis/123RF.COM

ブルネレスキの主な建築

ドゥオモ▶P.98／ドゥオモ博物館▶P.99／サンタ・クローチェ聖堂(パッツィ家礼拝堂)▶P.101／サン・ロレンツォ教会(旧聖具室)▶P.102／サント・スピリト聖堂▶P.106／捨て子養育院美術館

⇦サンタ・クローチェ聖堂に付属するパッツィ家礼拝堂

ダンテも洗礼を受けた街最古の聖堂

2 サン・ジョヴァンニ洗礼堂

Battistero di San Giovanni

MAP 付録P.19 D-1

フィレンツェの守護聖人・聖ジョヴァンニに捧げるため、11世紀に建造。3面の青銅扉のうち、北と東はギベルティの作。東扉は『天国の門』と呼ばれる傑作。

⇧天井のモザイク画は13世紀作の『最後の審判』

☎055-2302885 交Santa Maria Novellaサンタ・マリア・ノヴェッラ駅から徒歩10分 所Piazza S. Giovanni 開8:15～10:15 11:15～19:30(土曜8:15～19:30、日曜・祝日8:15～13:30) 休一部祝日 料クーポラ・洗礼堂・ジョットの鐘楼共通チケット€18

ドゥオモ内部もチェック

内部は外観と同じく圧巻のスケール。時計回りの順路があり、静謐な空気に包まれながら、堂内と地下を巡れる。

【主祭壇】

主祭壇はドゥオモの規模や外観に比べて質素。その趣がクーポラの存在感をいっそう際立たせる

【クーポラ内側のフレスコ画】

クーポラを飾るのはヴァザーリ作のフレスコ画『最後の審判』。その下のステンドグラスはギベルティらの作

【ダンテの神曲絵画】

ドメニコ・ディ・ミケリーノ作。ダンテの長編叙事詩『神曲』の世界観を絵画で表現。15世紀半ばの作。

【パウロ・ウッチェロの時計】

入口近くにはミサの時間を知るために設置された直径5m弱の大時計がある。24時間時計で、針が左回りに進む設計

ドゥオモの全貌がわかる

3 ドゥオモ博物館

Museo dell'Opera del Duomo

MAP 付録P.19 E-1

ドゥオモの付属博物館。ドゥオモや鐘楼の建築史や外部装飾のオリジナル彫像などを展示。洗礼堂東扉のオリジナルもあり、精緻なレリーフを間近にできる。14～15世紀の彫刻も充実。

☎055-2302885 交Santa Maria Novellaサンタ・マリア・ノヴェッラ駅から徒歩10分 所Piazza del Duomo 9 開9:00～19:00 休第1火曜 料クーポラ・洗礼堂・ジョットの鐘楼共通チケット€18

⇧ドゥオモや鐘楼の装飾彫刻などを展示

⇩ギベルティ作の洗礼堂東扉『天国の門』のオリジナルも

⇧ミケランジェロ作『ピエタ』は未完ながら圧倒的迫力だ

⇦ドナテッロ作『マグダラのマリア』も必見

洞窟に33年間こもって瞑想したという姿を表現

歴史を刻む彫像の屋外ギャラリー

4 シニョリーア広場

Piazza della Signoria

MAP 付録P.19 E-2

中世以降のフィレンツェの政治の中心地。市庁舎であるヴェッキオ宮殿の周囲に、ミケランジェロの『ダヴィデ像』のレプリカ、ネプチューンの噴水などが配され、さながら野外美術館のよう。

㊋Santa Maria Novella サンタ・マリア・ノヴェッラ駅から徒歩15分

広場南のランツィのロッジアには中世とルネサンス期の彫像が並ぶ

広場中央には海神ネプチューンの噴水がそびえる

ランツィのロッジアの1列目、市庁舎側はチェッリーニ作『ペルセウス像』

左手に髪が蛇になったメドゥーサの首をかかげる

ミケランジェロの『ダヴィデ像』のオリジナルはアカデミア美術館に

ポルチェリーノの鼻をなでてみよう!

シニョリーア広場の西側にある市場、メルカート・ヌオーヴォでは街自慢の皮革製品や工芸品が手に入る。一画にはイノシシの像があり、鼻をなでるとフィレンツェ再訪が叶うといういい伝えがある。

イノシシ像の愛称は「ポルチェリーノ(仔豚ちゃん)」

1733年創業の由緒あるカフェ

ジッリ

GiLLi

MAP 付録P.19 D-1

優雅なひとときが楽しめるレプッブリカ広場に面した老舗。泡立ちのいいカプチーノ、なめらかなティラミスほかスイーツが充実。

☎055-213896 ㊋Santa Maria Novellaサンタ・マリア・ノヴェッラ駅から徒歩12分 ㊏Via Roma 1r ㊓7:30〜24:00 ㊡無休 Ⓔ英

テラスで広場を眺めながらひと休み

コーヒーと相性のいい、甘くてクリーミーなパンナコッタ

時代を感じさせる豪奢な室内

中世以降の街の盛衰を見守る

5 ヴェッキオ宮殿

Palazzo Vecchio

MAP 付録P.19 E-2

共和国時代の政庁舎であり、16世紀にはメディチ家の館を兼ね、現在は市庁舎が入る。外観は城塞風だが、内部は優美なルネサンス様式。ヴァザーリ派の絵画が圧巻の五百人広間などを見学できる。

☎055-2768325 ㊋Santa Maria Novella サンタ・マリア・ノヴェッラ駅から徒歩20分 ㊏Piazza della Signoria ㊐9:00〜19:00(木曜は〜14:00、4〜9月は〜23:00) ㊡12/25 ㊕€21.50

13世紀にカンビオが設計。鐘楼の高さは94m

映画『インフェルノ』に登場したダンテのデスマスクは最上階に

16世紀の地図が飾られる地図の間(左) フランチェスコ1世の仕事部屋も(右)

共和国時代の会議場、五百人広間はヴァザーリと弟子たちのフレスコ画で埋め尽くされる

天井画の中央にはコジモ1世の肖像画がある

ミケランジェロらの偉人が眠る

6 サンタ・クローチェ聖堂

Basilica di Santa Croce

MAP 付録P.17 E-3

13世紀末建造のフランチェスコ派の教会。壮麗なゴシック様式を基調とし、ルネサンス期にブルネレスキが設計したパッツィ家礼拝堂など、各時代の様式が融合する。ミケランジェロ、マキャヴェリ、ガリレオらの墓がある。

☎055-2466105 交 Santa Maria Novellaサンタ・マリア・ノヴェッラ駅から徒歩20分 所 Piazza S. Croce 16 開 9:30(日曜、祝日14:00)～17:00 休 イースター、6/13、10/4、12/25、12/26、1/1 料 €8(附属博物館と共通)

主祭壇奥の巨大なフレスコ画は『聖十字架伝説』

聖フランチェスコの生涯を描いたジョットの連作はバルディ第2礼拝堂に

アクセス

サンタ・マリア・ノヴェッラ駅から徒歩10分ほどで、街の中心部ドゥオモに到着。そこからシニョリーア広場までは徒歩3分ほど。一般車両が入れないエリアも多く、快適に歩ける。

ファサードは19世紀の修復を経たもの

ミケランジェロの墓はヴァザーリ作。彫像は絵画・彫刻・建築を表す

異端審問にあったガリレオは死の120年後に埋葬された

晩年をパリで過ごした19世紀の音楽家ロッシーニの墓はこの教会に

徒歩時間の目安

サンタ・マリア・ノヴェッラ駅
徒歩10分
1 ドゥオモ
徒歩1分
2 サン・ジョヴァンニ洗礼堂
徒歩3分
3 ドゥオモ博物館
徒歩7分
4 シニョリーア広場
徒歩1分
5 ヴェッキオ宮殿
徒歩7分
6 サンタ・クローチェ聖堂
徒歩20分
サンタ・マリア・ノヴェッラ駅

歩く距離 約4.2km

カルツァイウォーリ通り
Via dei Calzaiuoli
ドゥオモの南に延びる通り。洗練されたショップが多く、地元っ子の散策路のひとつ

黄金時代を築いた
フィレンツェの演出家!!

「鏡の間」の天井画は大作『メディチ一族の寓話』

メディチ・リッカルディ宮殿は中庭や回廊も豪華

華麗なる一族、メディチ家の足跡をたどる!!

サン・ロレンツォ&サン・マルコ地区周辺 BEST SPOT 4

**ルネサンスの立役者メディチ家ゆかりの場が凝縮。
外は質素、中は豪華な建物が多いのもメディチ家流だ。**

➡「ソンニーノの間」には奔放な画僧フィリッポ・リッピの晩年の佳作『聖母子』が

堅牢な建物の中に絢爛豪華な空間が

1 メディチ・リッカルディ宮殿

Palazzo Medici-Riccardi

MAP 付録P.20 B-3

メディチ家の邸宅として、老コジモが15世紀に建造。粗石積みの城塞のような外観と異なり、内部には一族の繁栄を物語る華麗な空間が展開する。

☎055-2768224 交Santa Maria Novella サンタ・マリア・ノヴェッラ駅から徒歩10分 所Via Cavour 3 開9:00～18:00 休水曜 料€7

➡16世紀半ば以降はリッカルディ家が所有

⬆2階の礼拝堂にあるゴッツォリ作のフレスコ画『ベツレヘムに向かう東方の三賢者』には、メディチ家の人々が登場

メディチ家の人々が祈りを捧げた

2 サン・ロレンツォ教会

Basilica di San Lorenzo

MAP 付録P.20 A-3

15世紀前半、メディチ家一族のための教会として建造。内部はブルネレスキによるルネサンス古典様式。2階の図書館への階段はミケランジェロの設計。

☎055-216634 交Santa Maria Novella サンタ・マリア・ノヴェッラ駅から徒歩8分 所Piazza S. Lorenzo 9 開10:00～17:30 休日曜 料€7、図書館との共通券€9

⬆ローマの古代建築を研究したブルネレスキらしい、シンプルで清澄な空間

メディチ家の人々をチェック!

老コジモ

銀行業の成功により一代で莫大な富を築き、多くの芸術家のパトロンに。

ピエロ

老コジモの子。フレスコ画をゴッツォリに依頼したとされる。病弱で早世。

ロレンツォ

ピエロの長男。政治家・芸術家として優れ、ルネサンスの開花に貢献。万事において豪奢を好み、「豪華王」と呼ばれた。

メディチ家の栄華の跡と珠玉の芸術品を訪ね歩く

ドゥオモの北側、サン・ロレンツォ地区周辺は、ルネサンスを開花させたメディチ家の華麗な足跡が点在。メディチ・リッカルディ宮殿、サン・ロレンツォ教会、メディチ家礼拝堂が見どころとなる。近くの中央市場には広いフードコートがあり、散策の腹ごしらえにいい。その北東のサン・マルコ美術館では、初期ルネサンスの優美なフレスコ画を間近にできる。

アクセス

エリアの中心となるメディチ・リッカルディ宮殿までは、サンタ・マリア・ノヴェッラ駅から徒歩で約10分。その界隈からサン・マルコ広場周辺へも歩いて10分ほどだ。

徒歩時間の目安

歩く距離 約3km

サンタ・マリア・ノヴェッラ駅
徒歩10分
1 メディチ・リッカルディ宮殿
徒歩3分
2 サン・ロレンツォ教会
徒歩1分
3 メディチ家礼拝堂
徒歩10分
4 サン・マルコ美術館
徒歩16分
サンタ・マリア・ノヴェッラ駅

墓にミケランジェロの傑作が

3 メディチ家礼拝堂

Cappelle Medicee

MAP 付録P.20 A-3

サン・ロレンツォ教会の一角にあり、メディチ家の礼拝堂と墓がある。君主の礼拝堂、ミケランジェロの4体の彫像を配した墓がある新聖具室が圧巻だ。

☎055-0649430 交Santa Maria Novella サンタ・マリア・ノヴェッラ駅から徒歩8分 所Piazza Madonna degli Aldobrandini 6 開8:15～17:00（10月～5月下旬は～14:00） 休第1・3・5月曜、第2・4日曜、一部祝日 料€8

↑ミケランジェロの曙・黄昏・昼・夜の4つの寓意像は時の儚さを表現

←華麗な大理石装飾の君主の礼拝堂

優美なフレスコ画を訪ねて

4 サン・マルコ美術館

Museo di San Marco

MAP 付録P.20 C-1

13世紀建造のサン・マルコ修道院をルネサンス期にメディチ家の老コジモが改築。画僧フラ・アンジェリコらのフレスコ画が壁を飾り、老コジモの瞑想室も残る。

☎055-2388608 交Santa Maria Novella サンタ・マリア・ノヴェッラ駅から徒歩16分 所Piazza S. Marco 3 開8:15～13:50（土・日曜、祝日は～16:20） 休第1・3・5日曜、第2・4月曜、12/25、1/1 料€4

←フラ・アンジェリコの『リナイオーリの祭壇画』では聖母子の周りの天使にも注目

遠近法を駆使した回廊の精緻な描写もポイント

↑階段を上がった2階にフラ・アンジェリコの傑作フレスコ画『受胎告知』が。聖母と天使の優美な姿に心を奪われる

→フラ・アンジェリコの祭壇画『キリストの十字架降架』は1階入口近くにある。華麗かつ緻密な色彩表現が特徴

↓僧房の壁にはフラ・アンジェリコ作『我に触れるな』も

マザッチョの
フレスコ画も
必見!!
フィレンツェ最古の橋を
渡り、オルトラルノ地区へ!!

大宮殿と美しい教会を目指し街で最古の橋を渡る
ポンテ・ヴェッキオ&ピッティ宮殿周辺 BEST SPOT 5

「古い橋」という名のポンテ・ヴェッキオを渡ると、オルトラルノ地区。
メディチ家の壮麗な宮殿と庭園、天才画家マザッチョの傑作が圧巻だ。

川風と緑を感じながら“川向こう”の風情を満喫

街のシンボル、ポンテ・ヴェッキオを渡ったアルノ川南岸は、オルトラルノ（アルノ川の向こう）と呼ばれる地区。16世紀半ば、メディチ家がピッティ宮殿に居を移したのを機に発展し、イタリア式庭園の傑作ボーボリ庭園、貴族の館や教会が建造された。サンタ・マリア・デル・カルミネ教会の礼拝堂を飾るマザッチョのフレスコ画は、ルネサンス絵画の黎明となった傑作。見どころを巡ったあとは、下町風情が漂う路地の店やトラットリアを訪ねよう。

⬆ボーボリ庭園では、ダイナミックな島の噴水も散策したい

中世の面影をとどめる奇跡の橋

1 ポンテ・ヴェッキオ

Ponte Vecchio

MAP 付録P.19 D-3

1345年に建造された、アルノ川に架かる街最古の橋。第二次世界大戦や1966年の大洪水などの惨禍を免れて今に至る。階上部にはルネサンス期に整備されたヴァザーリの回廊がある。

㊋シニョリーア広場から徒歩4分 ㊎Ponte Vecchio

アルノ川を染める夕景のベストスポットのひとつ

➡橋の両側には、街伝統の彫金細工のショップなどが立ち並ぶ

メディチ家の豪壮な宮殿

2 ピッティ宮殿

Palazzo Pitti

MAP 付録P.18 C-4

15世紀後半に銀行家ピッティが建てた館をメディチ家のコジモ1世が購入。妻エレオノーラとの新居として大改築を施し、ヴェッキオ宮殿からここに移った。内部には博物館と美術館が入り、「ピッティ美術館」と総称されている。

☎055-294883（予約／国立美術館総合インフォメーション）㊋ポンテ・ヴェッキオから徒歩7分 ㊎Piazza Pitti 1 ㊏8:15〜18:50 ㊡月曜 ㊑共通チケット€16

博物館&美術館をチェック!

ラファエッロ作品が充実したパラティーナ美術館、近代美術館、衣装博物館、銀器博物館などがあり、共通チケットで宮殿内のミュージアムを見学できる。

アクセス

オルトラルノへはバス便もあるが、アルノ川北岸からポンテ・ヴェッキオを歩いて渡ってアクセスするのが楽しい。南岸のオルトラルノの見どころも徒歩圏内だ。

徒歩時間の目安

シニョリーア広場
徒歩4分
1 ポンテ・ヴェッキオ
徒歩4分
2 ピッティ宮殿
徒歩13分
3 ボーボリ庭園
徒歩13分
4 サント・スピリト聖堂
徒歩6分
5 サンタ・マリア・デル・カルミネ教会
徒歩12分
ポンテ・ヴェッキオ

歩く距離 約4km

イタリア式庭園の景観美に憩う

3 ボーボリ庭園

Giardino di Boboli

MAP 付録P.18 C-4

ピッティ宮殿の背後に広がる4万5000㎡ものイタリア式庭園。メディチ家が16世紀半ばに造園し、ミケランジェロの弟子ペリコリが設計を担当した。ネプチューンの噴水、ブオンタレンティの洞窟、糸杉の大通り、島の噴水など変化に富む景観が展開し、西側のベルヴェデーレ要塞からは街を一望できる。

☎055-294883 交ポンテ・ヴェッキオから徒歩7分 所Piazza Pitti 1 開8:15〜19:30(11〜2月は〜16:30、4・5月、9・10月、3月は〜18:30) 休毎月第1、最終月曜 料€10(11〜2月は€6)

世界遺産にも登録されているイタリア屈指の庭園のひとつ

←後代のヨーロッパ庭園のモデルにもなった

↑バッカス像はコジモ1世の従者がモデルとされる。ヴァレリオ・チオリ作

↓ブオンタレンティの洞窟にはミケランジェロの『4人の奴隷』などの彫像が飾られる

↑彫像を配した噴水はイタリア式庭園に欠かせない。ネプチューンの噴水はS・ロレンツォが建造

↓17世紀に整備された糸杉の大通りを抜けると、ドラマチックな景観の島の噴水に出る

ブルネレスキが晩年に手がけた

4 サント・スピリト聖堂

Basilica di Santo Spirito

MAP 付録P.18 B-3

13世紀に創建。1435年からブルネレスキの設計による再建が始まり、その死後の15世紀後半に完成。脇祭壇が多い造りで、絵画と彫刻で飾られる。フィリピーノ・リッピ『聖母子と聖人』、ミケランジェロ『十字架像』など、ルネサンス初期から中期の作品が多い。

☎055-210030 交ポンテ・ヴェッキオから徒歩6分 所Piazza S.Spirito 30 開10:00～13:00(日曜、祝日11:30～13:30) 15:00～18:00 休水曜 料無料

↑フィリッポ・リッピの子、フィリピーノ・リッピ作『聖母子と聖人』はネルリ礼拝堂に

↑堂内はブルネレスキらしい清澄かつ荘重な空間が広がる

聖堂前のサント・スピリト広場には朝市も立つ

↑マザッチョ『楽園追放』はリアルな肉体と感情表現に息をのむ

↑マゾリーノ『アダムとエヴァの誘惑』は端正な雰囲気

→マザッチョの急逝時に未完成だった『聖ペテロの磔刑』は後にフィリッポ・リッピが完成

絵画技法がルネサンスに移行する記念碑的作品だ

↑ブランカッチ礼拝堂の壁を埋めるフレスコ画『聖ペテロ伝』。左側上段や祭壇脇をマザッチョが制作

ルネサンス美術誕生の金字塔

5 サンタ・マリア・デル・カルミネ教会

Chiesa di Santa Maria del Carmine

MAP 付録P.18 A-3

26歳で夭折した天才画家マザッチョの傑作フレスコ画がブランカッチ礼拝堂に残る。1424年に師匠のマゾリーノと共同で制作開始。ルネサンス期に発達した遠近法やリアルな人間描写の先駆けとなり、後代の画家に影響を与えた。

☎055-212331 交ポンテ・ヴェッキオから徒歩12分 所Piazza S. Maria Carmine 開教会10:00(日曜・祝日13:00)～17:00 ブランカッチ礼拝堂10:00(日曜・祝日13:00)～16:30 ※要電話予約、礼拝堂は15分ごとの入替制 休一部祝日 料教会無料、ブランカッチ礼拝堂€8

周辺スポット カッライア橋を渡って駅前のアートな教会へ

アルノ川南岸から眺望が満喫できるカッライア橋を渡ろう。北上すると、サンタ・マリア・ノヴェッラ駅前の教会へ。

ゴシック建築の至宝

サンタ・マリア・ノヴェッラ教会

Chiesa di Santa Maria Novella

サンタ・マリア・ノヴェッラ駅周辺 MAP 付録P.16 C-2

ドメニコ修道会の教会として13～14世紀に建造。奥行きがある三廊式ゴシック建築で、幾何学模様が美しいファサードは15世紀に完成。堂内のマザッチョらの傑作フレスコ画は必見。

☎055-219257 交Santa Maria Novellaサンタ・マリア・ノヴェッラ駅から徒歩2分 所Piazza S. Maria Novella 18 開9:00(金曜11:00)～19:00(土曜、祝前日9:00～17:30、日曜、祝日13:00～17:30、夏季は変動あり) 休無休 料€7.5

↑トルナブオーニ礼拝堂にはギルランダイオのフレスコ画連作が

↑トルナブオーニ礼拝堂の奥には、ギルランダイオ制作のステンドグラスも輝く

→ゴンディ礼拝堂の祭壇上の『十字架像』は巨匠ブルネレスキが制作

←マザッチョのフレスコ画『三位一体』は絵画に初めて遠近法を導入した作品

中世から変わらない美しい街を一望

花の都を見渡す展望スポット BEST 3

鮮やかなオレンジ色の屋根に覆われたフィレンツェの街並み。
ルネサンスの都を、角度や時間を変えてたっぷり眺めよう。

丘の上から名所を一望

1 ミケランジェロ広場

Piazzale Michelangelo

フィレンツェ南部 MAP 付録P.17 E-4

アルノ川の向こうに広がる丘の上からフィレンツェの街全体を見渡せる有名な展望スポット。テラスも設置され、ゆっくりと景色を楽しめる。

交 Santa Maria Novella サンタ・マリア・ノヴェッラ駅から徒歩35分またはⒷ12・13番で約20分、終点下車すぐ 所 Piazzale Michelangelo

Nice View

フィレンツェの名所を一望できる。晴れた日はもちろん、曇りの日も哀愁を帯びて美しい。

↑日没が9時をまわる夏季は、ここから夕景を眺める人で賑わう

© Andrius Gruzdaitis/123RF.COM

宮殿の柱が作る優美なフレーム

2 ヴェッキオ宮殿

Palazzo Vecchio

シニョリーア広場周辺 MAP 付録P.19 E-2

かつてはメディチ家の住まいで、現在は市庁舎となっている宮殿の塔にある展望所。94mの高さだが、階段の途中に休憩場所が設けられているので上りやすい。

▶P.100

↓塔の柱が絶景を切り取るフレームのよう

Nice View

オレンジ色に輝く家々の屋根に囲まれて、ひときわ美しく立つドゥオモの威容を観賞したい。

Nice View

ドゥオモの南側に立つジョットの鐘楼からは巨大なクーポラを間近に眺めることができる。

2つある絶景スポット

3 ドゥオモ

Duomo

ドゥオモ周辺 MAP 付録P.19 E-1

ドゥオモには、クーポラの頂上と、付属のジョットの鐘楼から眺める2つの展望スポットが備わる。クーポラの展望台は完全予約制。

▶P.98

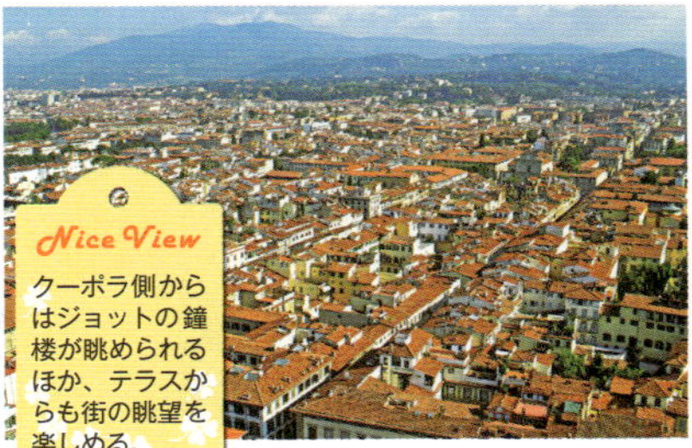

Nice View

クーポラ側からはジョットの鐘楼が眺められるほか、テラスからも街の眺望を楽しめる。

HISTORY OF FIRENZE

Firenze History

華やかなルネサンスを今に伝えるフィレンツェの物語

富と文化が結ばれた花の都の歴史

始まりはローマの植民地

フィレンツェの誕生

紀元前59年、古代ローマの執政官カエサルが植民地を築いたのがフィレンツェのルーツ。防衛のためにアルノ川とムニョーネ川の間に街が形成された。ローマ帝国が衰退するなか、1082年に神聖ローマ皇帝、ハインリッヒ4世の軍に勝利し、フィレンツェは自治都市となる。フィレンツェが発展した主要因は毛織物の発展で、フランスなどから染色材料を輸入し、品質の高い毛織物はヨーロッパ各地に輸出された。13世紀末には約300もの工房があった。

欧州の経済の中心地へ躍進

毛織物から金融業へ

12世紀後半、毛織物で財をなした大商人たちが同業組合を結成し、経済発展の原動力に。ローマ教皇や皇帝など欧州の王侯貴族に融資を行うようにもなり、各所に銀行の支店を作った。フィレンツェで鋳造されたフィオリーノ金貨は欧州でいちばん権威のある通貨となり、銀行家のなかには後の支配者となるメディチ家もいた。13世紀末より約200年間、ヨーロッパの金融の中心として君臨。1293年、商人たちは豪族を市政から追放し、政治的権力も握ることとなった。財力と権力を背景にサンタ・クローチェ聖堂、ヴェッキオ宮殿などが建設された。1406年、海洋都市のピサを征服すると海路も手に入れ、経済都市としての地位を確立。1417年には街のシンボルであるドゥオモ(花の聖母大聖堂)の赤い円屋根が建設された。

ミケランジェロ、ダンテ、マキャヴェリなどの墓標があるサンタ・クローチェ聖堂

▶P.101

フィレンツェ家が実権を握る

コジモが街を支配下に

1397年、ジョヴァンニ・ディ・メディチはメディチ銀行を設立。彼こそ、3世紀以上もフィレンツェを支配するメディチ家の創始者である。メディチ銀行はローマ教皇と深くつながり飛躍的な発展を遂げる。教皇庁会計院の巨額な財産のほとんどを任されたが、ジョヴァンニは銀行を守るために政治からは一定の距離を置いた。その巨万の富を引き継いだのがジョヴァンニの息子、コジモであった。コジモは父と違い、政治にも積極的に参加した結果、実権を握るアルビッツィ派に対抗する勢力にまでなった。コジモは政争に巻き込まれ、ヴェネツィアへ亡命。その後、フィレンツェ経済は悪化し、民衆の不満は高まった。ローマ教皇の調停でアルビッツィ派が追放され、1434年、コジモが帰還し実権を掌握。コジモは学芸の振興に莫大な費用を投じ、ギベルティ、ウッチェッロなどの芸術家を庇護した。建築家のブルネレスキなどを要して、サンティッシマ・アンヌツィアータ広場、ピッティ宮殿などを造営させた。コジモは私的なサークルのプラトン・アカデミーを創設し、ルネサンスの精神的拠点となった。

1434年、有力者からブルネレスキに建築が依頼されたサント・スピリト聖堂

▶P.106

メディチ家代々の菩提寺であり、15世紀にブルネレスキによって建てられたサン・ロレンツォ教会

▶P.102

年表(1, 100, 200, 300, 400, 500, 600, 700, 800, 900, 1000, 1100, 1200, 1300, 1400)

植民地期
- 前59 ローマ人の植民地フロレンティア建設
- 393 サン・ロレンツォ聖堂献堂

ランゴバルド王国期
- 568 ランゴバルド王国の支配下に

神聖ローマ帝国期
- 962 オットー1世のローマ戴冠

自治都市期
- 1082 神聖ローマ帝国軍に勝利し、自由都市(コムーネ)となる
- 1252 フィオリーノ金貨の鋳造開始
- 1294 サンタ・クローチェ聖堂の再建開始
- 1296 ドゥオモの建設開始
- 1298 政庁舎(現在のヴェッキオ宮殿)の建設開始
- 1406 ピサ征服
- 1434 コジモによる反メディチ派追放
- 1469 ロレンツォ、メディチ家の当主となる
- 1478 パッツィ家の陰謀が契機となり、パッツィ戦争が起こる
- 1492 ロレンツォ死去、ピエロがメディチ家当主となる

毛織物業で発展したフィレンツェは、商人の自治を経て、メディチ家が実権を握った。金融業で富を築いたメディチ家はローマの教皇や皇帝にも影響を及ぼし、芸術家のパトロンとなることで、フィレンツェは巨大なルネサンスの発信地となった。

暗殺・戦争を経て黄金時代へ
豪華王・ロレンツォ登場

コジモの孫、ロレンツォが政治的手腕を発揮。反メディチ家を鎮圧し、政治を意のままに動かした。教皇シクストゥス4世は甥にイモラを領地として与え、メディチ銀行に融資を依頼したが、ロレンツォはフィレンツェの国防を念頭に拒否。教皇はメディチ家のライバルであるパッツィ銀行に依頼。これを契機に、教皇およびパッツィ家は争うようになる。パッツィ家は教皇の甥と結託し、ロレンツォの暗殺「パッツィ家の陰謀」を企てた。暗殺は失敗に終わりパッツィ家は断絶したが、教皇の怒りは収まらず、ナポリ王国を巻き込んで長い戦争状態へ突入。追い込まれたロレンツォは単身ナポリに乗り込みなんとか停戦。帰還したロレンツォがメディチ家支配を確立するなか、ルネサンスの花が開花し、フィレンツェは黄金時代を迎えることとなる。

ロレンツォと親しかったボッティチェッリが描いた『ヴィーナスの誕生』。ウフィツィ美術館で展示
▶P.110

ルネサンス終焉とともに
メディチ家の衰退

1492年、黄金期を支えたロレンツォが亡くなると、跡を継いだ長男ピエロは政治を側近に任せきりで支持者からも反感をかった。ピエロの数々の失態により民衆の不満は爆発し、ピエロはフィレンツェを去りメディチ家は永久追放となった。代わって実権を握ったのはサン・マルコ修道院長のサヴォナローラで、メディチ家時代に退廃した風俗文化を浄化するために強健な政治をすすめた。結果、反対勢力の勢いが盛り返し、最終的にシニョリーア広場で絞首刑となりその場で遺体は焼かれた。その後、1502年に終生市政府長官を元首とする共和制となった。このころイタリアの情勢は欧州列強の思惑により揺れ動いていた。ローマ教皇が対フランス同盟にフィレンツェの参加を促したが拒否。教皇はメディチ家を支援し、フィレンツェ政府の討伐へ。フィレンツェは降伏し、メディチ家が政権に復帰。メディチ家は再度フィレンツェから追われるが、1530年に復帰し君主へ。1569年、コジモ1世がトスカーナ大公となると、フィレンツェは大公国の首都となり、商業都市から宮廷文化都市に変化していった。

捕えられたサヴォナローラが絞首刑となり遺体を焼かれたシニョリーア広場
▶P.100

トスカーナ大公の宮殿として使われていたピッティ宮殿。ウフィツィ美術館とヴァザーリの回廊で結ばれている
▶P.104

統一までの長き道のりから今
復興から観光都市に

1737年、メディチ家は断絶しロレーヌ家が大公位を継承。ロレーヌ家の支配が終わると、サルデーニャ王を君主とする併合が決まり、ヴェネツィアとローマを除いたほぼイタリア全土が王国に統一、首都がトリノからフィレンツェに移された。第三次解放戦争の結果ヴェネツィアが、1870年にはローマが併合されローマが首都に。第二次世界大戦下、アルノ川の5橋が破壊され1966年には大洪水が起こる。復興した現在、中心部が世界遺産に認定。

時代	年	出来事
フィレンツェ公国期	1532	アレッサンドロ・ディ・メディチ、フィレンツェ公となる
トスカーナ大公国期	1569	コジモ1世、トスカーナ大公となる
	1633	ガリレオの異端審問
	1737	アンナ・マリア・ルイーザ・ディ・メディチの死去によりメディチ家断絶、以降トスカーナ大公の称号はロレーヌ家（オーストリア）へ
	1769	ウフィツィ美術館の一般公開開始
	1799	フランス軍がフィレンツェを占領
	1801	リュネヴィルの和約により、エトルリア王国となる
	1809	ナポレオンの妹エリーザがトスカーナ大公となる
	1860	住民投票により、サルデーニャ王国（のちのイタリア王国）へ併合
イタリア王国期	1861	イタリア王国成立
	1865	フィレンツェ、イタリア王国の首都となる（～71）
	1914	第一次世界大戦（～18）
	1939	第二次世界大戦（～45）
イタリア共和国期	1947	イタリア共和国成立
	1966	アルノ川大洪水
	1982	「フィレンツェ歴史地区」が世界遺産に登録
	2013	「トスカーナ地方のメディチ家の邸宅群と庭園群」が世界遺産に登録

（年表目盛：1600、1700、1800、1900、2000）

©satina/123RF.COM

回廊

光が差し込む美しい回廊展示もウフィツィの名物。古代彫刻や歴代メディチ家の自画像が並ぶ様子は壮観。

名品のなかの名品が揃う! 世界屈指のミュージアム!!

ルネサンスの宝石が集うウフィツィ美術館

15～16世紀に花開いたルネサンス美術をコレクションする世界最古の美術館のひとつ。とりわけ2018年に最先端技術とともに新装されたダ・ヴィンチルームが注目の的だ。

ウフィツィ美術館

Galleria degli Uffizi

シニョリーア広場周辺 MAP 付録P.19 E-3

トスカーナ大公国の行政庁舎(ウフィツィ＝オフィス)にフランチェスコ１世がメディチ家一族のコレクションを運び込んだのが始まり。メディチ家の断絶とともに一切をトスカーナ大公国に寄贈、1769年に美術館として公開された。コレクションはその後も増大し、現在約4800点を収蔵。コの字型の建築を生かした回廊展示も有名だ。

☎055-2388651／予約055-294883 交Santa Maria Novella サンタ・マリア・ノヴェッラ駅から徒歩17分 所Piazzale degli Uffizi 開8:15～18:50 (入場は～16:45) 夏季(6/4～9/24)は火曜のみ～22:00 予約受付8:30～18:30(土曜は～12:30) 休月曜、12/25、1/1 料€20、11～2月€12、予約料別途€4

ウフィツィ美術館の館内構成

展示スペースは2フロア。順路は3階から、年代順に並ぶ作品を巡り、カフェもある3階のテラスに寄ってアルノ川の景色も堪能。2階に下りて作品を鑑賞し、1階のショップへ。

information

● チケットはWebで購入がおすすめ

当日券は行列必至のため、事前予約がおすすめ。美術館のサイトで会員登録し、入場時間を指定して予約。支払いはクレジットカードで、別途予約料€４が必要。受け取った番号と名前が記されたPDFを窓口に提示して専用口から入場する。HP www.b-ticket.com/b-ticket/uffizi/

● 日本語の音声ガイドを借りよう

窓口で日本語のオーディオガイドが借りられる。パスポートなどの身分証明書を預ける必要がある。€6+予約料別途€1。

聖母子と二天使

Madonna col Bambino e Due Angeli

奔放な修道士として知られ、ボッティチェッリの師でもあった。繊細なデッサンで描かれる静謐な聖母が印象深い。

●フィリッポ・リッピ

トンド・ドーニ

Tondo Doni

彫刻家で知られるミケランジェロが残した唯一の板絵。マリアの夫ヨセフも描かれ「聖家族」の異名も。

●ミケランジェロ

メデューサの首

Testa di Medusa

メデューサの首が切られる瞬間を、騎馬上槍試合用の円形楯に描いた、門外不出の作品。

●カラヴァッジョ

荘厳の聖母

Madonna d' Ognissanti

ドゥオモの鐘楼を設計したジョットが、オンニッサンティ教会のために描いた聖母はルネサンスへの転換点ともいわれる。

●ジョット

ヴィーナスの誕生
Nascita di Venere

ロレンツォ・ディ・メディチが、またいとこのピエルの結婚を祝って依頼したとされる作品。
●ボッティチェッリ

鑑賞のポイント
肉体の露出は恥ずべきことであった当時、美しく官能的なヴィーナスの姿は衝撃そのもの。

春(プリマヴェーラ)
La Primavera

人間を象徴するヴィーナスを中心に、人間界への春の訪れを描いた作品といわれるが、解釈には諸説あり、謎の多い絵画としても有名。
●ボッティチェッリ

東方三博士の礼拝
Adorazione dei Magi

制作途中でダ・ヴィンチがミラノに向かったため、モノクロの未完のままフィレンツェに残された作品。●ダ・ヴィンチ

鑑賞のポイント
30人以上の人々が描かれるなか、右端に若いころの自画像を盛り込んだといわれている。

鑑賞のポイント
天使が舞い降りた風で草花が揺れるさまや、床の質感に至るまで、観察力と精緻な描写が満載。

受胎告知
Annunciazione

まだ20代前半の頃に、工房のほかの弟子たちと共同で描いたとされる作品。背景の遠近法をはじめ、あらゆる技法が込められた一作。
●ダ・ヴィンチ

長い首の聖母
Madonna dal Collo Lungo

エミリア・ロマーニャ地方のマニエリスムの傑作と名高いが、奇妙な点が多く、未完という説もある。
●パルミジャニーノ

キリストの洗礼
Battesimo di Cristo

師匠ヴェロッキオとの共作。キリストの左側にいる天使がダ・ヴィンチの作。この作品をきっかけにヴェロッキオは断筆したという逸話もある。
●ダ・ヴィンチ、ヴェロッキオ

ひわの聖母
Madonna del Cardellino

受難の鳥「ひわ」を手にするヨハネ(左)とキリスト(右)を、慈愛の眼差しで見つめる聖母。
●ラファエッロ

鑑賞のポイント
ダ・ヴィンチの影響から、聖母子を頂点にピラミッド型に配置した三角形構図で描かれている。

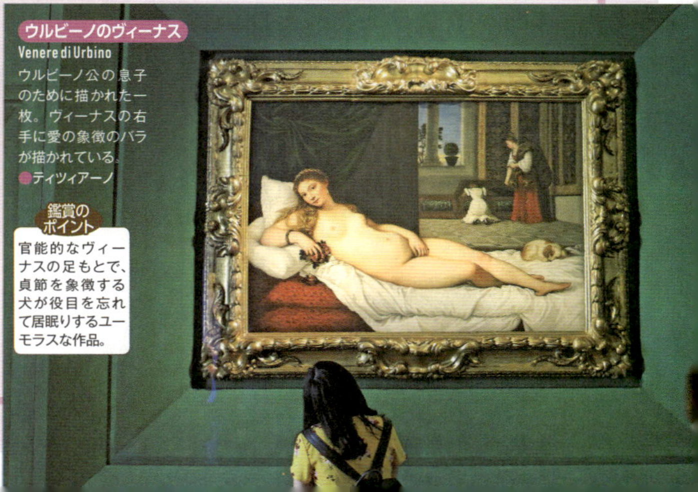

ウルビーノのヴィーナス
Venere di Urbino

ウルビーノ公の息子のために描かれた一枚。ヴィーナスの右手に愛の象徴のバラが描かれている。
●ティツィアーノ

鑑賞のポイント
官能的なヴィーナスの足もとで、貞節を象徴する犬が役目を忘れて居眠りするユーモラスな作品。

©Isogood/123RF.COM

ラファエッロとティツィアーノ作品が充実!!

不朽の輝きに包まれたパラティーナ美術館

ピッティ宮殿の絢爛豪華な空間に集められたメディチ家の壮大なコレクション。王宮の美術館らしく、居室に施された壮麗な天井装飾やフレスコ画とともに名画を鑑賞したい。

小椅子の聖母
Madonna della Seggiola
1514年ごろに描かれたラファエッロの最も有名な作品。幼子を抱く聖母の愛らしく人間味ある姿が特徴。
●ラファエッロ

鑑賞のポイント
鑑賞者に向けられた視線や、流行の服装を身につけるなど、独自の聖母像が描かれている。

パラティーナ美術館
Galleria Palatina
ピッティ宮殿周辺 MAP 付録P.18 C-4
1458年に大銀行家ピッティが建設したピッティ宮殿にある美術館。のちにメディチ家の居城となり、歴代当主が収集した1000点以上のルネサンスやイタリア・フランドルの作品を所蔵。宮殿に暮らした歴代大公や国王の居室「君主の間」も当時のままに再現されている。
☎055-294883 交ポンテ・ヴェッキオから徒歩7分 所Piazza Pitti 1 開8:15～18:50(最終入館は～18:05) 土・日曜、祝日8:30～12:30 休月曜、12/25、1/1 料€16(11～2月は€10)、予約料別途€3

パラティーナ美術館の館内構成
宮殿の2階が美術館。28の展示室があり、すべてまわるなら午前中から始めるのがおすすめ。Bookshopにある日本語公式ガイドブックを購入し、作品と居室を確認するのもよい。

➔カノーヴァのヴィーナス像が立つヴィーナスの間

悔悛するマグダラのマリア
Magdalena Penitente
ウルビーノの宮廷のために描かれた作品。キャンバスに絵の具をのせて描く技法はのちの画家に影響を与えた。
●ティツィアーノ

聖母子
Madonna con Gesu Bambino
聖母に生身の人間の命を吹き込んだと評されるリッピの代表作。4年後、モデルとなった修道女ルクレツィアと駆け落ちしたことも有名な話。
●フィリッポ・リッピ

コンチェルト
Concerto
演奏の終わりに音が消えていく場面を描いた情感豊かな作品。3世代の人物を描くことで、人生の3つの段階を表現しているともいわれる。
●ティツィアーノ

ヴェールの女
La Velata
明るい肌としなやかな衣装の質感を描いた、ラファエッロの最高傑作のひとつ。恋人がモデルという説もあるが不明。
●ラファエッロ

鑑賞のポイント
肌の輝きや、ヴェールと袖のふくらみなどの技法は、ルネサンス肖像の最高峰といわれる。

大公の聖母
La Madonna del Granduca
ロレーヌ家のフェルナンド3世が大切にしたという絵画。陰影を利用した作画はダ・ヴィンチの影響といわれる。
●ラファエッロ

トンマーゾ・インギラーミの肖像
Ritratto di Tommaso Inghirami
ヴァチカン付属図書館を創設したという人物の肖像画。斜視を隠す右下から描かれた独特のアングルが印象的。
●ラファエッロ

布貼り窓の聖母子
Madonna dell'Impannata
人物の柔和な表情や、幼児を中心に円を描く構図は、ラファエッロが特にこだわったといわれる作品。
●ラファエッロ

ミケランジェロ＆ドナテッロのダヴィデ像が見たい！

フィレンツェの興国の象徴として街を見守り続ける凛々しい姿。このルネサンスの傑作は見逃せない。

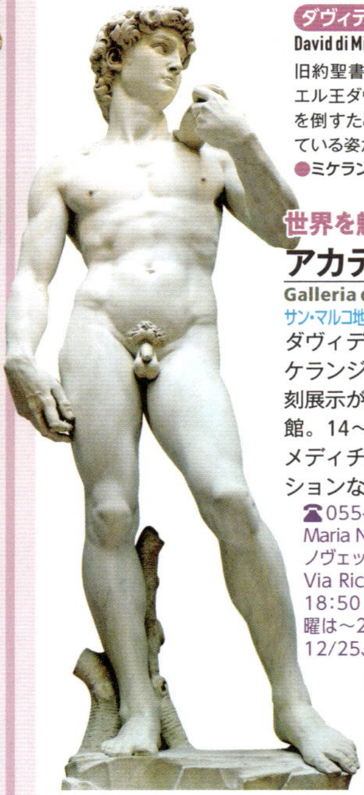

ダヴィデ像
David di Michelangelo
旧約聖書の一場面で、イスラエル王ダヴィデが巨人ゴリアテを倒すため、石で狙いを定めている姿だと伝えられる。
●ミケランジェロ

世界を魅了する彫刻群
アカデミア美術館
Galleria dell'Accademia
サン・マルコ地区 MAP 付録P.20 C-2

ダヴィデ像を含む7体のミケランジェロ作品など、彫刻展示が充実した国立美術館。14〜15世紀の絵画や、メディチ家の古楽器コレクションなども展示する。

☎055-0987100 交 Santa Maria Novella サンタ・マリア・ノヴェッラ駅から徒歩15分 所 Via Ricasoli 60 開 8:15〜18:50（6/4〜9/26の火・木曜は〜22:00）休 月曜、5/1、12/25、1/1 料 €12

傑作彫刻がずらりと並ぶ
バルジェッロ国立美術館

Museo Nazionale del Bargello
シニョリーア広場周辺 MAP 付録P.19 E-2

ミケランジェロをはじめ彫刻の名品が満載の美術館。ドナテッロとヴェロッキオのダヴィデ像が見られる。

☎055-2388606 交 ドゥオモから徒歩6分 所 Via del Proconsolo 4 開 8:15〜17:00(最終入場は〜16:20) 休 第1・3・5月曜、第2・4日曜 料 €4

ダヴィデ像
David
大聖堂のために彫られたゴシック様式のダヴィデ像。
●ドナテッロ

ダヴィデ像
David
ルネサンス最初の男性裸像として知られるブロンズ製のダヴィデ像。
●ドナテッロ

ART & CULTURE

History of Art

フィレンツェ発、ルネサンスという革命

14世紀から16世紀のフィレンツェに巻き起こった新旋風。神の領域から、人文主義や自然主義へと歩んでいった芸術と文化の変遷を見渡してみたい。

面から3次元の世界へと飛躍

13世紀末～14世紀前半

プロトルネサンス

Proto Rinascimento

ルネサンスの最初の兆しは、13世紀の画家ジョットの出現に始まる。人物の顔に表情を持たせ、色の明暗で人体にボリューム感を実現させるなど、それまで平面的であった絵画に、3次元の空間表現を実現。ジョットの手法はその後100年近く、多くの画家が手本としたことから、「近代絵画の祖」と呼ばれることになる。

代表的な芸術家

ジョット

聖母のやさしい表情やガウンの風合いまで表現されている

↑人物に立体感がもたらされたジョットの『荘厳の聖母』（ウフィツィ美術館 P.110）

→神や権威ある人物を中心に大きく置き、服のひだは黒い線で描かれていた、典型的なビザンチン様式のモザイク画

←ジョットとその弟子によって描かれた旧サン・ピエトロ大聖堂の祭壇画である『ステファネスキの祭壇画』。奥行きのある作品に仕上がっている（ヴァチカン美術館 P.72）

世界をよりリアルに完璧に描く

15世紀全般

初期ルネサンス

Primo Rinascimento

15世紀初頭、ジョットの手法を手本にしたマザッチョらによって、より正確な遠近法や立体感を描く技法を確立。古代ギリシャ・ローマの学芸研究の広がりから人間賛美の人文主義思想が生まれ、ルネサンスの流れを大きく支えた。それまで異教とされてきた古典や神話が見直され、封印されていた裸体像も1000年ぶりに復活。ボッティチェッリの描く優美な女神やドナテッロの肉体美を誇るダヴィデ像などは、こうした流れから生み出された作品だった。

代表的な芸術家

ブルネレスキ、ドナテッロ、マザッチョ、フラ・アンジェリコ、フィリッポ・リッピ、ボッティチェッリ

ルネサンスの立役者

ジョルジュ・ヴァザーリ
Giorgio Vasari

芸術家の人生とその作品を解説した世界初の美術史『芸術家列伝』を執筆。ルネサンスを「プロト・初期・盛期」とした定義つけや美術批評は今なお影響力を持つ。ウフィツィ美術館の建築やヴァザーリの回廊も彼の代表作だ。

ルネサンス到来のきっかけともいわれるほど有名な作品

↑正確な肉体描写と、全身で悲しみを表現することでリアリティをもたらしたマザッチョの『楽園追放』（サント・スピリト聖堂 P.106）

↑人物や絵画に、より優美さを追求したフラ・アンジェリコの『受胎告知』（サン・マルコ美術館 P.103）

→ドナテッロのダヴィデ像は1000年ぶりに作られたリアルな肉体を持つ裸体像だった（バルジェッロ国立美術館 P.113）

↓ボッティチェッリは1470～80年にかけ、『パラスとケンタウルス』や『ヴィーナスの誕生』など神話を取り入れたルネサンスを代表する作品を多く描いている（ウフィツィ美術館 P.110）

奥行きある天井のアーチ部分の描かれ方が実にリアル

↑遠近法を用いた最初の絵画といわれるマザッチョの『三位一体』。長い間ヴァザーリの板絵に覆われ、1861年に再発見された（サンタ・マリア・ノヴェッラ教会 P.106）

→ブルネレスキの発明したドゥオモのランタン様式も古代ローマ建築から着想（ドゥオモ P.98）

彫刻を建物の装飾から、自立する作品へと進化させた作品

3人の天才が活躍した最盛期

15世紀末〜16世紀前半
盛期ルネサンス
Alto Rinascimento

古代ギリシャ・ローマ思想の復活と、メディチ家をはじめとするフィレンツェの支配者らが芸術の擁護者（パトロン）となって、ルネサンス芸術は最盛期を迎える。美術史に残る巨匠、ダ・ヴィンチとミケランジェロ、ラファエッロが活躍した時代。画家であり科学や数学にも通じた万能の天才ダ・ヴィンチ。少年時代から才能を発揮し神のごとき芸術家と呼ばれた彫刻家ミケランジェロ。この2人を融合し、古典主義絵画を完成させたラファエッロ。彼らによって、古代をも凌駕する芸術が生まれた。

代表的な芸術家
ダ・ヴィンチ、ミケランジェロ、ラファエッロ

↑フィレンツェの「自由と正義の精神」を象徴するミケランジェロのダヴィデ像はまさに人間賛美の作品（アカデミア美術館 P.113）

ダ・ヴィンチ以前、ユダはほかの使徒と区別して描かれていたが、一緒に並ばせることで緊張感のある斬新な構成に

↑「この中に私を裏切るものがいる」と告白する情景を描いたダ・ヴィンチの『最後の晩餐』は、世界で最も有名な絵画のひとつだ（サンタ・マリア・デッレ・グラツィエ教会 P.167）

↑ミケランジェロの稀少な絵画作品『最後の審判』。地獄の部分にルネサンス終焉の引き金となった「ローマ略奪」が再現されているという（ヴァチカン美術館 P.72）

ガラテアの躍動感にラファエッロらしさが表れている

↑ラファエッロ『ガラテアの勝利』。人物の肉体の描き方はミケランジェロから学んだもの（ファルネジーナ荘 P.52）

モデルのポーズはダ・ヴィンチの『モナ・リザ』の影響といわれる

↑ルネサンス肖像画の最高傑作のひとつ、ラファエッロの『ヴェールの女』（パラティーナ美術館 P.112）

→ミケランジェロの影響を受けたといわれるラファエッロ『アテネの学堂』には3巨匠の姿が隠されている（ヴァチカン美術館 P.72）

ルネサンスに続く美術の動向を追う
1527年に起きた神聖ローマ帝国軍によるローマ略奪以降、ルネサンスから再び新たな時代へ

ヴェネツィア派
Pittura Veneta

ダ・ヴィンチの流れを汲んだ、ぼかし技法のスフマートを用いて、優雅で艶やかな色彩主義の様式を生み出した。ベリーニ一族のジョルジョーネを筆頭に、彼の助手でもあったティツィアーノ、ティントレットら繊細な色彩を得意とした。

代表的な芸術家
ジョルジョーネ、ティツィアーノ、ティントレット、ヴェロネーゼ

ティツィアーノ『ウルビーノのヴィーナス』

マニエリスム
Manierismo

ヴァザーリに「洗練された技法」と意味付けされた芸術手法。長く伸びた手足や、誇張された遠近法と短縮法、反自然主義的な色調を用いて寓話的で官能的な作品を生み出した。ラファエッロの作品にもその芽ばえがみられる。

代表的な芸術家
パルミジャニーノ

ラファエッロ『キリストの変容』（上）
パルミジャニーノ『長い首の聖母』（下）

バロック
Barocco

ルネサンスとは対照的な、16〜18世紀に生まれた劇的で大げさ、芝居がかった場面描写を好む。豊かな色彩や強い明暗法を用いて一瞬の感情や、燃えるような情熱を描いた、躍動感ある作品が多い。

代表的な芸術家
ベルニーニ、カラヴァッジョ

ベルニーニ『聖テレーザの法悦』（上）
カラヴァッジョ『ゴリアテの首を持つダヴィデ』（下）

トスカーナの恵みを味わう

グルメ

FIRENZE GOURMET

伝統のビステッカ専門店

ペルセウス

Perseus

フィレンツェ北部 MAP 付録P.17 D-1

フルーツのオブジェがトロピカルな雰囲気を醸し出し、ショーケースには新鮮な赤身のビーフが並ぶ。ビステッカは、ボーイが焼きたてを手際よくカットし盛り付けてくれる。地元でも評判の、肉好きが集まる陽気で気取らない名店。

☎055-588226 交Santa Maria Novella サンタ・マリア・ノヴェッラ駅から徒歩25分 所Viale Don Giovanni Minzoni 10r 営12:00～14:30 19:00～23:30 休無休

自慢の味、熱いうちに召し上がれ!

↑フィレンツェの街並みが描かれた店内

ビステッカ €50(1kgあたり)

Bistecca alla Fiorentina

Tの骨の形が残るTボーンステーキ。厚いのにやわらかく、肉汁が口の中にじわっと広がる。

ビステッカが食べたいときはココが正解!

肉食系を唸らせるトラットリア4店

フィレンツェのご当地グルメの代表格である"ビステッカ"。厚さ3～4センチの骨付きのビーフステーキを豪快に味わおう!

→ビステッカと一緒に頼むならシンプルなサラダがおすすめ €6

地元でとれた肉の味は最高だよ!

ビステッカ €50(1kgあたり)

Bistecca alla Fiorentina

2人以上から注文できるビステッカ。分厚いステーキが鉄板で大粒の塩付きでサーブされる。

←具のホウレン草とトマトソースが調和するラヴィオリ・リコッタチーズ €11

↓付け合わせにぴったりの麦のサラダ €5

地下にワインセラーもある名店

イル・ラティーニ

Il Latini

サンタ・マリア・ノヴェッラ駅周辺 MAP 付録P.18 C-2

天井に吊るされた生ハムが印象的な店内。カウンターでは大型肉をさばく姿が見える。ビステッカはほどよく焼き上がり、冷めないようにプレートでサーブされる。郷土料理や多彩に揃うワインも堪能しよう。

☎055-210916 交Santa Maria Novella サンタ・マリア・ノヴェッラ駅から徒歩10分 所Via dei Palchetti 6r 営12:30～14:30 19:30～22:30 休月曜、12/20～1/2

↓開店前に予約客の行列ができる

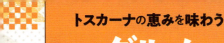

←アーチ型テラスを模した内装

€68(1kgあたり)
ビステッカ マルキジャーナルGP
Bistecca alla Fiorentina MarchigianaIGP
ビステッカの牛肉は、トスカーナ産2種と他国産の3種類。脂がのった骨付きを豪快に。

ドゥオモ近くの高級店

レジーナ・ビステッカ

Regina Bistecca
ドゥオモ周辺 MAP 付録P.20 B-3

4世代書店を営んできた伝統ある建物が、ビステッカ店に改装された。中央にある大理石の柱と壁いっぱいの絵画は、アンティークな雰囲気を醸し出している。高い火入れの技術で熟成された上質な肉を提供する。

☎055-2693772 交ドゥオモからすぐ 所Via Ricasoli 14r 営12:00～15:00 19:00～22:30 休無休

選び抜かれたトスカーナの牛肉だよ!

→シンプルなたたずまいの入口

€9

€14

←伝統オープンサンドは豆やレバーなど4種類(左)パッパ・アル・ポモドーロは郷土の母の味(右)

€6

←トスカーナの新鮮野菜たっぷりのベジタブルスープ

€35(1kgあたり)
ビステッカ
Bistecca alla Fiorentina
スローフード協会が認定する、厳選された上質なトスカーナ産牛肉を使用した逸品。

早くて美味しい!が自慢だよ

ランチ営業のみの人気食堂

トラットリア・マリオ

Trattoria Mario
ドゥオモ周辺 MAP 付録P.20 A-2

市場近くに構える大衆食堂には、地元の人や評判を聞きつけた観光客が押し寄せるので、相席は常識。壁に貼られたイタリア語のメニュー脇に英語が書かれている。

☎055-218550 交ドゥオモから徒歩6分 所Via Rosina 2r 営12:00～15:30 休日曜、祝日、8月

FIASCHETTERIA TRATTORIA

↑↗12時の開店前に行列ができる、中央市場からすぐの店(左)仕切られた厨房の横で、常連客も観光客もひしめく店内(右)

エノテカの

トスカーナワインで乾杯!

↑白・赤・ロゼなど、一期一会のワインとの出合いが待っている

↑カウンターでワイン談義

→サラミと生ハム盛り合わせ€9.5

ワイン通を唸らせる憩いの場

レ・ヴォルピ・エ・ルーヴァ

Le volpi e L'Uva
ピッティ宮殿周辺 MAP 付録P.19 D-3

小規模農家ワイナリーと提携し、トスカーナワインを育て広めようというコンセプトの店。世に流通していない掘り出し物のワインを探せる。ふらりと寄って極上ワインをつまみと一緒に楽しもう。

☎055-2398132 交ポンテ・ヴェッキオからすぐ 所Piazza dei Rossi 1r 営11:00～21:00 休日曜、祝日

食材を大切にする滋味豊かな味わい

トスカーナ料理 絶対選びたい4店

美食の国イタリアの最高峰に位置するトスカーナ州の郷土料理。豊かな土地と気候から生まれた大地の恵みがテーブルに並ぶ。

€10

店の自慢のランプレドットは、臓物アカセンの煮込み。この地の名物料理で栄養満点

臓物料理が名物！家庭的な料理店

イル・マガッツィーノ

Il Magazzino

ピッティ宮殿周辺 MAP 付録P.18 C-3

ポンテ・ヴェッキオからすぐの小さな広場に面したレストラン。木製のテーブルを囲んで、地元の人たちもワインと郷土料理目当てに集う。チーズやプロシュートの前菜、スープ、臓物料理など、トスカーナ料理の醍醐味が味わえる。

☎055-215969 交ポンテ・ヴェッキオから徒歩3分 所Piazza della Passera 2/3 営12:00～15:00 19:30～23:00 休無休

フィレンツェ風トリッパ €12
Trippa alla Fiorentina

ハチノスのトマトソース煮。やわらかく臭みもなく食べやすい

賑わう店内をオーナー夫婦がてきぱきと動き回る

パッセーラ広場に面したテラス席も人気

おすすめは臓物の煮込みだよ！

€12

シンプルな味が食欲をそそる挽き肉と野菜ソースのタリアテッレ

きめ細かなサービスが魅力

トラットリア・アルマンド

Trattoria Armando

サンタ・マリア・ノヴェッラ駅周辺 MAP 付録P.16 B-2

1975年の創業以降、音楽家たちのたまり場だった。店内には古き良き時代の音楽家たちの写真が掲げられる。食材は選び抜かれた地元産。ウサギ肉や臓物料理も楽しめる。オーナーのマダムが、客の嗜好に合わせたメニューをおすすめしてくれる。

☎055-217263 交Santa Maria Novella サンタ・マリア・ノヴェッラ駅から徒歩8分 所Borgo Ognissanti 140 営12:15～14:00 19:00～22:15 休日曜、月・土曜のランチ

高級料理店のたたずまいながら、家庭的でリラックスできる

食事に合うワインも一緒にどうぞ！

カレッティエッラ €16
Carrettiera

ニンニクと唐辛子が効いた名物スパゲティ。新鮮なトマトソースを絡ませた本場の味

€15

豆を基調とした栄養満点のベジタブルスープ

かわいらしい入口から店内へ

フィレンツェの郷土料理

シンプルかつ豪快、素材の味を生かした農家料理が基本。チーズ、生ハム、豆料理や赤ワインなどもトスカーナ定番の味。

ビステッカ
Bistecca

ビステッカとはイタリア語でステーキのこと。しかし、フィレンツェの名店では地元産の骨付き特大ビーフステーキが主流。

クロスティーニ
Crostini

メニューでは前菜にあるトーストのオープンサンド。豆、ソーセージ、トマト、レバーなどがトッピングされている。

パッパ・アル・ポモドーロ
Pappa al pomodoro

トマト風味のバゲットのおかゆはトスカーナのおふくろの味。ニンニクとオリーブオイルが香り食欲をそそる。

➡女性スタッフの元気な声で活気ある店内

郷土料理のビステッカもあるよ!

パッパ・アル・ポモドーロ €8
Pappa al pomodoro

トスカーナの太陽を浴びたトマトの酸味と甘みがバゲットに溶け込み、体に染みるやさしい味わい

⬇ピチパスタは手打ちうどんのようなコシがある €12

€12 ⬆ワインで煮込んだビーフシチューのポテト添え

駅前の古い石畳の小路の人気店
オステリア・チカローネ
Osteria Cicalone
サンタ・マリア・ノヴェッラ駅周辺 MAP 付録P.18 C-1

地元料理を気軽に楽しめるオールマイティーなオステリア。ビステッカからバゲットのおかゆといった郷土料理のほか、手打ちパスタ、ホームメイドニョッキ、名物のウサギ肉やトリュフ料理などメニューも豊富。店の雰囲気は明るく値段も手ごろ。

☎055-215492 交Santa Maria Novella サンタ・マリア・ノヴェッラ駅から徒歩6分 所Via Delle Belle Donne 43r 営12:00〜15:00 19:00〜23:00 休日曜、祝日 E 英

ショッピングセンター最上階のオアシス
トスカニーノ
ToscaNino
ドゥオモ周辺 MAP 付録P.19 D-2

レプッブリカ広場のショッピングセンター「ラ・リナシェンテ」内に2019年2月に登場したショップ・ベーカリーを併設したレストラン。屋上にはパノラマテラスがあり、街を眺めながらワインやカフェが楽しめる。

☎055-4933468 交ドゥオモから徒歩3分 所Piazza della Repubblica 4 営10:00〜24:00 休無休 J E 英

⬅⬆衣料部門とガラスで仕切られている(左) 併設するショップものぞいてみて(上)

€16

グリルドチキン・ドラムスティック
Grilled Chicken Drumstick

スチーム・オーブンで2時間低温調理したあと、グリルして旨みを閉じこめた逸品。ポテト添え

€22 ⬅真空パックで低温調理したタラのフィレ。サフランライス付きで配色も鮮やか

モダンに進化したトスカーナ料理

シェフが創作するアートな郷土料理
エッセンツィアーレ
Essenziale
ピッティ宮殿周辺 MAP 付録P.18 A-2

メニューは4品(€45)・6品(€65)・8品(€80)のコースのみ。シェフが朝市場で仕入れた厳選食材から、その日のメニューを創作。4品コースはプリモとセコンドから選択。

☎055-2476956 交ポンテ・ヴェッキオから徒歩12分 所Piazza Cestello 3r 営19:00〜22:00 休日・月曜、祝日 E 英

⬇舞台のように店内を見下ろす厨房

⬆以前倉庫だった場所を改造したシンプルな店構え

⬅⬇ウズラにクルミを和えたピクルス(左)と、ウサギ肉入りの手打ちパスタ(下)

⬇この日のシェフおすすめ料理のタルタル

⬅ソファ席もあるモダンで広々した空間

グルメでもトレンドをリードする刺激的な食卓

ハイブランドがプロデュースする2店

ファッションブランドが食の世界にも進出。モードな美食空間で洗練した料理を提供する2店をご紹介。ブランドの歴史にふれられる博物館にも注目。

リバーサイドで夢のひとときを！

ボルゴ・サン・ジャコポ

Borgo San Jacopo

ピッティ宮殿周辺 MAP 付録P.18 C-3

フェラガモが経営するホテル1階に併設されたレストラン。味はもちろん視覚でも楽しめる料理に定評があり、ワインは約900銘柄を揃える。ポンテ・ヴェッキオの夜景を望むディナータイムがおすすめ。

☎055-281661 交 ポンテ・ヴェッキオから徒歩2分 所 Borgo S. Jacopo 62 営 7:00～22:00 休 無休
E E （窓辺席のみ）

窓辺の席からはポンテ・ヴェッキオが眺められる

↑素材を生かした料理にアートな盛り付けを施したシェフのアラカルト。ワクワク感をそそる色彩

おすすめコース

テイスティング・コース
Tasting Course €150
フォアグラやキャビアなど、高級食材をふんだんに使用した大満足の6品

博物館もCHECK!

フェラガモ博物館

Museo Salvatore Ferragamo

シニョリーア広場周辺 MAP 付録P.18 C-2

フェラガモが生前に描いたデザイン画や、写真、足型、パテントなどが展示される。

☎055-3562846 交 ドゥオモから徒歩8分 所 Piazza di Santa Trinita 5r 開 10:00～19:30 休 一部祝日 料 €8

↑メディチ家の紋章とグリーンの配色が品格と清涼感を醸し出す

注目を集めるコラボレーション

グッチ・オステリア

Gucci Osteria

シニョリーア広場周辺 MAP 付録P.19 E-2

グッチとオステリア・フランチェスカーナがコラボ。世界一予約が取りにくいともいわれるモデナの名店の味を、フィレンツェでも楽しめる。

☎055-75927038 交 ドゥオモから徒歩6分 所 Piazza della Signoria 10 営 12:00～15:00 (LO)、19:00～22:00(LO) 休 無休 E E

➡リゾット、デザート、バーガーなどもジノリの食器で提供される

博物館やショップもCHECK!

グッチ・ガーデン

Gucci Garden

シニョリーア広場周辺 MAP 付録P.19 E-2

1階常設展は旅がテーマで、旅行バッグ、アクセサリーなどを展示。

☎055-75927010 交 所 グッチ・オステリアと同じ 開 10:00～22:00 休 無休 料 €8

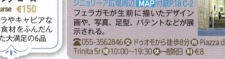

見るだけでも楽しい! 食べて買うともっと楽しい!

トスカーナ食材の宝庫! 中央市場で食べ歩き

フィレンツェの食の源となっている中央市場。
野菜、精肉、ワイン、チーズなどが豊富に並ぶ市場と
人気店が揃う話題のフードコートでグルメ三昧!

ドゥオモからすぐ近くにある1872年建設の屋内市場

3000㎡の広さに500席あるフードコート。年中無休で楽しめる(上)2階には高級食材店イータリーも出店。おみやげ探しもぴったり(左)

どこよりも安くてうまい食との遭遇

中央市場

Mercato Centrale

ドゥオモ周辺 MAP 付録P.20 A-2

1階は食材店が並ぶ市場。2階はピッツァや手打ちパスタ、ビステッカやシーフードなど、20軒以上の店が並ぶフードコートだ。

☎055-2399798 交ドゥオモから徒歩6分 所Piazza del Mercato Centrale Via dell'Ariento 営1F 8:00〜15:00(店により〜14:00) 2F8:00〜24:00 休1Fは日曜、2Fは無休

2階 ランブルゲル・ディ・キアニーナ L'hamburger Di Chianina

牛肉のハンバーガー店

地元名産の牛肉を使ったハンバーガー店。行列が絶えない人気ぶり。

キアーナ牛肉の名物バーガーは、ジューシーでボリューム満点。挟む野菜は指さしで注文

手づくりソーセージのパニーノ・サルスィッチャもおいしい

2階 イル・タルトゥフォ Il Tartufo

トリュフのパスタが絶品

本場でも珍しいパスタ&トリュフの専門店。トリュフの販売も。

カルボナーラのトリュフがけ(上)リゾット&黒トリュフがけ(右上)

最高に贅沢な味さ

1階 ダ・ネルボーネ Da Nerbone

街のソウルフード

ランプレドッドの有名店。注文&会計をしたら、右のカウンターへ。

ジューシーな焼き豚のサンド

モツ煮込みのランプレドッドサンド。煮込汁がパンに染みこんだ絶妙な味わいを初体験

中央市場で グルメみやげを買う

1階 マルコ Marko

トスカーナチーズの宝庫

チーズは70品目以上。サラミやオリーブ、瓶詰製品も勢揃いする。

ワインと一緒に食べても、パスタにスライスも◎

店主おすすめの人気チーズ

1階 エノテカ・サルメリア・ロンバルディ Enoteca Salumeria Lombardi

豊富な品揃えのワイン専門店

ワインを選ぶならココ! オイルやバルサミコ酢も小瓶サイズを用意。

一番人気はサンジョベーゼ(ブドウの品種)で造った赤ワイン

名産の黒トリュフの瓶詰

日本配送もOK

1階 ラ・ボッテガ・ゴローサ La Bottega Golosa

チョコやバラマキみやげが山積み

オリーブオイル、ポルチーニ茸、スパイス、おみやげ用のお菓子などが満載!

本格イタリアンを味わえるドライトマト

ピノキオマークが目印の4色マカロニ

さっぱりジェラートと絶品ケーキ、どっちを選ぶ?

最愛ドルチェを食べ比べたい5店

**街歩きに疲れたら、ローカルに評判のドルチェでひと休み♪
評判のジェラートから、こだわりケーキまで存分に味わいたい。**

€2.50

ビスケット&ベリー入りの「チーズケーキ」は人気商品。コクがありなめらかな味。

地元で人気のスイーツ店

バディアーニ

Badiani

フィレンツェ北部 MAP 付録P.17 F-1

1932年創業のジェラート店が元祖。以来アイス・スイーツ&コーヒーショップに発展した。原料は自然で高品質をモットーとし、繊細な甘さとしっとりした食感のジェラートが好評。

☎055-578682 ㊛ドゥオモから徒歩30分またはSanta Maria Novellaサンタ・マリア・ノヴェッラ駅からⒷ7番で11分、Volta Galveni下車、徒歩5分など ㊒Viale dei Mille 20 ㊔7:00～24:00(金・土曜は～翌1:00) ㊡無休 Ⓔ💳

スイーツやエスプレッソも味わって!

↑奥はイートインコーナー

€3

➡果実を凍らせたようなクリーミーでコクがあるマンゴー

€3

フィレンツェご当地フレーバーのブオンタレンティはミルクベースのクリーミーな味わい。

€3

↑まろやかなおいしさのセサミ

やさしい味わい

ペルケ・ノ!...

Perché No!...

シニョリーア広場周辺 MAP 付録P.19 E-2

化学調味料や着色料を使用せず、天然素材から手作りするのがマスターの信条。レプッブリカ広場からすぐなので、観光のついでに立ち寄りたい。豊富なフレーバーの中から選ぶのも楽しい。

☎055-2398969 ㊛ドゥオモから徒歩3分 ㊒Via dei Tavolini 19r ㊔11:00～24:00(11～2月は12:00～20:00) ㊡無休 ⒺⒺ💳

€2.50

↗色鮮やかで濃厚なメロン味

€2.50

➡爽やかフレーバーの生姜味

↑店内は狭くていつも行列

毎朝丹念に手作りしてるよ!

€2.80

レッド・ワインは、鮮烈な赤色だが着色料不使用。酸味はなく爽やかでフルーティ。

€2.80

➡メディチ家の令嬢も愛でたピスタチオのジェラート

€2.80

↙夏の定番は、香り豊かなレモンシャーベット

オーガニックジェラート

ジェラッテリア・エドアルド

Gelateria Edoardo

ドゥオモ周辺 MAP 付録P.20 B-4

小さいながらドゥオモ広場に面した評判の店。掲げられているEUの「BIOマーク」は、化学肥料・農薬を使用しない果実・食材を使用し、保存料や乳化剤も不使用という証。コーンは手焼きで、おいしさを倍増させている。

☎055-281055 ㊛ドゥオモからすぐ ㊒Piazza del Duomo 45r ㊔10:30～23:30(土曜は～24:00) ㊡無休 Ⓔ💳

果汁のおいしさをぎゅっと詰めこんだの

↑市民も観光客も訪れる

ジェラートのきほん

①コーンかカップかチョイス

カップorコーン、大きさを選ぶ。2種までなら小を指さしで注文。

②フレーバーをチョイス

味見もできる。あらかじめ好みと相性を考え種類を決め、手早く注文を。

③受け取る

受け取り&支払い。支払いを先に済ませてからフレーバーを選ぶスタイルの店もある。

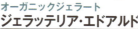

花屋もあるカフェ＆レストラン
ラ・メナジェレ
La Ménagère
ドゥオモ周辺 MAP 付録P.20 A-2

通りからは小さなカフェ＆スイーツ店に見えるが、中にはゆったりしたソファ席、フラワーショップ、奥にはメニュー豊富なレストランが広がる。ドゥオモの近くで、朝早くから夜遅くまでオープンしているのも心強い。

☎055-0750600 交 ドゥオモから徒歩4分 所 Via de' Ginori 8r 営 7:30～翌2:00 休 無休 E E

↑パニーノのショーケースがある入口付近

↑ソーヤミルク(豆乳)使用のソーヤ・カプチーノ

ブルンブルンのレモンのムースが、風味豊かなタルト生地と絶妙なハーモニー

←甘ずっぱいストロベリーを贅沢に使ったタルト

↓ビターチョコの大人の味がやみつきになるチョコタルト

半円形をしたふわふわの白いムースの上にトロピカルフルーツがのった、さっぱりスイーツ €6

←おまんじゅうのような形のティラミスは、甘さ抑えめでとろけそうな食感

↑サクサクのパイ生地のフルーツタルトは、旬の季節のフルーツがのる

心が和むスイーツが並ぶ
ドルチ・エ・ドルチェッツェ
Dolci e Dolcezze
フィレンツェ東部 MAP 付録P.17 F-3

ドゥオモのある広場に面した、街の中心に位置する人気のスイーツ店。パティシエのバラトレーシ夫人がスイーツを考案。評判を呼び、ご主人と一代でスイーツ店を築き一等地に進出。美味で良心価格なのも客に支持される理由だ。

☎055-2345458 交 ドゥオモから徒歩16分 所 Piazza Cesare Beccaria 8 営 8:30～19:30(日曜9:00～13:00) 休 月曜 E E

↑チーズにプチトマトを冠したサンド

↑街の中心にある。外にはテラス席も

郷土菓子＆ブランドチョコをお持ち帰り

郷土の味・ビスケット専門店
イル・カントゥッチョ
Il Cantuccio
サン・ロレンツォ地区 MAP 付録P.20 A-2

ビスケットは子どもから大人にまで愛される、家庭に欠かせないおやつだ。ナッツやフルーツ入りが所狭しと並び、やわらかい食感が特徴。

☎055-283566 交 Santa Maria Novella サンタ・マリア・ノヴェッラ駅から徒歩7分 所 Via Nazionale 121 red 営 10:00～13:30 15:00～19:30 休 日曜、祝日 E

↑笑顔のマダムが迎えてくれる(左)サンタ・マリア・ノヴェッラ駅からまっすぐ進む(右)

↘イチジクを挟んだ定番のひとつ

↙甘さひかえめ人気のアーモンド入り

←グルテン・コレステロールフリーのヘーゼルナッツクリーム。左からブロンド、ビーガン、ピュア

日本でも人気のチョコ店
ヴェストリ
Vestri
ドゥオモ周辺 MAP 付録P.17 E-2

無農薬栽培・化学物質不使用のカカオを使用。カカオの抽出・発酵・乾燥まで丁寧に手がける経営者の情熱が詰まった評判のチョコ専門店。

☎055-2340374 交 ドゥオモから徒歩8分 所 Borgo degli Albizi 11r 営 10:30～19:30 休 日曜、祝日 J E

↑選ぶのに迷うオリジナルチョコ(上)チョコのおみやげならココ！(下)

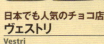

職人のセンスを持ち帰り

ショッピング

FIRENZE SHOPPING

世界最古の薬局でお気に入りを探す

サンタ・マリア・ノヴェッラ薬局

Officina Profumo Farmaceutica di Santa Maria Novella

サンタ・マリア・ノヴェッラ駅周辺 MAP 付録P.16 C-2

起源は修道士がハーブを栽培し、薬剤とした13世紀に遡る。14世紀のペスト流行時には消毒用にローズウォーターが開発され、香水として昇華。トスカーナ大公家御用達だった薬局。

☎055-216276 交 Santa Maria Novella サンタ・マリア・ノヴェッラ駅から徒歩5分 所 Via della Scala 16 営 9:00～20:00 休 無休 J J E E ※日本語スタッフは時間帯による

▶フレスコ画の部屋
ドーム型の天井や壁に修復で蘇ったフレスコ画が

▶メインホール
カウンター別に、クリーム類、ソープ、香水が並ぶ

▶旧薬草店
1612年に一般市民に公開された薬局を再現

▶緑の間
壁に歴代のオーナーの肖像画。インセンス、ポプリコーナー

アートの街では美容にも手を抜きません

フィオレンティーナの美の秘訣! ボタニカルコスメ3店

フィレンツェは薬局発祥の地。薬から香水、アロマ、化粧クリームに発展した美容のルーツ探訪へ。

購入のHOW TO

①商品リストをゲット
備え付けの言語別商品リストをとり、興味あるものをチェック。

②カードをもらう
商品リストから香りや効能を尋ねたり、男女別のおみやげの相談などをして、買う商品を選定。係員はICカードに商品を記録する。最後にカードをレジに持って行く。

③お会計
キャンセル商品は速やかに告げる。注文の商品が出てきてお会計＆受け取り。

袋入りポプリ
←刺繍も豪華なシルク・ポシェット入りポプリ
€37

アクア・ディ・ローゼ
→秘かなバラの香り。オーデコロンの元祖
€21

オーデコロン「COLONIA」
→14世紀に開発されたオーデコロン各種
€100

洗顔用クリームソープ
→毎日使うとお肌をしっとり保湿できる
€31.50

€38
バス・バブル
↑癒やしのシャワージェル。フリージアの香り

メログラーノ・ソープ
←デリケート肌用として根強い人気
€13

サンタ・マリア・ノヴェッラで

買い物以外のお楽しみ

ミュージアム

薬草を栽培して薬や軟膏を製造した17～20世紀の作業道具が展示

カフェ

デトックスやリラックス効果のあるお茶が人気。ケーキなどもある

16世紀から化粧品を製造する老舗

ファルマチア・サンティッシマ・アンヌンツィアータ

Farmacia SS. Annunziata

ドゥオモ周辺 MAP 付録P.20 C-3

こぢんまりとしているが豊富なラインナップが揃う店。美肌・アンチエイジ・モイスチャーなど、希望に合わせた品を選んでくれる。ビタミンC＆Eやプロポリスを加えた商品もおすすめ。

☎055-210738 交ドゥオモから徒歩6分 所Via dei Servi 80 営9:00〜19:30 休日曜 J E

バス用ソルト

↑色と香りでお風呂が楽しくなるバス用ソルト。イエローはレモン、ピンクはバラ、グリーンは森の香り。癒やしのひとときを

フェイスクリーム

↑ビタミンCやプロポリス配合

ハンドクリーム

→肌に優しい成分を使用している

オリジナルバッグ

→お店のロゴ入りコットン製バッグ。黒と白の2種ある

1.壁一面に化粧品、香水、ソープなどが陳列 2.古風なたたずまいの店の入口

1.所狭しと商品が陳列されている 2.シニョリーア広場の近くにある

人気急上昇の自然派薬用コスメ

スペツィエリレ・パラッツォ・ヴェッキオ

Spezierie Palazzo Vecchio

シニョリーア広場周辺 MAP 付録P.19 D-2

自然薬用化粧品を研究・開発していたマッシモ博士が1978年にオープンした店。合成活性成分・防腐剤を避けた植物性化粧品・香水・サプリメントを揃える。

☎055-239-6055 交ドゥオモから徒歩5分 所Via Vacchereccia 9r 営10:00〜19:30 休日曜 E J

キャラメル

←開発されたローヤルゼリー・ハニー・キャラメル

カタリーナ・ディ・メディチ

→メディチ家ゆかりの香水を再現。お試しして香りを選べる

石けん

↓ローズ(シミ対策)、ティー(ニキビ対策)、保湿など、種類によって効用はさまざま

調香師のいる香りの専門店へ

→入口にもフレグランスが

↑広い店内にさまざまな香りが饗宴している

薫り高きフレグランス専科

アクア・フロール

Aqua Flor

シニョリーア広場周辺 MAP 付録P.19 F-3

香水のほか、スティック付きの室内フレグランスやサシェ、ソープなどもある。予約して参加できる香水作りワークショップもユニーク。

☎055-2343471 交ドゥオモから徒歩11分 所Borgo Santa Croce 6 営10:00(金曜11:00) 〜13:00 14:00〜20:00 休無休 E J

←女優の名を冠した香水マリリン・モンロー

→メンズ用エンペラーは爽やかな香り

↓おしゃれなアクア・フロールは室内用

アルティジャーノの確かな腕が生み出す逸品が勢揃い

おみやげを探したい職人の街の名店6店

洗練されたデザインと職人の技が光る一生ものに出合える街・フィレンツェ。マーブル紙、革、シルク、金細工など、こだわりの逸品を探しに出かけよう。

Ⓐ色鮮やかな文房具がズラリと並ぶ

➡大理石模様の手染めのマーブル紙で作った筒。すべてオンリーワンのデザイン(鉛筆は1本€4.50で別売り)

各€22

€50

⬆素敵なフォトスタンドに楽しい旅の思い出を

⬇質の良い革をマーブル模様に染め上げた財布

€156

各€6

⬆おしゃれな革製のしおりがあれば読書が楽しくなる

各€13

⬅丸い小箱はインテリアのアクセントになる

⬅⬇外側は手ざわりのよいフェルト、内側はシルクを使った買い物バッグ

各€250

➡美しい花柄やブドウをあしらったゲストタオル。ほかにもデザイン豊富

各€30

€220

⬅同じ絵柄のテーブルマットとナプキンセット

Ⓑ広々とした店内には高級感が漂う

➡イニシャルと小花模様のハンカチ(左)刺繍が映えるシンプルなハンカチ(右)

€120

€120

€85

➡ダークグリーンの手袋は、高級シカ革のしなやかな肌ざわり

€59

⬅鮮やかなオレンジ色の手袋はヤギ革使用。内側はカシミヤ

€79

➡エレガントな大人のデザイン。外側はヤギ革、内側はカシミヤ

Ⓒ小さな店舗に数えきれない手袋が

€89

⬆手首部分に暖かなカシミヤを施したヤギ革製

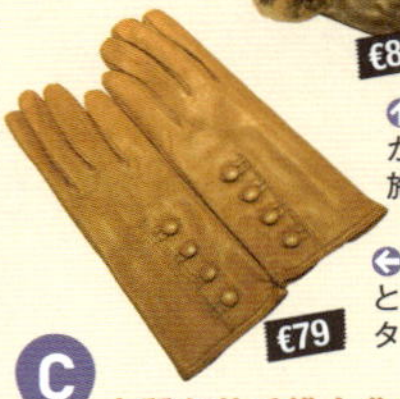

€79

⬅上品な色合いとデザインはイタリアならでは

A マーブル紙を扱った文房具店
イル・パピロ
Il Papiro

ドゥオモ周辺 MAP 付録P.20 B-2

伝統工芸のマーブル紙を使った小物を扱う文房具店。店内に所狭しと並ぶ色とりどりの商品は、おみやげに最適。

☎055-215262 ㊋ドゥオモから徒歩5分 ㊎Via Cavour 49 ㊌10:00〜13:00 14:00〜19:00 日曜10:00〜18:00 ㊡無休 J E 💳

B 豪華な刺繍入りリネンを提供
ロレッタ・カポーニ
Loretta Caponi

サンタ・マリア・ノヴェッラ駅周辺 MAP 付録P.18 C-1

英国王室やマドンナなど、世界のVIPに愛用されているという、手の込んだ刺繍入りの高級ホームリネンを扱う店。

☎055-213668 ㊋Santa Maria Novella サンタ・マリア・ノヴェッラ駅から徒歩6分 ㊎Via delle Belle Donne 28 ㊌10:00(月曜15:00〜)〜19:00 ㊡日曜、祝日

C 上質な革手袋を豊富に用意
マルテッリ・グローブ
Martelli Gloves

シニョリーア広場周辺 MAP 付録P.19 D-3

イタリアンデザインの手袋が目を引く。高品質でもリーズナブルなのがうれしい。ぴったりサイズを選んでもらおう。

☎055-2396395 ㊋ドゥオモから徒歩7分 ㊎Via Por Santa Maria 18 ㊌10:00〜19:30 日曜11:00〜19:00 ㊡イースター中の日曜のみ

D 狭いながらも明るい感じの店内

⬇高級感が漂うシックなシルク製ネクタイ

⬇ソフトな肌ざわりのシルク布地を使ったブレスレット

⬅⬆ダ・ヴィンチ生誕500年を記念したシルクのショール(左)街の象徴ドゥオモをデザイン(上)

⬆↗シルク製ポケットチーフはどれも粋なデザインばかり

D 華やかなシルク製品が並ぶ
マッシモ・ラヴィナーレ

Massimo Ravinale

シニョリーア広場周辺 MAP 付録P.19 F-3

シルク100%のイタリアンデザインのオリジナルショール、ネクタイなどを提供。フィレンツェにまつわる柄も充実。

☎055-264209 交 ドゥオモから徒歩10分 所 Borgo dei Greci 19r 営 10:30～19:00 休 無休

➡ダイヤ・エメラルド・ルビーの高級ペンダント(18K)

⬆ボッティチェッリの絵をモチーフにしたパールと金のペンダント

⬆シンプルながらセンスのよさが光る18K高級ブレスレット

⬇伝統の技術が際立つ銀の指輪。細かな装飾もすべて手作り

E 店内に熱心な職人気質が漂う

⬅古代ローマの重厚な歴史が感じられる18Kペンダントヘッド

⬇ハンド・メイドの技が光る銀細工のブローチ

E 絵画から脱け出した宝飾品
パオロ・ペンコ

Paolo Penko

ドゥオモ周辺 MAP 付録P.20 A-3

手作りの金・銀細工を扱う高級アクセサリー専門店。ボッティチェッリの絵をモチーフにしたネックレスが人気。

☎055-211661 交 ドゥオモから徒歩2分 所 Via Ferdinando Zannetti 14 r 営 9:30～13:00 15:30～19:00 休 日・月曜

世界から支持される老舗セレクトショップ

ファッション界をリードする
ルイーザヴィアローマ

LUISAVIAROMA

ドゥオモ周辺 MAP 付録P.19 D-1

ハイセンスなレディス＆メンズ向けブランドが各種揃っている。

☎055-9064116 交 ドゥオモから徒歩2分 所 Via Roma 19/21 営 10:30(日曜11:00)～19:30 休 無休

⬅シンプルでカラフルな本革製キーホルダー。おみやげに最適

➡ビジネスマンに必須の名刺入れ

⬅ぴかぴか光った継ぎ目のない、かわいい丈夫なコインケース

F 店は父子2代が働く仕事場兼用

E カラフルな皮革製品が人気
イル・ブセット

Il Bussetto

サンタ・マリア・ノヴェッラ駅周辺 MAP 付録P.16 B-2

トスカーナに伝わる特殊技術を使って、継ぎ目がなく光沢のある手作りの皮革製品を販売。カラフルな商品に心躍る。

☎055-290697 交 Santa Maria Novella サンタ・マリア・ノヴェッラ駅から徒歩5分 所 Via Palazzuolo 136r 営 9:00～13:00 15:30～19:30 休 日曜、土曜午後

ONE DAY TRIP PISA

ガリレオが生まれた斜塔のそびえる街
ピサ

ピサ様式と呼ばれる繊細な建築様式を生み、今も美しい街並みが残る。

街歩きアドバイス

ドゥオモ広場で斜塔やドゥオモなどを巡り、広場の東にあるローマ時代の浴場跡へ。時間があれば16世紀の建築が並ぶカヴァリエリ広場やメッツォ橋からアルノ川の眺めを楽しみたい。

フィレンツェからのアクセス

サンタ・マリア・ノヴェッラ駅からトレニタリアの快速列車RVで約1時間。ピサ中央駅からドゥオモ広場まではLAM ROSSA社のバスで約10分。徒歩で約30分。

ピサロマネスク建築の代表作

ドゥオモ

Duomo

MAP P.128

壮麗なファサードを持つピサで最大の聖堂。イタリアンゴシックを代表するG・ピサーノ作の説教壇や、「ガリレオのランプ」が見られる。

☎050-835011 交ドゥオモ広場からすぐ 所Piazza del Duomo 開10:00～20:00（11月4日～3月は～19:00、そのうち1月7日～2月22日は～18:00）休無休 料€18(斜塔と共通)

↑ピサロマネスクの壮麗なファサードが印象的

傾きながら立つピサ大聖堂の鐘楼

ピサの斜塔

Torre di Pisa

MAP P.128

その傾きが世界に注目されている斜塔。1173年の着工から度重なる中断を経て、14世紀後半に完成。中心軸は現在、最下層と最上層とで約5mずれているという。

☎050-835012 交ドゥオモ広場からすぐ 所Piazza del Duomo 開9:00～20:00 6月中旬～8月8:30～22:00 11月4日～3月9:00～19:00(時期により短縮、延長の場合あり) 休無休 料€18(ドゥオモと共通。予約はオンラインのみ、電話予約不可)

→傾きながら800年もの間立ち続けている

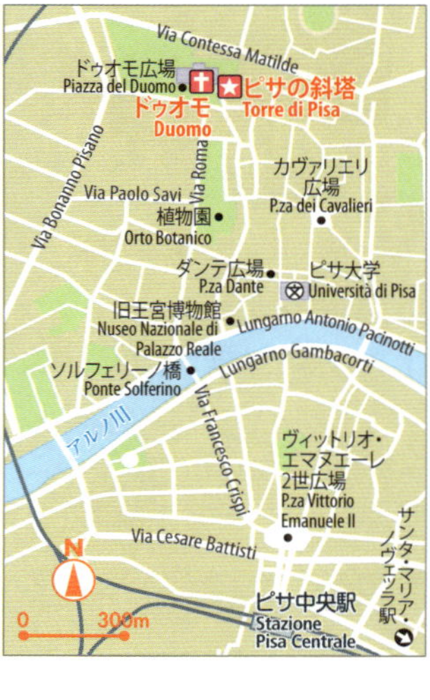

運河とともに栄えた「水の都」

ヴェネツィア

VENEZIA

華やぎに満ちた海上の都

サン・マルコ広場の前から
ヴァポレットという水上バスに乗る。
オフシーズンでもない限り満員だ。
乗りそびれてもすぐに次のが来る
運河はさまざまな舟がしきりに行き交い賑やかだ。
左右の運河沿いにぎっしり並ぶ家並みを眺めながら
リアルト橋まで行って降りる。観光客でいっぱいだ。
目的のレストランを探して路地を歩く。ここは、
世界で最も不思議な街かもしれない。
水路が街じゅうを張りめぐらされている。
美術館へ寄り、バーカロで一杯やり、また路地を歩き
また、ヴァポレットに乗る。楽しい。
かつて地中海を制覇したという共和国の中心は今、
のどかに賑わっている。

Contents

どこに何がある？
どこで何する？

街を逆S字型に貫く大運河が水のメインストリート

街はこうなっています！
ヴェネツィアのエリアと主要スポット

サン・マルコ広場とリアルト橋周辺に歴史的建造物と買い物スポットが集中。美術館はドルソドゥーロ地区に多い。

"アドリア海の女王"の栄華を物語る

メインエリアはココ!!

A サン・マルコ広場周辺 ▶P.134

Piazza San Marco

ヴェネツィア本島の中心地。サン・マルコ寺院、鐘楼、ドゥカーレ宮殿など、共和国時代1000年の歴史が蓄積。老舗カフェが軒を連ね、世界からの旅行者が憩う広場の華やかさも魅力。

水の都の暮らしにふれるスポットも

早起きをして魚市場も見学したい

B リアルト橋周辺 ▶P.138

Ponte di Rialto

大運河の中ほどに架かるリアルト橋周辺には、みやげ物店やトラットリアが多い。活気ある市場もあり、地元の人の生活を見る機会も。この街独特の居酒屋バーカロでの飲み歩きも楽しい。

小路の教会にヴェネツィア派絵画の傑作が

C サン・ポーロ地区 ▶P.138

San Polo

サン・ポーロ広場は地元っ子の憩いの場のひとつ。周辺の小路にはバールや職人の店が点在。ティントレットの傑作絵画が集うサン・ロッコ大信徒会館は、この街の美術散歩で外せない。

中世から現代までの芸術を堪能

アカデミア橋は街で唯一の木製の橋

D ドルソドゥーロ地区 ▶P.140

Dorsoduro

サン・マルコ地区からアカデミア橋を渡った対岸は美術館が充実するエリア。ヴェネツィア派絵画が集うアカデミア美術館、現代美術の宝庫ペギー・グッゲンハイム・コレクションがある。

サン・ロッコ大信徒会館にはティントレットの名画が集う

ヴェネツィアってこんな街

海側の玄関口、サン・マルコ広場が街の中心。この広場周辺と街の中心部を流れる大運河沿いに観光スポットが集中する。運河とラグーナの島々への移動はヴァポレットと呼ばれる水上バスが担い、水の都らしい風情が魅力。迷宮都市のダイナミズムは気ままな小路歩きで満喫できる。

ティントレットの大作が見られるドゥカーレ宮殿

サン・マルコ寺院の入口正面を飾る緻密で華やかなモザイク画

旅に役立つ案内所が集まる陸路側の街の玄関口

E サンタ・ルチア駅周辺

Stazione di Venezia Santa Lucia

鉄道で街に入るとサンタ・ルチア駅、バスだとローマ広場に到着。観光案内所、ヴァポレットのチケット売り場など旅行者向けの窓口が集う。小路奥にゲットーなどディープスポットも。

芸術的な工芸品ヴェネツィアングラスの故郷

F ムラーノ島 ▶P.145

Murano

旅の記念のガラス製品を見つけたい

13世紀から現在まで、ガラス工芸の中心としてヴェネツィアの繁栄を支える。ショップ併設のガラス工房が立ち並び、ショッピングがてらの散策が楽しい。ガラス博物館は必見。

カラフルな家並みが続く漁師とレース編みの島

G ブラーノ島 ▶P.145

Burano

16～18世紀にレース編みで栄え、歴史を伝えるレース博物館がガルッピ広場に立つ。今は漁師が多く暮らし、家の外壁を鮮やかな色で塗る風習が残る。庶民的な魚介料理店も多い。

街のショッピングストリート

サン・モイゼ通り

Salizzada San Moisè

サン・マルコ広場の西にある広めの通り、サン・モイゼにブランド店が並ぶ。奥行きがある店舗が多い。

VENEZIA
TRAVEL PLAN

定番＋ハルカナおすすめ Do it！

至福のヴェネツィア モデルプラン

心ときめく2プラン

大小の運河が流れ、歴史ある華やかな建物が彩る水の都は
世界中から多くの人々が訪れる憧れの街だ。
街がもつ多彩な魅力を満喫できる2プランをご提案！

プランの組み立て方

❖ **移動は水上か徒歩のみ。ヴァポレットは時間に余裕を**
街の主な移動手段は運河を行き交う水上バス・ヴァポレットや水上タクシー・モトスカーフィなど。最も利用されるヴァポレットは、ハイシーズンになると満員のため1便見逃さなければならないことも。乗船時間には余裕をもっておこう。徒歩で移動したほうが早い場合もあるので見極めを。

❖ **便利な荷物運び屋**
サンタ・ルチア駅やサン・マルコ広場などには、ポルタバガーリと呼ばれる荷物運び屋が待機している。徒歩で重い荷物を運ぶときに便利。

❖ **迷路のような街を歩くコツ**
「PER ○○(○○へ)」と書かれた方向を示す看板がいたるところにある。特にサン・マルコ広場、リアルト橋、サンタ・ルチア駅の3カ所は位置を把握する目安になる。

❖ **事前予約で行列回避！**
4月1日～11月1日のみ、オンライン(HP www.basilicasanmarco.it/)の事前予約でサン・マルコ寺院(予約料€3)とサン・マルコ広場の鐘楼(予約料€5)は優先入場できる。

PLAN 1

王道のサン・マルコ広場を中心に、ゴンドラにも乗るテッパンプラン。

高さ約99mの鐘楼から街並みを見渡せる

9:30 見どころが集結したサン・マルコ広場を巡る ▶P.134

徒歩すぐ

壮麗なサン・マルコ寺院、華やかなドゥカーレ宮殿、歴史を伝えるコッレール博物館などの名所がぐるりと囲む美しい広場を歩こう。

ヴェネツィアのシンボルであるサン・マルコ寺院は必見

15:00 最古のカフェでティータイム ▶P.152

徒歩2分

現存する最古のカフェとして知られるフローリアンで優雅なひとときを過ごそう。

社交場のような気品漂うインテリア

16:00 水の都をゴンドラで巡る ▶P.142

ヴァポレット1番で20分分など

器用な舵取りで進むゴンドラでの水上散歩はヴェネツィア観光の醍醐味だ。

大運河にゴンドラやヴァポレットが行き交う

アドバイス
サン・マルコ広場周辺は乗り場が多い。乗船場所によってコースも異なる。

迷路のような水路をのんびり進む。運河に架かる美しい橋にも注目しよう

18:00 運河を見ながら食事を満喫 ▶P.148

大運河や小運河沿いに立つ眺望抜群のレストランでシーフード料理を堪能。

新鮮な海の幸を使った料理に大満足！

PLAN 2 水の都の芸術を満喫後、ムラーノ島へ移動。最後はバーカロで一杯!

カルパッチョ作『リアルト橋から落ちた聖遺物の奇跡』

9:00 アカデミア美術館でアート鑑賞 ▶P.146

ヴェネツィア派絵画の傑作が集まる美術館。今でも街に残る景色が描かれているのも見どころ。

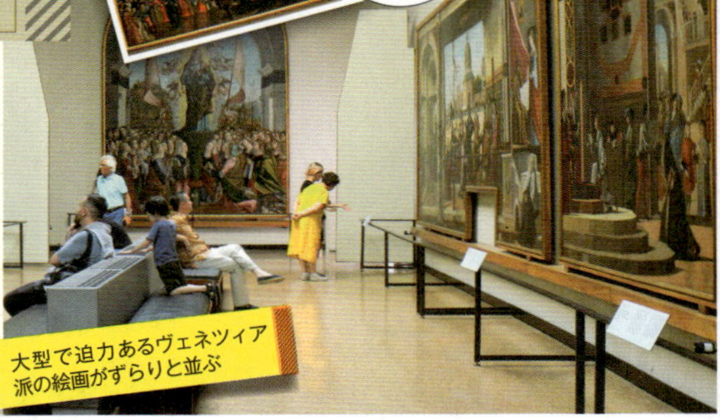

大型で迫力あるヴェネツィア派の絵画がずらりと並ぶ

徒歩7分

11:30 サンタ・マリア・デッラ・サルーテ聖堂へ ▶P.141

ヴェネツィアン・バロック建築を代表する聖堂。聖具室の絵画にも注目だ。

運河沿いの美しい教会

ヴァポレット1番で9分+ヴァポレット7番で30分など

14:00 ムラーノ島でヴェネツィアングラス探し ▶P.154

工房や博物館のあるヴェネツィアングラスの島で、かわいらしいガラスみやげを探そう。

色とりどりのガラスが並ぶ店内は見るだけで楽しい

島内には工房がたくさんある

熟練の技術で作られる高品質のガラス製品

大運河に架かるリアルト橋。ヴァポレットの停留所がある

ヴァポレット12番で10分など+徒歩10分

18:00 賑わうバーカロでワインとチッケッティを注文! ▶P.150

ヴェネツィア名物のバーカロは気軽に立ち寄れる居酒屋。つまみのチッケッティは量も控えめなので、お店をハシゴするのもおすすめ!

魚介を使ったチッケッティとワインで話が弾む!

いろいろなチッケッティから選べて楽しい!

好みのままに。アレンジプラン

水の都・ヴェネツィアらしい見どころをさらにご紹介! 歴史を感じられる伝説の老舗もぜひチェックを。

午前中にリアルト橋近くにいるなら

魚市場(リアルト市場) ▶P.138

日曜、祝日をのぞき、毎日午前中に開かれている。海に囲まれた市場のメインはやっぱり魚市場。活気を肌で感じてみよう。

足をのばして島巡りへ

ブラーノ島 ▶P.145

4つの島からなる漁師町で、カラフルな街並みがかわいらしい。レースでも有名。ムラーノ島からはヴァポレット12番で30分ほど。

世界の著名人が訪れる

ハリーズ・バー ▶P.152

ヘミングウェイが足繁く通った老舗レストラン。「カルパッチョ」が誕生した店でもあり、さまざまな伝説を持つ。一流の味を楽しもう。

ため息橋が架かる小運河はゴンドラの人気ルート

鐘楼からの絶景は必見!!

サン・マルコの鐘楼
Campanile di S.Marco

高さ約99m。16世紀に完成した塔が1902年に倒壊し、1912年に再建。屋上からの眺めがドラマチック

ナポレオンも感動した美しい広場を散策

共和国の華やぎを今に伝える街の中心を歩く
サン・マルコ広場周辺 BEST SPOT 5

地中海貿易で栄えたヴェネツィアの海の玄関口は、多彩な文化が交錯する大舞台。ナポレオンはその姿を"世界で最も美しい空間"と讃えた。

時計塔
Torre dell'Orologio

広場北側の入口に15世紀末に建造。定刻にムーア人のブロンズ像が鐘をついて、時を知らせる

サン・マルコ寺院
Basilica di San Marco

ヴェネツィアの守護聖人である聖マルコを祀る大聖堂。聖人の象徴である獅子像が各所に見える

壮麗なドゥカーレ宮殿は共和国時代の総督の館

サン・マルコ寺院は上部のバルコニーに出られる

祝祭都市の栄華の跡を巡り 老舗カフェで憩いの時間を

長い時をかけ、遠くからサン・マルコ広場に着く旅人は、ここで陶酔の時空に包まれる。地中海の覇権を手にして栄えたヴェネツィア共和国の千年の歴史・建築・芸術が広場周辺に凝縮。それらを間近にする体験は、見学というより、圧倒的なものに恋をする感覚に近い。街の守護聖人を祀るサン・マルコ寺院、総督の館ドゥカーレ宮殿、コッレール博物館などの主要スポットをまわったあとはぜひ、広場のカフェへ。贅沢なくつろぎの時が水の都の旅にいっそうの華やぎを添える。

ドゥカーレ宮殿
Palazzo Ducale
外観と同じく、内部も豪華。大評議の間にあるティントレット作の『天国』は世界最大級の絵画

行政長官府
Procuratie Nuove
広場の北側と南側にある細長い建物はかつての政庁舎。現在は老舗カフェやレストランが入る

カフェ・フローリアン
Caffè Florian
1720年創業のカフェ。生演奏を楽しめるテラス席に加え、ヴェネツィア伝統の内装を施した屋内席も素敵

共和国時代の美の遺産が結集する大空間

1 サン・マルコ広場

Piazza San Marco

MAP 付録P.25 E-3

ヴェネツィアの海の玄関口であり、共和国時代の政治・文化の中心地。9～18世紀に順次整備され、ヨーロッパとビザンチンの文化が融合した独特の空間を形成。18世紀末、街を支配したナポレオンが広場西側に新しい棟を建設。現在の姿が完成した。

交 V 1・2・N番 San Marco Vallaresso サン・マルコ・ヴァッラレッソから徒歩3分 所 Piazza S. Marco

↑世界各国からの観光客が集い、いつも華やか

夜間はライトアップされ、幻想的な美しさに満ちる

絢爛豪華なモザイクが輝く奇跡の大聖堂

2 サン・マルコ寺院

Basilica di San Marco

MAP 付録P.25 E-3

街の守護聖人である聖マルコを祀るため、9世紀に創建。11～17世紀に再建や改築が幾度も行われ、各時代の建築様式が混交した複雑かつ稀少な聖堂が完成。ビザンチン文化の影響も濃く、黄金のモザイクが内部やファサードを飾る。

☎041-2708311 ㊌サン・マルコ広場から徒歩2分 ㊎Basilica di S. Marco ㊐9:30(日曜、祝日14:00)～17:00(10/29～4/15の日曜、祝日は～16:30) 博物館9:35～17:00(10/29～4/15 9:45～16:45) ㊡無休(行事がある場合、入館制限あり) ㊔無料(博物館€5)

⬆中央の大クーポラを4つの小クーポラが囲む独特の構造だ

聖マルコ像

中央ファサードの上部には、福音史家・聖マルコ像がそびえる。左手に『新約聖書』を持つ。

聖マルコの馬

十字軍の戦利品として、13世紀にコンスタンチノープルから移送。本物は博物館に。

ファサードのモザイク画

聖マルコの遺骸をエジプトから運ぶ様子を描いた連作モザイクが、5連アーチのファサードを飾る。

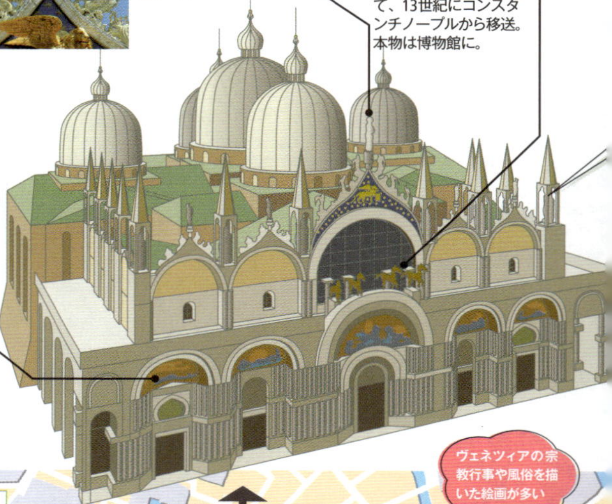

アクセス

ヴァポレットの乗り場サン・マルコ・ヴァッラレッソで下船。ショップが並ぶ路地を抜けサン・マルコ広場へ。

徒歩時間の目安

Ⓥ1・2・N番
サン・マルコ・ヴァッラレッソ
徒歩3分
1 サン・マルコ広場
徒歩2分
2 サン・マルコ寺院
徒歩2分
3 ドゥカーレ宮殿
徒歩すぐ
4 サン・マルコ小広場
徒歩3分
5 コッレール博物館
徒歩3分
サン・マルコ・ヴァッラレッソ
Ⓥ1・2・N番

歩く距離 約1.2km

メルチェリエ通り
Mercerie
伝統工芸品やブランドの店舗が立ち並ぶ小路。素敵なみやげ物が見つかる

サン・モイゼ通り
Salizzada San Moisè
イタリアのハイメゾンが集中するショッピングストリート。道幅が広くて快適

寺院内部もチェック

大小のアーチが複雑に連続する構造を持ち、イタリアの教会建築のなかでは極めて独特。クーポラと壁面上部はビザンチン芸術の影響を受けた、金地のモザイクが埋め尽くす。博物館の通廊から、緻密な意匠を間近にできる。

千年共和国の栄華が薫るゴシックの華

3 ドゥカーレ宮殿

Palazzo Ducale

MAP 付録P.25 E-3

ヴェネツィアン・ゴシックの最高傑作とされる宮殿。共和国時代の指導者、総督の政庁と住居を兼ね、為政者の館にふさわしい装飾が施された。大評議の間、黄金階段が圧巻。

☎041-2715911 交サン・マルコ広場から徒歩3分 開8:30～21:00(金・土曜は～23:00、11月～3月は～19:00)入場は各閉館30分前まで 休一部祝日 料€25(コッレール博物館・国立考古学博物館・国立マルチャーナ図書館との共通券)

↑大評議の間の天井画は、共和国の歴史をテーマにヴェロネーゼらが制作

↓重要事項が決議された大評議の間にはティントレットの大作『天国』が描かれている

『天国』は7.45×24.65mもあり、世界最大級の絵画

↑14世紀に建造。15～16世紀に増築された

←内部へは豪華な黄金階段を通ってアクセスする

↑ドゥカーレ宮殿の回廊に沿う細長い広場

"アドリア海の女王"の玄関口

4 サン・マルコ小広場

Piazzetta San Marco

MAP 付録P.25 E-3

サン・マルコ広場の鐘楼南側は「ピアツェッタ(小広場)」と呼ばれる空間。鉄道がない時代はここが街の玄関口だった。円柱上には街の旧守護聖人像が立つ。

交サン・マルコ広場から徒歩2分 所Piazza S. Marco

↑優雅な「舞踏の間」など内部装飾も見どころ

↓ベッリーニ作『総督G・モチェニーゴの肖像』

カルパッチョ作『ヴェネツィアの二人の婦人』は必見

水の都の暮らしを垣間見る

5 コッレール博物館

Museo Correr

MAP 付録P.25 E-3

サン・マルコ広場の西側棟の2・3階にたたずむ小さな博物館。14～18世紀のヴェネツィアの歴史・風習などを紐解ける展示室と絵画館があり、絵画からも往時の服装や暮らしぶりが伝わってくる。

↑西側棟はナポレオンが建造

☎041-2405211 交サン・マルコ広場からすぐ 所Piazza S. Marco 52 開10:00～19:00(11～3月は～17:00) 休12/25、1/1 料€25(ドゥカーレ宮殿・国立考古学博物館・国立マルチャーナ図書館との共通券)

周辺スポット

サン・ジョルジョ・マッジョーレ島

サン・マルコ小広場の対岸の島は敷地全体が教会。鐘楼がビュースポットに。

パッラーディオの代表作のひとつ

サン・ジョルジョ・マッジョーレ聖堂

Basilica di San Giorgio Maggiore

MAP 付録P.23 D-4

大建築家パッラーディオが16世紀後半に完成。内陣にティントレットの傑作絵画がある。鐘楼上部からの絶景は水の都随一。

☎041-5227827 交Ⓥ2・N番 San Giorgio サン・ジョルジョからすぐ 所Isola di S. Giorgio Maggiore 開9:00～19:00 11～3月8:30～18:00 入場は各閉館20分前まで(日曜10:40～12:00はミサのため入場不可) 休無休 料鐘楼€6

路地を抜けてヴェネツィア派の傑作と出合う

リアルト橋&サン・ポーロ地区周辺 BEST SPOT 4

大運河の中ほどに架かるリアルト橋周辺は街の商業地区。みやげ物店、魚市場や青果市などで毎日賑わう。その西のサン・ポーロではルネサンスの傑作絵画が待つ。

白亜に輝く大理石の橋から路地奥の教会と信徒会館へ

リアルト地区は、水の都の華やぎと庶民の暮らしが調和したエリア。その中心のリアルト橋には伝統工芸の店が並び、欄干からは大運河を一望できる。橋から北西に進むと、活気が渦巻く魚市場。周辺には街独特の居酒屋バーカロが多く、魚介をつまみに軽く一杯を楽しめる。ルガ・ヴェッキア・サン・ジョヴァンニ通りを西に向かえば、サン・ポーロ地区。ヴェネツィア派絵画の傑作で埋まるサン・ロッコ大信徒会館、サンタ・マリア・グロリオーザ・デイ・フラーリ聖堂は見逃せない。

信徒会館(スクオーラ)って?

スクオーラは通常、「学校」「派」を指す言葉だが、ヴェネツィアではキリスト教信者の慈善団体の意味も持つ。共和国の繁栄が頂点に達した15～16世紀には富裕層が運営する100以上の信徒会館があり、貧民や病人の救済に無償であたっていた。

欄干からの眺めに時を忘れる

1 リアルト橋

Ponte di Rialto

MAP 付録P.25 D-2

本島の起源は9世紀頃、周辺に集落が築かれたのが始まり。13世紀には対岸と結ぶ木製橋が架かり、その後の崩落や焼失を経て、16世紀末ポンテの設計で現在の白大理石の橋が完成した。

交Ⓥ1・2・N・A番 Rialto リアルトからすぐ

↑アーチ幅は約48m、橋下最上部は川面から7m以上

橋の両サイドの欄干からは大運河と館群の絶景を望める

アドリア海の幸がいっぱい

2 魚市場(リアルト市場)

Pescheria

MAP 付録P.25 D-1

市民の暮らしをのぞける格好のスポット。平日の早朝から昼過ぎまで、獲れたての新鮮魚介が並び、地元の人が買い出しに訪れる。近くには野菜や果物の市も立ち、旬の果物は旅の間の栄養補給に。

交Ⓥ1・2・N・A番 Rialto リアルトから徒歩4分 開7:30～13:00 休日・月曜、祝日

←大運河を挟み、カ・ドーロの対岸にあたる

↑アドリア海直送の旬の魚介であふれる

↑小魚、貝やエビの種類が多く、見てまわるだけで楽しい

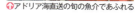

アクセス

ヴァポレットの最寄り乗り場はリアルトまたはサン・トマ。華やかなリアルト橋から歩き出すのがおすすめ。

徒歩時間の目安

Ⓥ1・2・N・A番
リアルト
徒歩すぐ
1 リアルト橋
徒歩3分
2 魚市場(リアルト市場)
徒歩15分
3 サン・ロッコ大信徒会館
徒歩2分
4 サンタ・マリア・グロリオーザ・デイ・フラーリ聖堂
徒歩3分
サン・トマ
Ⓥ1・2・N番

歩く距離 約1.7km

巨匠ティントレットの独擅場

3 サン・ロッコ大信徒会館

Scuola Grande di San Rocco

MAP 付録P.24 A-2

ヴェネツィアを代表する信徒会館のひとつ。16世紀のルネサンス様式の建物内を、自らも会員であったティントレットが約25年をかけて描いた連作絵画が埋め尽くす。近くに同会の教会も。

☎041-5234864 交Ⓥ1・2・N番 San Tomà サン・トマから徒歩3分 所San Polo 3052 開9:30～17:30 休12/25、1/1 料€10※オーディオガイド€3

⬅大階段の大作2点は1630年に街を襲ったペストがテーマ

天井画は同会の目的である「渇き・飢え・病の軽減」を表現

⬅2階大広間の天井画と壁画は『旧約聖書』と『新約聖書』から題材をとったもの

➡聖母マリアの生涯を描いた連作のひとつ『受胎告知』はティントレット60代の傑作

⬇大広間には天井画を見るための鏡が用意されている

ティツィアーノの劇的絵画に陶酔

4 サンタ・マリア・グロリオーザ・デイ・フラーリ聖堂

Basilica di Santa Maria Gloriosa dei Frari

MAP 付録P.24 B-2

14～15世紀にフランチェスコ修道会が創建。主祭壇にティツィアーノの最高傑作『聖母被昇天』があり、ドラマチックな表現が圧巻。ドナテッロの木像、修道士用聖歌隊席の細微な装飾も見どころ。

☎041-2728611 交Ⓥ1・2・N番 San Tomà サン・トマから徒歩3分 所San Polo 3072 開9:00(日曜、祝日13:00)～18:00 休無休 料€3

⬆三廊式ゴシック様式

⬆ドナテッロの木像『洗礼者聖ヨハネ』も教会の宝

⬆左側廊にはティツィアーノ作の『ペーザロの祭壇画』もある

奇跡の構図と色彩と讃えられるティツィアーノ『聖母被昇天』

⬆ヴェネツィアで活躍した偉人の墓も多く、ティツィアーノ、カノーヴァ、モンテヴェルディらが眠る

アートがあふれる
サン・マルコの対岸へ

美しい教会とモダンなミュージアムを堪能
ドルソドゥーロ地区周辺 BEST SPOT 4

大運河の南側に位置するドルソドゥーロは水の都のアート地区。共和国時代の傑作絵画や近現代美術が集い、バロックの教会がそびえる。

↑14～18世紀のヴェネツィア派絵画の傑作が揃うアカデミア美術館も必見だ

木造のアーチ橋を渡って迷宮の街の美術散策へ

大運河に架かる唯一の木製橋、アカデミア橋を渡るとドルソドゥーロに出る。落ち着いた風情が漂うこのエリアは、たっぷり時間をとっての美術散策が楽しい。ヴェネツィア派絵画の殿堂アカデミア美術館、近代美術の宝庫ペギー・グッゲンハイム・コレクションに加え、21世紀に登場したプンタ・デッラ・ドガーナでの現代美術鑑賞も心躍る。クーポラが輝くサンタ・マリア・デッラ・サルーテ聖堂の見学後は、ザッテレ河岸を気ままに歩きたい。

大運河の絶景スポット

1 アカデミア橋

Ponte dell'Accademia

MAP 付録P.24 B-4

かつては鉄橋が架かっていたが、第二次世界大戦時に崩壊。その後のコンペにより、現在の木製の橋が完成した。内部に補強の鉄材が入っているが、木の風合いが優美で、ヴェネツィアっ子に愛される。

交Ⓥ1・2・N番 Accademia アカデミアからすぐ

←木工技術を巧みに生かしたダイナミックなアーチ橋

↓橋の最高部は大運河とサンタ・マリア・デッラ・サルーテ聖堂のパノラマスポット

水の都を愛した富豪の近代美術コレクション

2 ペギー・グッゲンハイム・コレクション

Peggy Guggenheim Collection

MAP 付録P.24 C-4

アメリカの女性富豪、ペギー・グッゲンハイムが1949～79年に過ごした館を美術館として利用。近代美術のパトロンでもあった彼女が収集した絵画や彫刻を体系的に鑑賞できる。ピカソ、ミロ、クレーらの作品が充実。

☎041-2405411 交Ⓥ1・2・N番 Accademia アカデミアから徒歩4分 所Dorsoduro 701 開10:00～18:00 休火曜、12/25 料€15(26歳以下の学生€8)

↑現代美術の主な潮流を網羅した展示が興味深い

←エントランス部にもオブジェが配され、独特の雰囲気。展示室に加え、広い中庭にも彫刻作品が点在する

↑共和国時代の税関をリノベした注目の現代美術館

アクセス

サン・マルコから散策がてらに歩き、アカデミア橋を渡ってのアクセスもいい。ヴァポレットはサルーテ下船も便利。

徒歩時間の目安

Ⓥ1・2・N番
アカデミア
徒歩すぐ
1 アカデミア橋
徒歩5分
2 ペギー・グッゲンハイム・コレクション
徒歩3分
3 サンタ・マリア・デッラ・サルーテ聖堂
徒歩すぐ
4 プンタ・デッラ・ドガーナ
徒歩すぐ
サルーテ
Ⓥ1番

歩く距離 約0.7km

↑壮麗なクーポラが大運河に映える姿は、水の都のシンボルのひとつだ

八角形の大空間の正面に主祭壇が。聖母子の彫像はクール作

聖具室に傑作絵画がある

3 サンタ・マリア・デッラ・サルーテ聖堂

Basilica di Santa Maria della Salute

MAP 付録P.25 D-4

街を襲ったペストの終焉を記念し、17世紀に聖母マリアに捧げる教会として創建。設計は当地のバロックの奇才・ロンゲーナが担当。ティントレットの傑作絵画とティツィアーノの天井画がある聖具室が見どころ。

☎041-2743911 交Ⓥ1番 Salute サルーテからすぐ 所Dorsoduro 1 開9:00～12:00 15:00～17:30 休無休 料無料(香部屋の入場は€4)

↑ヴェネツィアン・バロック建築の至宝と讃えられる

刺激的な建築とアートに浸れる

4 プンタ・デッラ・ドガーナ

Punta della Dogana

MAP 付録P.25 D-4

17世紀の税関を建築家・安藤忠雄氏がリノベして、2009年に現代美術館としてオープン。コンクリート造りのミニマルな空間に世界各国のアーティストの作品を展示。メッセージ性の強いアートの宝庫だ。

☎041-2401308 交Ⓥ1番Salute サルーテからすぐ 所Dorsoduro 2 開10:00～19:00 休火曜、一部祝日 料€18

←世界的美術コレクターのフランソワ・ピノー氏の財団が手がけたプロジェクト

現代アートの国際イベント ヴェネツィア・ビエンナーレ

ヴェネツィアでは西暦の奇数年の初夏から秋にかけて、2年に一度、現代アートの大規模な国際展覧会を開催。主会場は本島東側の広大な公園ジャルディーノ。プンタ・デッラ・ドガーナも会場のひとつになる。

ヴェネツィアだけの
特別な体験!!

迷路のような小運河からは街の暮らしも垣間見える

フォトジェニックな街並みを眺めながら
ゴンドラに乗って運河巡り

ヴェネツィアでの一番贅沢な体験は、ゴンドラでの水上の迷宮散策。運河上からの眺めは想像以上の素晴らしさだ。

小舟に揺られ、水上の迷宮へ

水の都ヴェネツィアは水上からの眺めが最も美しい。ヴァポレットからの眺望もいいが、1000年の伝統を持つゴンドラでの運河巡りは至福の体験。水面の少し上から望む迷宮都市はさらにドラマチックさを増す。かつては貴族や富裕層の娯楽だったゴンドラクルーズを時間単位で楽しめるのは、今を生きる贅沢。運河がキラキラ輝く日中に加え、夕暮れや夜も格別だ。

information

● ゴンドラの乗り方

毎日24時間営業で、夜間は割増料金。専用乗り場でゴンドリエーレに乗船の意思を伝え、料金などを確認後、船上の人に。

①乗り場へ向かう

「SERVIZIO GONDOLE」の看板が乗り場の目印。名所や高級ホテルの近くにある。

②料金の確認とルートのリクエスト

基本料金が定められ、1艘30分まで€80。以降20分ごとに€40追加。19時～翌8時は30分まで€100。 以降20分ごとに€50追加。1艘に6人まで乗船可。料金を事前確認し、ルートの希望も出したい。

③乗船

基本料金を支払い、ゴンドリエーレの案内で乗船。指定された席に座る。

④下船

乗船場所の対岸で降りるのが一般的。チップは専用かごへ。€1ほどが目安。

乗船前に知りたい! ゴンドラの基本

ゴンドリエーレ

資格試験に合格し、免許を持っているプロのゴンドラ漕ぎ。 紺か赤のボーダーシャツに黒のボトム姿。ヴェネツィアの花形職業。

フォルコラ

オールを支え、舵をとるための櫂栓。ゴンドリエーレの身長などに合わせたオーダーメイド。

内装

ビロードや革張りの椅子、ゴブラン織りクッションなど、共和国時代を彷彿させる優雅な装飾が多い。

ゴンドラの色

船体はオールブラック。ゴンドラが誕生した11世紀以来の伝統で、防水用の黒タールに由来する。

ペッティ

船体の両サイドに配された飾り。デザインの趣向は自由で、天使や海馬像などが多い。

フェッロ

船首に付けられた鉄製飾り。上部は共和国の総督の帽子、下部はヴェネツィア本島の6地区を表す。

船体

全長約11mの細長いフォルムで、片側だけのオールで漕ぐため、左右が非対称の構造。船尾に漕ぎ手が立ち、オールと櫂栓で舵をとる。

水の迷宮を進み出合う絶景の数々

ゴンドラから眺めたい BEST SPOT 6

大運河と小運河を組み合わせ、水の都の華麗さと静かな旅情の両方を楽しみたい。橋の下くぐりもぜひ!

カサノヴァが脱獄時に通った橋がこちら

1 ため息橋

Ponte dei Sospiri

サン・マルコ広場周辺 MAP 付録P.25 F-3

ドゥカーレ宮殿の裏手、かつての牢獄への通路「ため息橋」が架かる運河は最高にロマンティック。

©Albert Khamitov/123RF.COM

2 サン・マルコ広場

Piazza San Marco

サン・マルコ広場周辺

MAP 付録P.25 E-3

水上から眺めるサン・マルコ広場の華麗な姿は圧巻。まさに「アドリア海の女王」の風格。▶P.135

3 サンタ・マリア・デッラ・サルーテ聖堂

Basilica di Santa Maria della Salute

ドルソドゥーロ地区 MAP 付録P.25 D-4

大運河の入口にそびえるバロック様式の教会と水面の輝きのコントラストは胸に焼き付く光景。

▶P.141

4 大運河

Grand Canal

リアルト橋周辺

大運河沿いの優雅な館を眺めながらのクルーズは、共和国時代の貴族になったかのような優雅さ。

5 小運河

Rio

サン・マルコ広場周辺

「Rio リオ」と呼ばれる小運河の風情は格別。静けさとゴンドラを漕ぐ音が旅情をかきたてる。

6 リアルト橋

Ponte di Rialto

リアルト橋周辺 MAP 付録P.25 D-2

大運河の中ほどに架かる白大理石の橋をくぐる贅沢はゴンドラクルーズならでは。▶P.138

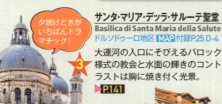

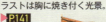

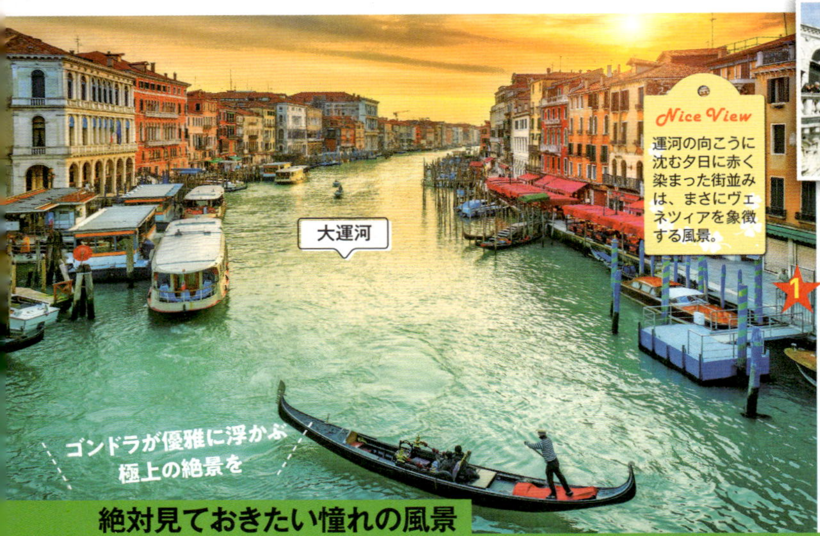

Nice View
運河の向こうに沈む夕日に赤く染まった街並みは、まさにヴェネツィアを象徴する風景。

↑橋の上は美しい景色を写真に収めようとする観光客で大賑わい

1 観光客の憧れのスポット

リアルト橋

Ponte di Rialto

リアルト橋周辺 MAP 付録P.25 D-2

大運河に架かる橋で最も有名なスポット。橋から眺める運河の景色や、芸術作品として橋の姿をゴンドラから眺めたい。

▶P.138

絶対見ておきたい憧れの風景

水の都を見渡す展望スポット BEST 3

大小の運河に沿って続く中世の面影を残す街並み。今も水とともに人々の暮らしがあるヴェネツィアの風景を心に焼き付けたい。

↓サン・マルコ広場の対岸に浮かぶ美しい島に位置する

2 海洋都市の美しさを眺める

サン・マルコの鐘楼

Campanile di San Marco

サン・マルコ広場周辺 MAP 付録P.25 E-3

ナポレオンが世界で一番美しいと讃えた広場に立つ鐘楼から、海洋都市としてのヴェネツィアを一望できる。

▶P.134

↓高さ約99mの鐘楼。12時と18時には鐘の音が鳴り響く

Nice View
オレンジ色に輝く街並みと、エメラルドグリーンの運河の美しいコントラストが見どころ。

Nice View
運河と外洋に囲まれて優雅に広がるヴェネツィアの地形と、その美しさを再確認できる。

3 水に浮かぶヴェネツィアの街の全景が圧巻

サン・ジョルジョ・マッジョーレ聖堂

Basilica di San Giorgio Maggiore

ドルソドゥーロ地区 MAP 付録P.23 D-4

サン・マルコ広場から水上バスで1駅の絶景スポット。島に建つ教会の鐘楼から、水の都の全体像が眺められる。鐘楼への入場は€6。

▶P.137

ヴァポレットに乗って気軽にアクセス
ラグーナの島へ、小さな旅

↑ムラーノ島のフォンダメンタ・ディ・ヴェトライ通りには美しいガラス製品のショップが並ぶ

ヴェネツィア・ラグーナに浮かぶ小さな島々。ヴァポレットに乗って独自の歴史を持つ島の風情を満喫しに出かけよう。

水の都を彩るガラス職人の島
ムラーノ島

Murano
ムラーノ島 MAP 付録P.23 F-1

ルネサンス時代に街の繁栄を支えたヴェネツィアングラスの産地。技術継承のため、すべての職人をこの島に移住させたという、まさに職人の島。現在も多くの工房やショップが軒を連ねる。

本島からのアクセス
Murano Faroムラーノ・ファロまで本島のFerroviaフェロヴィアからⓋ3番、またはFoundamenta Noveフォンダメンタ・ノーヴェからⓋ4.1・4.2・12・13・N番で9～24分

レース編みで栄えた漁師の島
ブラーノ島

Burano
ブラーノ島 MAP 付録P.23 F-1

16～18世紀に、ヨーロッパ中の貴族を虜にした独自のレース編みで栄えたことで知られる島。今はカラフルな街並みの散策や新鮮な魚介料理が楽しめる。

本島からのアクセス
本島のFoundamenta Noveフォンダメンタ・ノーヴェからBranoブラーノまでⓋ12番で40分

↑漁師たちが霧の日でも家がわかるよう塗られたというカラフルな家並み

ムラーノ島のおすすめスポット

ガラス工芸の技術と歴史がわかる
ガラス博物館

Museo del Vetro
ムラーノ島 MAP 付録P.23 F-1

古代から現代までのガラス工芸の変遷がわかる博物館。2階にある15世紀のアンティークグラスは圧巻。17世紀に建造された建物の装飾も見どころ。

☎041-739586 交Ⓥ各線Murano Faroムラーノ・ファロから徒歩11分 所Fondamenta Giustinian 8 開10:30～18:00(11～3月は～16:30) 休5/1、12/25、1/1 料€14

モザイクとシャンデリアが見事
サンティ・マリア・エ・ドナート教会

Basilica dei Santi Maria e Donato
ムラーノ島 MAP 付録P.23 F-1

鐘楼のあるビザンチン様式の古い教会。床や天井に描かれた12～13世紀のモザイク画やムラーノ島のガラスでできた十字架や装飾が印象的。

☎041-739056 交Ⓥ各線Murano Faroムラーノ・ファロから徒歩12分 所Campo San Donato 11 開9:00～12:00 15:30～19:00(日曜15:30～19:00) 休無休 料無料

ブラーノ島のおすすめスポット

繊細なレース編みを鑑賞
レース博物館

Museo del Merletto
ブラーノ島 MAP 付録P.23 F-1

漁師の網から派生した「空中刺し」と呼ばれる貴重なメルレットレース約200点を展示。現在はほとんどここでしか本物を見ることはできない。

☎041-730034 交Ⓥ12番Buranoブラーノから徒歩6分 所Piazza B.Galuppi 187 開10:30～17:00(11～3月は～16:30)、チケット販売は各閉館30分前まで 休月曜、5/1、12/25、1/1 料€5

レヴィ家の饗宴
Cena in casa di Levi
『最後の晩餐』として描かれたが、聖なる場面に世俗の人々を描いたことで宗教裁判にかけられ作品名を変更した。
●ヴェロネーゼ

鑑賞のポイント
影の部分にも極力黒を使わず、色彩を巧みに使うことで造形を表現した、見事な技法が見られる。

海洋都市で育まれた色彩豊かな傑作を見る

Gallerie dell' Accademia

ヴェネツィア派絵画の殿堂 アカデミア美術館

大運河沿いにたたずむイタリア有数の美術館。16世紀を彩ったヴェネツィア派絵画の黄金時代を生きたベッリーニ一族やヴェロネーゼ、カルパッチョらの大作が集う。

アカデミア美術館

Gallerie dell'Accademia
ドルソドゥーロ地区 MAP 付録P.24 B-4

世界最大のヴェネツィア派絵画のコレクションを堪能できる美術館。もとは18世紀に設立された美術院(アカデミア)の学生らのお手本として美術作品が集められたのが始まり。15～16世紀の黄金期の作品から、再び花開いた18世紀の作品までが並ぶ。

☎041-5200345(コールセンター) 交Ⓥ1・2・N番Accademiaアカデミアからすぐ 所Campo della Carita 1050 開8:15～19:15(月曜は～14:00) 休12/25、1/1 料€12

アカデミア美術館の館内構成

1階でチケットを購入したら階段を上がって2階の展示室へ。2つの中庭を囲むようにかつて教会や修道院であった厳かな雰囲気の残る展示室が並んでいる。2019年7月現在、改装工事中。展示作品は一部のみ。

嵐
La Tempesta
ジョルジョーネが1507年ごろに描いた代表作。描かれた人物のテーマが今もわからず、謎の多い作品。
●ジョルジョーネ

鑑賞のポイント
今でも作品のテーマが解明されていない、どこかミステリアスな雰囲気をじっくり鑑賞したい。

ウルスラとコノンの出会いと巡礼への出発
Incontro e Partenza dei Fidanzati
ローマへの巡礼途中で虐殺された、聖女ウルスラ伝を描いた第4場面。4つのエピソードがこの1枚の絵に描かれている。
●カルパッチョ

双樹の聖母
Madonna degli Alberetti
聖母子の作品を得意としたベッリーニ家の弟の代表作。聖母の表情がキリストの将来を暗示している。
●ジョヴァンニ・ベッリーニ

サン・マルコ広場での聖十字架の行列
Procession Piazza di San Marco
1444年の聖マルコの祝日を描いた華やかな作品。現在のサン・マルコ広場と比べながら鑑賞してみるのも楽しい。
●ジェンティーレ・ベッリーニ

HISTORY OF VENEZIA

Venezia History

1000年の輝きを今に伝える海洋都市の物語
地中海に君臨した水の都の歴史

始まりはちっぽけなラグーナから、独自の共和制のもと、東方貿易で巨万の富を得て繁栄。外圧と時代に翻弄され時間が止まったが、時を超えて美しき「水の都」はここに遺された。

ラグーナという潟が始まり
ヴェネツィアの発祥

起源はラグーナと呼ばれる潟で、6世紀頃に集落ができ始めた。身を守るためラグーナに杭を立てその上に家を造り、7～8世紀にはリド島に街ができ、総督をトップにした独自の統治体制が確立される。9世紀には本島のリアルトに中心が移る。828年、商人が福音史家、聖マルコの遺骸をエジプトから運び、埋葬するためのサン・マルコ寺院を建造。これにより宗教的な自立を確保し自治体制を確立した。主産業は当初漁業だったが、街が発展するにつれて商取引へ移行。10世紀には、東方貿易の拠点にまで成長を遂げた。

↑何度も改築され、ロマネスク、ゴシック、ルネサンスとさまざまな建築様式が融合するサン・マルコ寺院 ▶P.136

東方貿易で莫大な富を得る
地中海の覇権を掌握

11世紀、十字軍の遠征がヴェネツィアを拠点に開始。1095年、第1次遠征では船と食糧が手配されヴェネツィアから出発、その後も起点となった。これを契機にヴェネツィアは地中海の各要所に商館を設け勢力を拡大。十字軍がコンスタンティノープルを陥落させると、ヴェネツィア共和国は地中海の大半を支配した。13世紀半ばからジェノヴァに圧勝し、アドリア海と地中海の覇権を掌握。東方貿易を独占し、欧州と東方のすべての交易品がもたらされ莫大な富を手にした。

1000年続いた共和制が終焉
海洋都市の絶頂と衰退

巨万の利を得ることで、14世紀後半から絶頂期を迎えるなか、多くのゴシック建築やルネサンス様式の建物が建築された。また、東方文化が融合したビザンチン様式も開花。この時期、ティツィアーノやヴェロネーゼらによるヴェネツィア派という絵画潮流によって、多彩な傑作が生まれた。だが、16世紀に入りその繁栄にも陰りが。トルコとのレパントの海戦でキプロスを失ったあと、長引く戦争で疲弊。さらに大航海時代を迎えて新航路が発見されると貿易も衰退。1797年ナポレオンに侵略され1000年続いた共和制の歴史に終止符が打たれた。

←ペストの沈静化を祈願して建てられたサンタ・マリア・デッラ・サルーテ聖堂。ロンゲーナの設計よるバロック様式 ▶P.141

繁栄に育まれた美の遺産
祝祭都市から観光都市へ

19世紀半ばまではオーストリアやフランスの支配を受け、1866年、イタリア王国に併合。貿易の街としては再興することはなかったが、共和制下で育んだ多彩な建築物と芸術作品で、祝祭の文化都市として繁栄した。多くの劇場やカフェができ、欧州全土から芸術家や文化人が集った。20世紀以降、大運河に浮かび上がる比類なき美しい街並みから、国際観光都市として注目を集める。華やかな祭りも多く、その時期には観光客が世界中から訪れる。

時代	年	できごと
属国期	421	伝説上での建国
属国期	452	周辺民族による侵入が繰り返される
ヴェネツィア共和国期	697	初代総督選出
ヴェネツィア共和国期	828	サン・マルコ寺院建設
ヴェネツィア共和国期	1090ごろ	現在のサン・マルコ寺院が完成
ヴェネツィア共和国期	1095	第1回十字軍遠征
ヴェネツィア共和国期	1204	第4回十字軍遠征に参加、コンスタンティノープルを陥落させる
ヴェネツィア共和国期	1271	ヴェネツィアの商人マルコ・ポーロがアジアに向けて出発
ヴェネツィア共和国期	1515	マウロ・コドゥッシがサン・マルコ広場の時計塔を制作
ヴェネツィア共和国期	1571	レパントの海戦
ヴェネツィア共和国期	1585	日本から天正遣欧使節団が派遣される
ヴェネツィア共和国期	1630	ペストの収束を記念し、サンタ・マリア・デッラ・サルーテ聖堂建設
占領期	1797	ナポレオン率いるフランス軍に降伏、ヴェネツィア共和国はオーストリアの支配下に
イタリア共和国期	1866	普墺戦争でオーストリア敗北、ヴェネツィアはイタリア共和国に編入
イタリア共和国期	1895	第1回ヴェネツィア・ビエンナーレ開催
イタリア共和国期	1980	ペギー・グッゲンハイム・コレクションが公開
イタリア共和国期	1987	「ヴェネツィアとその潟」が世界遺産に登録される
イタリア共和国期	2009	プンタ・デッラ・ドガーナが美術館としてオープン

(年表目盛: 500 600 700 800 900 1000 1100 1200 1300 1400 1500 1600 1700 1800 1900 2000)

美食の迷宮を歩く楽しみ

グルメ

VENEZIA GOURMET

€30

ヴェネツィア風貝の酒蒸し
Specialità veneziane, crostacei altati

ムール貝・アサリ・エビの贅沢な白ワイン蒸し。ガーリックとレモンが効いている

世界中の名士がリピートする名店

リストランテ・ダ・イーヴォ

Ristorante da Ivo
サン・マルコ広場周辺 MAP 付録P.25 D-3

新鮮な食材を贅沢に使い、最高の料理を届ける店。ハリウッドのスターらも訪れる高級店ながらアットホームな雰囲気がうれしい。前菜からデザートまで、郷土料理尽くしを楽しもう。運河が見える席は限られているため、予約時に確認を。

☎041-5285004 交サン・マルコ広場から徒歩3分 所Calle Fuseri 1809 営12:00～14:30 19:00～21:00 21:30～23:00 休金曜のランチ、日曜、12/23～26、1/6～2/13

↑前菜盛り合わせ。野菜&シーフードのサクサクのフリッター

€40

←大エビの炭火焼ピラフ添え。香ばしい匂いが食欲をそそる

→こぢんまりとした店内を4人の熟練ボーイが給仕(左)タクシーを呼ぶようにゴンドラに乗船できる(右)

せっかくだから味良し、眺め良し、の名店へ

絶品シーフードは運河が見える4店で!!

古くから食材や香辛料の中継地だったヴェネツィアは、海と山陸の幸が豊富。
中世からの素敵な街を散策したあとは、ぜひゴンドラを眺めながら食事を楽しみたい!

5ツ星ホテルの高級レストラン

リストランテ・ラルコヴァ

Ristorante L'Alcova
リアルト橋周辺 MAP 付録P.25 D-1

大運河の見どころ、カ・ドーロのすぐ近く。水上バス駅の小さな広場にあるカ・サグレド・ホテルのレストランで、屋内と運河に面したテラス席がある。美しい街並みと運河を眺めながらの食事は格別。昼下がりに優雅なティータイムを過ごすのも良い。

☎041-2413111 交リアルト橋から徒歩7分 所Campo Santa Sofia Cannaregio 4198/99 営12:00～14:30 19:00～22:00 休無休

↑運河沿いのテラスがおすすめ

サーモン・マリネ・サラダ €22
Insalata di salmone e melissa marinata all'arancia e allo zafferano

スモーク・サーモンは華やかなバラ形に盛り付けられ、レモン汁とオイルが引き立てる

€28

↑白身魚のグリルは、特製のソースをかけてシンプルに

€27

→細かいギザギザのパスタ・フッシローロの特製ソース付き

ヴェネツィアの郷土料理

海に面していることから多彩なシーフード料理が揃う。海洋国家として繁栄したため料理には近隣国からの影響も見られる。

イカ墨のパスタ Pasta al nero di seppia

イカ墨とイカがたっぷり入った真っ黒なスパゲティ。隠し味のニンニク・白ワイン・トマトが味に深みを加える。多くの店で提供される定番の味。

フリット・ミスト Fritto Misto

エビ・イカ・野菜のフリッターミックス。レストランで一番人気の郷土料理。街のテイクアウトでも安く販売されているので、食べながらの散策も楽しい。

グランセオーラ Granseola

クモガニの甲羅の中にほぐした身を入れた郷土料理。店や季節によってはカニの足を出すことも。凝った調理はせず、レモンをかけて素材の味を堪能する。

シーフード・スパゲティ Spaghetti frutti di mare €15

ムール貝、アサリ、エビと海の幸たっぷりの贅沢なスパゲティ。値段も良心的

↓レモン汁と特製ドレッシングをかけたエビはプリプリで最高! €8

←骨抜きのタラをほぐした身は食べやすく、クリームソースに合う €14

気軽なバー&トラットリア

トラットリア・バール・ポンティーニ

Trattoria Bar Pontini

サンタ・ルチア駅周辺 MAP 付録P.22 B-1

中心部の繁華街ではなく、駅から北東に進んだ場所にあるバー&食堂。新鮮なシーフードを使った郷土料理はリーズナブルかつ大満足の美味しさ。運河のほとりに立つ穴場的な店だ。

☎041-714123 交 Santa Luciaサンタ・ルチア駅から徒歩15分 所 Fondamenta Cannaregio 1268 営 11:30~22:30 休 日曜 E E カード

↑運河に面した店先のテーブル席で食事が楽しめる

←店内はバーカウンターと簡易なテーブル席がある

リアルト橋のたもとにある

リストランテ・フロリダ

Ristorante Florida

リアルト橋周辺 MAP 付録P.25 D-2

ヴェネツィア本島のほぼ中央、リアルト橋のすぐそばに立つレストラン。シーフードをふんだんに使った料理やパスタはどれも絶品。運河からの風が心地よいテラス席で至福の時間を過ごしたい。

↑運河沿いに設けられた広いテラス席はいつも人気

☎041-5285166 交 リアルト橋からすぐ 所 Riva del Vin San Polo 733 営 9:00~24:00 休 無休 E E カード

→エビやイカをさっくり揚げたミックス・フライドフィッシュ €17.99

スパゲティ・ネロ Spaghetti seppie Nere €16.99

郷土料理の代表。ほどよくアルデンテに茹でられた麺にイカ墨とイカがしっかり絡まる

名門ホテルのダイニング

ドラマチックな景色を望む

レストラン・テラッツァ・ダニエリ

Restaurant Terrazza Danieli

サン・マルコ広場周辺 MAP 付録P.25 F-3

ホテルの屋上にある非日常感たっぷりのレストラン。対岸に立つサン・ジョルジョ・マッジョーレ聖堂と大運河が織りなす景色はまさに絶景。夕方はカクテルを傾けて。

☎041-522-6480 交 サン・マルコ広場から徒歩2分 所 Riva degli Schiavoni 4196 営 12:00~15:00 19:00~22:30(15:00~19:00はドリンクのみ) 休 無休 E E カード

↑テラス席からは美しい街の眺めが一望できる。黄昏どきも美しい

↑屋内のヴェネツィアン・ゴシック様式の一室

世界一の朝食はいかが?

5ツ星ホテル、ダニエリ(P.178)の宿泊者にだけ提供される朝食はラグジュアリーで種類も豊富。ゲストたちから"世界一"との呼び声も高い。

軽く食べて飲んだら、サッと次のお店へ

いつも賑わう元気なバーカロ4店

「チッケッティ」をつまみにグラスワインが楽しめる、ヴェネツィアならではの立ち飲み居酒屋「バーカロ」。朝の迎え酒、ランチ、アペリティーボといつも盛況だ。

ワインや珍しいリキュールの品揃えも豊富。

創作チケッティが充実の老舗

カンティーネ・デル・ヴィーノ・ジャ・スキアーヴィ

Cantine del Vino già Schiavi

ドルソドゥーロ地区 MAP 付録P.24 B-4

歴史を感じさせる家族経営の店に並ぶのは、食材の組み合わせにこだわった美しい盛り付けのチケッティ。伝統の味にモダンテイストを加味。マンマのアレッサンドラさんはレシピブックも出版するほどの腕前。

☎041-5230034 交Ⓥ1・2・N番Accademiaアカデミアから徒歩3分
所Dorsoduro 992 営8:30～20:30
休無休 Ⓔ

↑ずらりと並ぶチッケッティは、指でさして簡単にオーダー可

リボッリータ・ジャッラ
→おすすめの白ワイン。グラスワインは魚に合う白ワイン が充実
€2.50

↑喧騒を離れた立地。歴史を感じさせるたたずまい

ロッソ・ディ・ウオーヴォ・コン・マヨネーゼ・エ・フィオーリ
↓お花と卵がのって目にもおいしい!
€1.50

トンノ・エ・クレン
←西洋わさびの辛さが効いたツナロール
€1.50

ポルポ・エ・セダノ
→タコをハム状に成型したものにセロリを添えて
€1.50

ガンベリ・イン・サオール
←ヴェネツィア風南蛮漬け"サオール"のエビバージョン
€1.50

定番のチッケッティ *cicchetti*

気軽につまむチッケッティは手づかみで食べられるスタイルが多い。

ポルペッタ Polpetta
揚げたミートボール。ツナや野菜のものもある

パニーノ Panino
ハムやサラミを挟んだ一口大のパニーノ

クロスティーノ Crostino
さまざまなヴェネツィア郷土つまみがのるカナッペ

トラメッツィーノ Tramezzino
ふんわりしたパンを使ったサンドイッチ

ピノ・ビアンコ・ド・モーリ
➜オリジナルのテーブルワイン。ドライな白

アリーチェ・マリナーテ
⬇カタクチイワシのマリネ。ヴィネガーでさっぱり風味

バカラ・マンテカート
⬇ヴェネツィア名物の干しタラ料理にポレンタを添えて

ポリペッティ・ポッリーティ
↖新鮮な小ダコを茹でたシンプルな一品

ポルペッタ
⬆ミートボールのトマトソース煮

コッパ・ディ・トーロ
➚牡牛のコッパ(首の後ろの肉)の燻製

天井にはアンティークのバケツがいっぱい

⬅静かな裏道にある。かつては修道院のワイン醸造所だった

➘カウンターに並ぶチッケッティは王道の品揃え

ワイナリーが経営するバーカロ

カンティーナ・ド・モーリ

Cantina do Mori

リアルト橋周辺 MAP 付録P.25 D-1

ワイナリー「ド・モーリ」のバーカロ。オリジナルワインの飲み比べができる。チッケッティをつまみながら、歴史を感じさせる店内で、いにしえのヴェネツィアに思いを馳せたい。

☎041-5225401 交リアルト橋から徒歩4分 所San Polo 429 営8:00～19:30(土曜は～17:00) 休日曜 E

いつも大混雑の人気店

アラルコ

All'Arco

リアルト橋周辺 MAP 付録P.25 D-1

旬の素材を使った新鮮なチッケッティが大人気。地元ヴェネト地方の食材が中心の魚系のチッケッティは、市場での毎朝の仕入れ具合によってメニューが変わる。売り切れ次第閉店なので午前中が勝負。

☎041-5205666 交リアルト橋から徒歩4分 所San Polo 436 Calle de l'ochialer 営9:00～14:30 休日曜、月1回の月曜、8月、カーニバル後の数日、12/25、1/1 E

毎日売り切れる大人気のチケッティ

⬅行列が外まで続く。外のテーブル席に座れたら超ラッキー

白ワイン「ソアーヴェ」
➘ワインもヴェネト地方のものがメイン

トラメッツィーノ
⬇ハムと卵、サラミときのこ。具のバリエーションが豊富

マッツァンコレ
➜プリプリのエビとバジリコ。素材の旨みたっぷり

ボルペッタとパニーノ専門店

アル・メルカ

Al Mercà

リアルト橋周辺 MAP 付録P.25 D-1

パニーノとボルペッタだけという潔いメニュー。ヴェネト地方特産のハムや郷土料理のバカラ(干しダラ)などを挟んだパニーノにトライしたい。ヴェネツィア発祥のカクテル「スプリッツ」を合わせて。

☎346-834-0660 交リアルト橋から徒歩3分 所San Polo 213 営10:00～14:30 18:00～21:30 休日曜 E ※カード利用は€10以上

スプリッツ
⬅地元で製造されているリキュール「セレクト」を使用

パニーノはミニサイズ。数種類は味見できそう

➜狭い店なので、前の広場で立ち食い!

パニーノ・バカラ・マンテカート
➘バカラペーストがまろやかな味わい

パニーノ・スペック・ゴルゴンゾーラ
➜具は燻製ハムとゴルゴンゾーラチーズ

ポルペッタ・ディ・トンノ(左)
ポルペッタ・ディ・メランツァーネ(右)
↙定番のミートボール揚げ以外に、ツナやナスのポルペッタもある

⬆グラスワインのリストは黒板に手書き。全部で40種類ほどある

カフェ・ラテ発祥の店です

1720年創業

ヴェネツィア最古のカフェ

カフェ・フローリアン

Caffè Florian

サン・マルコ広場周辺 MAP 付録P.25 E-3

1720年の創業以来、エレガントな社交場としての役割を果たしてきた。世紀のプレイボーイ、カサノヴァは、精力剤としてここの特製コーヒーを飲んだとか。優雅な空間でゆったりとした時の流れに身を任せよう。

☎041-5205641 交サン・マルコ広場からすぐ 所Piazza San Marco 57 営9:00～24:00 11～3月10:00（金～日曜9:00）～21:00（金・土曜は～23:00） 休無休 E E

こんなセレブが来店
カサノヴァ、ゲーテ、バイロン、プルースト

↑部屋ごとにテーマが異なるインテリアは必見

↑大理石のテーブルや鏡など、歴史が感じられる調度品も

→創業当時の抽出法で淹れる「カフェ・インペーロ・ア・インフジオーネ」€15

→オリジナルリキュールが利いた「コッパ・カフェ・フローリアン」€20

↑広場のオープンエア席では音楽の生演奏が

↓オリジナルグッズのキーホルダー€60

名だたる文化人が訪れた街の名店へ

伝説のカフェ&レストラン2店

世界各国から著名人が訪れる街ヴェネツィアには、歴史ある名店が存在し、数多くの伝説を育んできた。そんな伝説の地を訪れてみるのも一興だ。

←フレッシュな白桃を使った名物「ベッリーニ」€22

→自家菜園産アーティチョークとモッツァレッラ€31

↑カラバッジョ生誕500年展を記念し、初代ジュゼッペ・チプリアーニが考案した「カルパッチョ（小）」€48

1931年創業

数々の伝説を持つ老舗

ハリーズ・バー

Harry's Bar

サン・マルコ広場周辺 MAP 付録P.25 E-3

1931年に初代ジュゼッペ・チプリアーニが創業。世界の著名人が訪れる、一流のサービスで知られる老舗。ヘミングウェイが入り浸り、彼の定位置の席には今なお「ハリーズ・バー評議員専用席」というプレートがある。

☎041-5285777 交サン・マルコ広場から徒歩3分 所San Marco 1323 営10:30～23:00　レストランは12:00～15:00 19:00～23:00（LO） 休無休 E E

こんなセレブが来店
ヘミングウェイ、オーソン・ウェルズ、エリザベス女王ら世界の王侯貴族

↑老舗らしい1階のバーカウンター

↑2階のレストランの窓からはヴェネツィアの海の眺望が

↑看板もない隠れ家的な扉から入る

ヴェネト州発祥のドルチェの大本命! 進化形にも注目!!

Buono! なティラミス食べ比べ 4 店

マンマの味をたっぷり召し上がれ！

“ティラミス発祥の地”とされるだけあり、マンマの味の家庭料理風から、一風変わったフレーバー、モダンなキューブ形まで、ティラミス天国を満喫!

いろいろなフレーバーが楽しめる

A イ・トレ・メルカンティ

I Tre Mercanti

リアルト橋周辺 MAP 付録P.25 E-2

フルーツやナッツを使った約40フレーバーのレシピから、日替わりで6～7種類を提供。オープンキッチンで製菓の様子が見られる。

☎041-5222901 交リアルト橋から徒歩7分 所Castello 5364 営11:00～19:30 休1/7から約3週間 E 💳

↑外から見えるオープンキッチン

↑自家製マカロンは約20フレーバーが揃う

ヴェネツィアっ子のマンマの味

B パスティッチェリア・トノロ

Pasticceria Tonolo

サン・ポーロ地区 MAP 付録P.24 A-2

ヴェネツィアっ子なら、おやつに必ず食べたことがあるのが、ここのティラミス。手作り感満載のマンマの味だ。

☎041-5237209 交Ⓥ1・2・N番 San Tomà サン・トマから徒歩4分 所Calle S. Pantalon 3764 営7:30～20:00（日曜は～13:00）休月曜、8月 E 💳 ※カード利用は€5以上

↑昔懐かしいお菓子屋さんのたたずまい

↑コーヒークリームなどのビニエもおすすめ

A ティラミス・クラシコ
Tiramisù' Classico

カフェ、カカオ、砂糖のバランスが取れた王道ティラミス。€3.70

A ティラミス・アマレット
Tiramisù' Amaretto

アーモンドリキュール「アマレット」風味。€4.50

B ティラミス
Tiramisù'

スポンジケーキを使ったミニサイズ。€1.50

A ティラミス・ピスタッキオ
Tiramisù' Pistacchio

ピスタチオが香りたつティラミス。€4

B ティラミス（カップ入り）
Tiramisù'

カップ入りは、ちょっぴりラムを利かせた大人の味。€2.50

C ティラミス Tiramisù'

卵、マーガリン不使用のヘルシーティラミス。€1.50

D ティラミス・クーボ
Tiramisù' Cubo

斬新なキューブ形。濃厚なマスカルポーネクリーム。€5.00

おすすめの希少なコーヒーと一緒にどうぞ！

アートピースのようなお菓子をご賞味あれ！

厳選素材のシンプルな味が魅力

C リオ・マリン

Rio Marin

サンタ・ルチア駅周辺 MAP 付録P.24 A-1

おばあちゃんのレシピだという、卵やマーガリンを使わず、素材にこだわったティラミス。運河に面した席あり。

☎041-718523 交Santa Luciaサンタ・ルチア駅から徒歩5分 所Santa Croce 784 営7:00（土・日曜 8:00）～19:30（6～8月日曜は～13:00）休水曜 E 💳 ※カード利用は€10以上

↑家族で切り盛りする菓子店

↓季節のフルーツとシャンテリークリームが美味なケーキ

前衛的ティラミスならここ！

D ラ・ドナテッラ

La Donatella

サンタ・ルチア駅周辺 MAP 付録P.22 C-2

先鋭パティシエ、アルヴァロ・ビードの前衛的なお菓子が並ぶ店。ドルチェはすべてデザインコンシャスで必見。

☎041-717287 交Santa Luciaサンタ・ルチア駅から徒歩8分 所Cannaregio 1382 営7:00～21:00 休不定休 E 💳

↑おしゃれな店。イートイン席もある

→ヘーゼルナッツ味の「ファッション・ノッチョーラ」

美しい工芸品を旅の思い出に

ショッピング

VENEZIA SHOPPING

A 広い店内には高級感が漂う

↑甲羅に艶やかな花々を描いた涼しげなカメの小さな置物

↑黄色をベースに基本の4色をちりばめた安定感のある花瓶

↓キュートなボール形の香水アトマイザー

→モチーフの青・黄・赤・緑色を使った高級感あふれる花瓶

本物が欲しいなら生産地に向かうのが正解!

ヴェネツィアングラスならムラーノ島の3店へ!

ヴェネツィアに行ったら、ぜひムラーノ島まで足をのばそう。中世からの伝統を受け継ぐマエストロが手がけた逸品のなかから、お気に入りを見つけたい。

↑色とりどりの薄手のオーソドックスなグラスは6色1セットで販売

↑金箔が映える一輪挿し。定番かつ人気のデザイン

↑派手な色使いながら上品に仕立てた花瓶

↑イヤリング。同じデザインのネックレスもある

↑明るい色使いが見ていて楽しいコップ。各々異なる粋なデザイン

↓エレガントなブレスレット。色の種類も豊富

B 明るい色彩に心が躍る店内

↑異なる発色のグラデーションが美しい花瓶

←7つの玉を連ねたブレスレット。うれしいお手ごろ価格

←楕円形のボウル。いびつな形とガラスの配色がユニーク

←ガラスのペリカン。口の中には赤い金魚が。ペンギンや猫もある

→周囲に小さな円形の飾りがぎっしり並んだフォトスタンド

A ガラス工房が見学できる
ヴェトレリア・アーティスティカ・コッレオーニ
Vetreria Artistica Colleoni

ムラーノ島 MAP付録P.23 F-1

ガラス工房ツアーの名所になっている島内でも人気の店。経験を積んだ一級の職人が、丹精こめて作った選りすぐりの逸品が購入できる。

☎041-5274872 交Ⓥ各線Murano Faroムラーノ・ファロから徒歩4分 所Fondamenta S. Giovanni dei Battuti 12 営9:00～17:00 休なし

B ユニークで上品なデザイン
エフ・アンド・エム・バッラリン
F&M Ballarin

ムラーノ島 MAP付録P.23 F-1

1956年創業。色彩効果を考えた対照的な色の組み合わせで、伝統の技にモダンさと独創性を加味した新たな作風を生み出した。

☎041-739587 交Ⓥ各線Murano Faroムラーノ・ファロから徒歩6分 所Fondamenta Venier 2 営12:00～18:00 休日曜

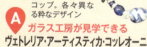

ヴェネツィアングラスとは？

ソーダ石灰を使った吹きガラスで美しい発色が特徴。技術の流出を防ぐため、中世よりガラス職人がムラーノ島に集められた。偽物も出回っているので、保証シールのある本物を選ぼう。

Ⓒカラフルな商品が並ぶ

⬆雫の形が斬新で、部屋を飾るオブジェにもなる上品な花瓶

⬆透き通る微妙なグラデーションのハートが神秘的な花瓶

⬇ビーズを配置して織りなされる手作りペンダント

⬆装いに合わせやすいワインレッドのブレスレット

⬅空色のモザイクガラスがちりばめられたネックレス

⬆おみやげに最適な色とりどりのワインオープナー

Ⓒ 世界にムラーノ製品を届ける
ジョルダーニS.N.C
Giordani S.N.C

ムラーノ島 MAP 付録P.23 F-1

ガラス細工一筋で50年以上の職人が創業。世界12カ国に提携店があり、日本にも支店があるが、本場ならではの品揃えをぜひ。

☎041-5274953 交Ⓥ各線Murano Faroムラーノ・ファロから徒歩3分 所Fondamenta dei Vetrai 75 営10:00～18:00 休日曜 Ⓔ

ヴェネツィア本島の手仕事ショップはコチラ

⬇斬新で安定感のあるフォルム。スカイブルーが印象的な花瓶

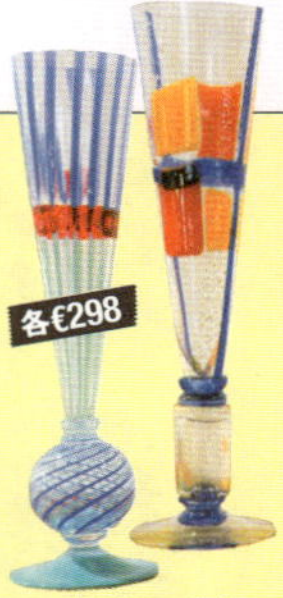

⬆人気のゴブレット・コレクション。毎年登場する新作に注目

ガラス博物館のような店内
リゾラ
L'isola

サン・マルコ広場周辺 MAP 付録P.24 C-3

ムラーノ島出身の有名なカルロ・モレッティ氏が手がけた作品が購入できるお店。伝統を生かしつつ、現代感覚を取り入れた氏の個性が光る。日本への配送も可能。

☎041-5231973 交サン・マルコ広場から徒歩10分 所Calle de le Botteghe 2970 営10:30～19:30 休無休 Ⓔ

⬅花瓶。明るい色の組み合わせで、多種多様のデザインが揃う

⬆センスよく商品が配されたモダンな店

⬅⬇小さな花をいっぱい描いた小皿。種々のデザインあり

伝統あるかわいい刺繍の店
エヴェン
Evem

サン・マルコ広場周辺 MAP 付録P.25 E-3

1946年創業。ハンカチーフやテーブルクロスなどの実用的な品から、ヴェネツィアの風景を描いた繊細なレースの壁飾りまで、おみやげを選ぶのが楽しくなる店。

☎041-2686314 交サン・マルコ広場からすぐ 所Calle Larga San Marco 285 営10:00～19:00（冬期は～18:30）休無休 Ⓔ

⬅ワンポイント刺繍が上品なハンカチ

➡刺繍が施されたシルク製の袋にポプリが入った香りのおみやげ

⬆サン・マルコ広場からすぐの小さな刺繍専門店

⬅縁取りの中に花を咲かせた、軽くて使いやすい針刺し

マスカレードの主役をゲット
アトリエ・マレガ
Atelier Marega

サン・ポーロ地区 MAP 付録P.24 B-2

ヴェネツィア・カーニバルの必須アイテムであるマスクが勢揃い。店では仮面に自分でペイントできるワークショップやイベントも開催している。

☎041-717966 交Ⓥ1・2・N番San Tomàサン・トマから徒歩3分 所Calle Larga Prima 2940/B 営10:00～18:00 休日曜 Ⓔ

⬆➡大胆な装飾のジョーカー・マスク

⬆芸術性も高い仮面が所狭しと飾られる店内

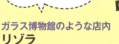

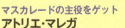

華麗なるヴェネツィア建築探検とショッピングを堪能。
TEATRO ITALIA

天井のフレスコ画が、当時の優雅な姿を彷彿させる。

HILLAR
2階は展示スペース。入場可のときは、ぜひ上からの眺めも！

かつての劇場をショッピングスポットにリノベーション

文化遺産のスーパーでグルメみやげ探し

地元の人の暮らしを垣間見るのも旅の楽しみのひとつ。20世紀初頭の劇場が、庶民的なスーパーに変貌した不思議空間で、おみやげの宝探しを。

屈指の美しさを誇るスーパー

テアトロ・イタリア

Teatro Italia

サンタ・ルチア駅周辺 MAP 付録P.22 C-1

劇場、大学の教室と変遷を遂げて、打ち捨てられていた建物がスーパーマーケットとして再生。オリジナル商品も豊富に揃う。

☎041-2440243 交 Santa Luciaサンタ・ルチア駅から徒歩10分 所 Campiello de l'Anconeta 1939 営 8:00～22:00 休 1/1、12/25、イースター

€5.50 ←オリジナルブランドのバタークッキー

€4.50 →オレンジピールやヘーゼルナッツ入りのチョコ

€4.50 →アーモンドクリームを挟んだゴーフル

€7.90 ↑缶入りの、ヴェネト地方特産のクッキー詰め合わせ

€3.89 →イタリア食材みやげの定番、乾燥ポルチーニ

€3.30 €3.30 ←ビーツとホウレン草を練り込んだリボン形パスタ(左)イカ墨と野菜味(右)

€1.89 ←シチリア産ケッパーの塩漬け

€2.99 ←とろりとしたバルサミコ酢味の調味料

€3.99 →パスタに和えるマグロのボッタルガ(カラスミ)

€1.99 €1.99 →伝統菓子「トローネ」。ナッツ入り(左)オレンジピールとチョコ入り(右)

€2.99 €2.99 →レモンフレーバーのオリーブオイル(左)ペペロンチーノ風味(右)

イタリアが誇る最先端ファッションの発信地
ミラノ
MILANO

洗練された芸術都市を歩く

大聖堂ドゥオモを見上げる。この荘厳なゴシック建築は
想像していたよりもずっと巨大で、青空にそびえ、
しばし息をのんで眺めてから、ガッレリアと呼ばれる
アーケード街に入っておしゃれなカフェの椅子に座る。
イタリアの街はそれぞれ独特の歴史を持つけれど
なかでもミラノはかなり北にあるせいで
スペインに支配されたり、ナポレオンに統治されたりし、
イタリア王国に組み込まれたのは19世紀も半ばのこと。
とはいえ、昔から大都市として独自の活気を持ち続け
15世紀のルネサンス期からさらに勢力を強めて
ダ・ヴィンチなどが招かれ、修道院に壁画を描いたりした。
今やモードの街となって発展し、流行の発信地となっている。
カフェを出て、しゃれたお店が並ぶ通りを抜ける。
急ぎ足になる。『最後の晩餐』のある教会を目指す。

Contents

どこに何がある？
どこで何する？

街はこうなっています！
ミラノのエリアと主要スポット

ダ・ヴィンチの『最後の晩餐』鑑賞はミラノの旅のテーマに

観光も買い物も中心街のドゥオモが拠点。運河沿いの下町ナヴィリオにも足をのばすと、街の別の顔にふれられる。

ゴシックの壮麗な大聖堂が街を見守る

A ドゥオモ周辺 ▶P.162
Duomo

メインエリアはココ!!

500年の歳月をかけて完成した大聖堂、ドゥオモが街の中心。北側には優美なヴィットリオ・エマヌエーレ2世のガッレリアとスカラ座が、南側には王宮があり見どころが凝縮。

北イタリアのルネサンス絵画の至宝が待つ

B ブレラ地区 ▶P.162
Brera

石畳の落ち着いた街並みが続き、大人の街ミラノでもひときわシック。2018年にリニューアルしたブレラ美術館が見どころ。フィオーリ・キアーリ通りのショップ巡りも楽しい。

ミラネーゼが愛する運河の街

C ナヴィリオ地区 ▶P.168
Naviglio

夕方にアペリティーボを楽しむのも素敵

ミラノの下町的な界隈。水運業で栄えた時代の3本の運河が残り、一番長いグランデ運河沿いに地元っ子が通うレストランが並ぶ。毎月最終日曜日に開催されるアンティーク市も名物。

ドゥオモの尖塔に立つ黄金のマリア像は街の人の心の故郷

ミラノってこんな街

街のシンボルであるドゥオモがそびえるエリアを中心に見どころが広がる。美術館があるブレラ、ブランド店が立ち並ぶモンテナポレオーネ界隈は徒歩圏内。カドルナ、ガリバルディ、ナヴィリオなどの他エリアには、メトロが頼りになる。路線ごとに色分けされ、使い勝手がいい。

グランデ運河沿いはミラネーゼお気に入りのナイトスポット

自分流のおしゃれを楽しむ人が集う最旬エリア

D ガリバルディ地区

Garibaldi

ガリバルディ駅からモスコーヴァ駅へ延びる大通り、コルソ・コモ周辺には、ハイセンスなショップ、おしゃれなカフェやアートの空間が点在。夜の賑わいも大人のムードで華やか。

ダ・ヴィンチの『最後の晩餐』が圧巻

E マジェンタ地区 ▶P.166

Magenta

教会自体の建築も素晴らしく、後陣はブラマンテが設計した

中世からルネサンス期の面影が色濃く残るエリア。最大の見どころはサンタ・マリア・デッレ・グラツィエ教会の修道院食堂にあるダ・ヴィンチの『最後の晩餐』。見学は完全予約制になる。

スフォルツェスコ城を巡り、広大な緑地で憩う

F カドルナ地区

Cadorna

ルネサンス期にミラノを支配したスフォルツァ家の居城があり現在は市立博物館として公開。城の背後のセンピオーネ広場は街の喧騒から離れて休むのに格好の場所。平和の門も立つ。

ヨーロッパ最大級の荘厳な駅舎が迎える

G ミラノ中央駅周辺

Milano Centrale

陸路での街の玄関口。大理石造りの中央駅はファシズム時代の完成のため独特の偉容を持つ。駅地下には食料品を扱う大型スーパーがあり旅行者も利用しやすい。周辺にホテルが点在。

街のショッピングストリート

モンテナポレオーネ通り

Via Montenapoleone

イタリアのメゾンを中心に世界のハイブランドが集中。近くのスピーガ通りとサンタンドレア通りを加えると、最先端モードが間近に。闊歩するミラネーゼもおしゃれ。

MILANO TRAVEL PLAN

定番＋ハルカナおすすめ Do it！

至福のミラノ モデルプラン

刺激的な2プラン

豊かな歴史とハイセンスなスポットが混在しているモードな街では、
絶対外せない王道スポットとミラネーゼ気分を味わえる
イマドキなスポットを組み合わせたプランがおすすめ。

プランの組み立て方

❖『最後の晩餐』は完全予約制
各回15分ごとの入替制で人数も30人ほどと厳しく制限されている。予約もすぐ埋まってしまうことが多い。旅行の日程が決まったら予約開始日の確認を。予約方法の詳細はP.167へ。

❖ドゥオモは朝イチで屋上からまわるのがおすすめ
ミラノのドゥオモの見学は有料。混雑していることも多いので、比較的すいている朝イチに訪れるとよい。入口が別にある屋上テラスへの行列は比較的短く、テラスから下りるとドゥオモ内部にそのまま行けるので、待ち時間の短縮に繋がることも。さらに、屋上テラスに上がるエレベーターに、優先レーンで乗ることができるFAST-TRACK PASSもある。ドゥオモ＋屋上テラス＋ドゥオモ関連施設で€25。

❖ミラノ・カードの活用方法
24時間€10.50、48時間€17、72時間€19の3種類があり、オンラインまたはアプリで購入する。期間中の公共交通機関が無料、対象施設やアクティビティの料金が無料または割引になる。詳細の確認および購入は公式サイトから(HP www.milanocard.it)。

PLAN 1

街を彩る主要な建物を中心に、エレガントなミラノを満喫しよう！

尖塔の上に立つ聖人が街を見下ろしている

9:00 ドゥオモの屋上から街を一望 ▶P.162

街の中心に立つ白亜の大聖堂。135本の尖塔がそびえ立つ壮麗なゴシック様式は必見。屋上に上れば尖塔も間近に見ることができる。

ドゥオモ正面を飾るレースのような繊細なファサード

徒歩すぐ

11:30 ヴィットリオ・エマヌエーレ2世のガッレリアを歩く ▶P.163

ドゥオモとスカラ座を結ぶ十字形のアーケード。ブランドショップやカフェ、ダ・ヴィンチに関する博物館もある。

床はモザイク画、天井はガラスで飾られている

徒歩8分

13:00 イタリア絵画の名作が揃うブレラ美術館へ ▶P.164

ミラノ最大の美術館。イタリア絵画を中心に年代別、流派別に展示されておりわかりやすい。

←円柱に支えられた回廊が美しい中庭。ナポレオン1世の銅像が立つ

徒歩12分

15:30 重厚なスフォルツェスコ城を見学 ▶P.166

ダ・ヴィンチの『アッセの間』やミケランジェロの最後にして未完の作品『ロンダニーニのピエタ』が有名。

↑死の直前まで彫っていたミケランジェロの遺作

裏に広がる公園はミラネーゼの憩いの場

徒歩7～20分

17:00 ガリバルディ地区でショッピング ▶P.172

ミラネーゼ御用達のショップへ。グルメみやげは専門店がおすすめ(P.174)。

PLAN 2

ダ・ヴィンチの作品を巡り、ミラノの下町であるナヴィリオ地区を散策。

ゴシックとルネサンスが融合した教会も見どころ

聖書の一場面を描いたダ・ヴィンチの数少ない完成した作品

アドバイス
見学時間は15分。事前に鑑賞ポイントをチェックしておこう。

10:00 ダ・ヴィンチの傑作『最後の晩餐』を鑑賞 ▶P.167

徒歩5分

サンタ・マリア・デッレ・グラツィエ教会の隣、ドメニコ会修道院の食堂の壁に描かれた壁画。ミラノでしか見られない作品を堪能しよう。

←教会の隣にあるレオナルドのブドウ畑

13:00 レオナルド・ダ・ヴィンチ記念国立科学技術博物館へ ▶P.167

地下鉄2号線で3分

科学技術に関するさまざまな展示が見られる博物館。蒸気機関車や潜水艦などの迫力ある展示も人気がある。

ダ・ヴィンチの発明に関する展示もあり興味深い

16:00 ナヴィリオ地区で運河クルーズ ▶P.168

徒歩3分

かつてミラノの物流に使われていた運河が唯一残るナヴィリオ地区をクルーズで楽しもう。

レトロな街にアペリティーボスポットなどが並び若者にも人気

17:00 アペリティーボで乾杯! ▶P.169

ドリンク1杯でビュッフェが付いてくるミラノ流アペリティーボの人気店へ。風情ある運河の眺めも楽しみたい。

アペリティーボはもともと食前酒を意味する

好みのままに。アレンジプラン

モードなミラノの街をさらに満喫できるスポットや、特別な時間を過ごせるおすすめスポットをご紹介。

便利でおしゃれな老舗デパート

ラ・リナシェンテ ▶P.165

イタリア食材やミラノらしいデザイングッズが揃うデパート。食事やカフェも楽しめるドゥオモを間近に望めるテラスも人気。

最終日曜に滞在しているなら

アンティーク市 ▶P.168

ナヴィリオ地区の運河沿いでは、毎月最終日曜にアンティーク市が開催される。掘り出し物を探しに出かけてみては。

足をのばして湖畔リゾートへ

コモ ▶P.175

アルプスやコモ湖の雄大な自然のなかにある小さな街。気品ある街並みで、北イタリアの湖水地方を代表する高級リゾート地だ。

国内最大級のゴシック建築と傑作名画を満喫!!
ドゥオモ&ブレラ地区周辺 BEST SPOT 4

ミラノの最先端が見える商業地区に、ドゥオモやブレラ美術館など第一級の観光ポイントが集まる。

古きよき文化とトレンドが融合した華やかな街を歩く

美の歴史をたどる、ミラノの散歩ルートの王道

ミラノの街のシンボル、ドゥオモが起点。荘厳なゴシック建築見学後、優雅なヴィットリオ・エマヌエーレ2世のガッレリアを通り、スカラ座前に抜ける。マンゾーニ通りを3分ほど北上すると貴族の邸宅美術館ポルディ・ペッツォーリ美術館。ここからブレラ美術館の間には、マンダリン・オリエンタルやブルガリホテルがあり、優雅なティータイムも素敵だ。ブレラ美術館から徒歩でモンテナポレオーネ駅へ。

ミラノの街のシンボル

1 ドゥオモ
Duomo

MAP 付録P.31 E-3

ミラノを象徴する世界最大級のゴシック様式の大聖堂。聖母マリアに献納されている。1386年に着工し、完成に約500年を要した。135本の尖塔がそびえ、まるで大きな森のような偉容を誇る。

☎02-72023375 交Ⓜ1・3号線Duomo ドゥオモ駅から徒歩2分 所Piazza del Duomo 開大聖堂8:00(屋上9:00)～19:00(最終入場18:10)、博物館10:00～18:00(最終入場17:10) 休博物館のみ水曜 料大聖堂€3、大聖堂と屋上(エレベーター)€17など

マドンニーナの像

最も高い尖塔には黄金の聖母マリア(マドンニーナ)像が。かつてミラノではこの高さを超える建築は厳禁だった

尖塔群

ゴシック様式の特徴のひとつである尖塔は全部で145本。そのうち135本が屋根にそびえる。それぞれの先端には聖人の彫像がある

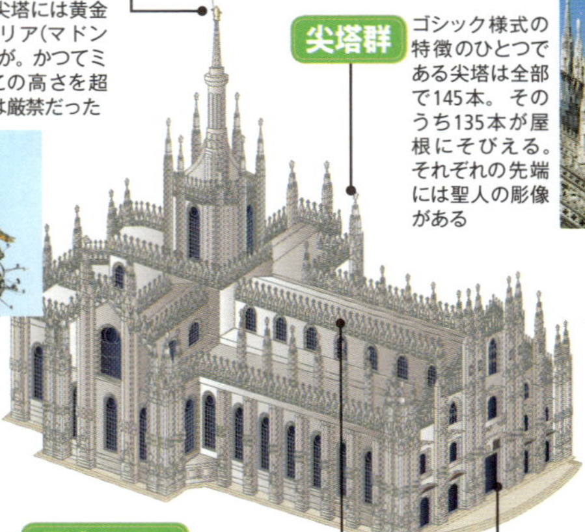

屋上テラス

尖塔を目の前に見たかったら屋上へ。アルプスも見える。屋上へはエレベーターか徒歩で

大扉

ファサードにある5枚の青銅製大扉。中央扉は、聖母マリアとキリストの一生を素晴らしい彫刻で表現

見学後はショップへ!

別棟にあるブックショップは、ドゥオモ関連グッズやアート本、写真集など、充実の品揃え。

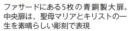

高さ108mの巨大聖堂!!

ドゥオモ広場の中心には、イタリア王国初代国王ヴィットリオ・エマヌエーレ2世騎馬像が。

ドゥオモ内部もチェック

長さ148m、正面幅61.5m、マドンニーナの像がある尖塔までの高さ108mという大建築ドゥオモ。内部身廊に列柱が並ぶさまは壮観。

【主祭壇】
列柱が並ぶ堂内奥には主祭壇が。祭壇上部にはキリストに打ち込まれた釘を奉納。

【パイプオルガン】
4台の大きなパイプオルガンがあり、ミサなどで演奏される。うち2台は16世紀のもの。

【ステンドグラス】
聖書のストーリーが描かれたステンドグラス。14～19世紀の異なる製作時期の様式比較も楽しい。

探してみよう！ドゥオモのトリビア

スポーツの彫刻
屋上の装飾彫刻は、新しいものが追加され続けている。ボクシングやテニスの彫刻も。

輝く大扉の謎
正面の青銅の扉が、ところどころ黄金色に。大勢の信者が、キリストの拷問を止めるため足を握り、磨き上げられたもの。

←入口のひとつは、ドゥオモ広場に面している

↑中央ドームのフレスコ画、床のモザイク。華やかさにため息が

19世紀の壮麗なアーケード

2 ヴィットリオ・エマヌエーレ2世のガッレリア

Galleria Vittorio Emanuele Ⅱ

MAP 付録P.31 E-2

ドゥオモ広場からスカラ座に抜ける、19世紀後半に建設された華やかなアーケード。十字形の中央にガラスのドームがある。アーケード内には有名ブランド店やカフェ、レストランが軒を連ねる。

交Ⓜ1・3号線Duomo ドゥオモ駅から徒歩3分 所Galleria Vittorio Emanuele Ⅱ

雄牛のモザイクで幸運のおまじない！

中央ドームの下の床には、牡牛のモザイクがある。「牡牛の股間の上で、止まらずにかかとで3回転すると、幸福になれる」というい伝えがある。ぜひチャレンジしてみては。

おすすめ！ ガッレリアでのお楽しみ！

アーケード内には、有名ブランド店や歴史あるカフェが軒を連ねる。ミシュラン星付き「クラッコ」のカフェとレストランもおすすめ。

プラダのカフェ

マルケージ1824

Marchesi 1824

MAP 付録P.31 E-2

1824年マジェンタ地区で創業した菓子屋。現在はプラダが経営し、趣あるカフェに。おしゃれなパッケージのお菓子はおみやげに最適。

☎02-94181710 開7:30～21:00
休無休 E

↑アーケード中央に位置。センスあるデコレーションのお菓子が揃う

ダ・ヴィンチを体感

レオナルド3

Leonardo 3

MAP 付録P.31 E-2

ダ・ヴィンチの発明を再現した大型模型を多数展示するミュージアム。マルチメディアを用い、インタラクティブにダ・ヴィンチの才能を体感できる。

☎02-49519981 開9:30～22:30
休無休 料€12 E

↑模型に触れて動かせる、テーマパークのようなミュージアム

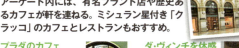

ミラノ貴族の優美な邸宅美術館

3 ポルディ・ペッツォーリ美術館
Museo Poldi Pezzoli

MAP 付録P.31 E-1

偉大な美術コレクターだったミラノの貴族ポルディ・ペッツォーリの17世紀の館を、そのコレクションとともに、美術館として公開。優美な館の建築と、名作絵画、宝石、タペストリーなどが1カ所で堪能できる。

☎02-794889 交Ⓜ3号線Montenapoleone モンテナポレオーネ駅から徒歩3分 所Via Alessandro Manzoni 12 開10:00～18:00(入場は～17:30) 休火曜、祝日不定休 料€10

➡美術館の代表作ピエロ・デル・ポッライオーロ作『貴婦人の肖像』1470年頃

生命感あふれる貴婦人の肖像。美術館のロゴにもなっている

⬆所蔵数は6000点。貴族の"お宅拝見"的な楽しみ方も

➡モンテナポレオーネ通りから近く、ショッピングの合間にも訪れたい

⬅ボッティチェッリ作『聖母子(書物の聖母)』1480～81年

⬆アンドレア・マンテーニャ作『死せるキリスト』1480年。足を手前に横たわる斬新な構図

イタリア絵画の名作が集まる

4 ブレラ美術館
Pinacoteca di Brera

MAP 付録P.31 D-1～E-1

イタリア美術の名作の宝庫「ブレラ美術館」。ルネサンスを代表する作品など、美術の教科書で見たことのある名作が手の届くところに展示されていることに感動！併設のカフェもいい雰囲気。

☎02-722631 交Ⓜ2号線Lanza ランツァ駅から徒歩8分 所Via Brera 28 開8:30～19:15(入場は～18:40) 休月曜、一部祝日 料€12 E

アクセス
ドゥオモ駅、モンテナポレオーネ駅が至近。ブレラ美術館からは、石畳の小道、フィオーリ・キアーリ通りを散策しながら、ランツァ駅かカイロリ駅に行くルートもおすすめ。

徒歩時間の目安
Ⓜ1・3号線
ドゥオモ駅
徒歩2分
1 ドゥオモ
徒歩すぐ
2 ヴィットリオ・エマヌエーレ2世のガッレリア
徒歩3分
3 ポルディ・ペッツォーリ美術館
徒歩8分
4 ブレラ美術館
徒歩6分
モンテナポレオーネ駅
Ⓜ3号線

歩く距離 約1.6km

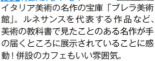

散歩の途中のお楽しみ

老舗デパート ラ・リナシェンテに立ち寄り!

ドゥオモの脇という便利な場所にある

1917年創業の老舗デパート「ラ・リナシェンテ」。先端を行く商品セレクトに定評がある。ここ一軒でミラノの流行がわかる必見の店。

フードやデザイン関連も充実

ラ・リナシェンテ

La Rinascente

ドゥオモ周辺 MAP 付録P.31 E-2

ファッションの都ミラノの名にふさわしい必見のファッションフロアのほか、「フードホール」、デザイン関連商品の「デザイン・スーパーマーケット」も楽しいセレクトで充実。

☎02-88521 交Ⓜ1・3号線Duomoドゥオモ駅から徒歩2分 所Piazza del Duomo 営9:30～22:00 フードホール8:30～24:00※毎月変動するためHPで要確認 休一部祝日 E

↑服や靴の旬なブランド、新進ブランドを積極的に導入している

↑趣向が凝らされたウィンドーも楽しい。夜間営業は忙しい旅行者の味方

7階 カフェ&レストラン

ドゥオモの絶景が広がる穴場

フードホールからつながるテラスからは、迫力のドゥオモが至近距離で望める。テラスには、カフェ1軒とレストラン2軒がある。

↑ドゥオモが目の前。セルフィースポット

←カフェの屋内席はガラス張り。ここからもドゥオモが見える

→テラスで冷たいカフェ「カフェ・シェケラート」€8を

7階 フードホール

イートインも充実。楽しい食材の宝庫

おみやげに最適な、パッケージが美しいイタリアの食材がたくさん。チョコレートコーナーは、話題の品が多数揃う。気軽なイートインも充実。

↑フードホールは24:00まで営業

←かわいい缶入りオイル。サフランやポルチーニ茸のフレーバーも。€7.50

→「ダヴィデ・コマスキ」のデザインチョコ。1個€4

地下1階 デザイン・スーパーマーケット

デザイングッズが一堂に集合

秀逸なデザインのキッチン用品、文房具、オブジェ、モバイルアクセサリーまで何でも揃うデザインの殿堂。「イタリアン・デザインの今」がわかる。

↑棚にはデザイン関連商品がいっぱい

←「ビアレッティ」のエスプレッソメーカー「レインボー」。€19.90

→オリジナルトート€9.90(右)、キーホルダー€6(左)

奇跡の名画も！
建築も！発明品も！

教会、美術館、
新スポットで
才能を目撃!!

マルチな天才！ダ・ヴィンチの足跡をたどる
マジェンタ地区周辺 BEST SPOT 5

『最後の晩餐』のあるマジェンタ地区を中心に、レオナルド・ダ・ヴィンチに関連する観光スポットが広がる。500年の時を超え、ダ・ヴィンチの足跡をたどってみよう。

ミラノに残るダ・ヴィンチの足跡

スフォルツェスコ城をスタートし、アンブロジアーナ絵画館へ。『最後の晩餐』制作中のダ・ヴィンチの通勤ルート“マジェンタ通り”を通り、『最後の晩餐』がある教会へ。向かいのレオナルドのブドウ畑でワイン片手に休憩し、ミラノの守護聖人が祀られるサンタンブロージョ教会にお参りしつつ、レオナルド・ダ・ヴィンチ記念国立科学技術博物館に。

アクセス

カイローリ駅とサンタンブロージョ駅を起点に巡るのがおすすめ。

徒歩時間の目安

Ⓜ1号線
カイローリ駅
徒歩すぐ
1 スフォルツェスコ城
徒歩12分
2 アンブロジアーナ絵画館
徒歩17分
3 サンタ・マリア・デッレ・グラツィエ教会
徒歩すぐ
4 レオナルドのブドウ畑
徒歩5分
5 レオナルド・ダ・ヴィンチ記念国立科学技術博物館
徒歩5分
サンタンブロージョ駅
Ⓜ2号線

15世紀の栄華の城

1 スフォルツェスコ城
Castello Sforzesco

MAP 付録P.30 C-1

ダ・ヴィンチが仕えたミラノ公ルードヴィコ・イル・モーロの城。ダ・ヴィンチが装飾を手がけたアッセの間が特別公開中（2020年1月20日まで）。

☎02-88463700 交Ⓜ1号線Cairoliカイローリ駅からすぐ 所Piazza Cairoli 開7:00〜18:00(夏季は〜19:30) 博物館9:00〜17:30(入場は〜17:00) 休無休(博物館は月曜、5/1、12/25、1/1) 料無料(博物館は€10)

↑生命力がみなぎる桑のモチーフが壁と天井を覆う「アッセの間」

ダ・ヴィンチの名作に出合える

2 アンブロジアーナ絵画館
Pinacoteca Ambrosiana

MAP 付録P.31 D-3

ダ・ヴィンチの『音楽家の肖像』や直筆のアイデアノート『アトランティコ手稿』1119枚を所蔵。ラファエッロの『アテネの学堂(下絵)』も必見。

☎02-806921 交Ⓜ1・3号線Duomoドゥオモ駅から徒歩5分 所Piazza Pio XI 2 開10:00〜18:00 休月曜、祝日不定休 料€15

←『音楽家の肖像』。光が差し込んだ瞬間をとらえた。瞳孔の開き方が左右異なる

ダ・ヴィンチの油彩画は希少。男性肖像画はこの絵だけ

↓ダ・ヴィンチの直筆ノート『アトランティコ手稿』を順次公開

有名な左右反転文字「ダ・ヴィンチの鏡文字」も発見！

世界的に有名なこの絵は、実は小さな修道院の食堂の壁にあるのです！

『最後の晩餐』で有名な15世紀の教会

3 サンタ・マリア・デッレ・グラツィエ教会

Chiesa di Santa Maria delle Grazie

MAP 付録P.30 A-2

ダ・ヴィンチがミラノで活躍していた頃と時を同じくして15世紀末に完成したゴシック、ルネサンス様式の教会。傑作『最後の晩餐』は、併設のドメニコ会修道院の食堂の壁に描かれている。

☎02-4676111 交 Ⓜ1・2号線Cadorna カドルナ駅から徒歩8分 所 Piazza Santa Maria delle Grazie 開『最後の晩餐』見学8:15〜18:45、教会10:00(土・日曜、祝日15:30)〜12:20 15:00〜17:55 休 月曜(『最後の晩餐』見学)、教会無休 料『最後の晩餐』見学€10、予約料€2、教会無料

↑ダ・ヴィンチの友人ブラマンテが設計との説が有力

↑教会裏手、「ブラマンテの回廊」は、静かでおすすめ

『最後の晩餐』鑑賞のポイント！

消失点に注目

『最後の晩餐』には、遠近法の一種「一点透視図法」が用いられた。キリストの左のこめかみを消失点として、テーブル、天井、壁などが描かれ、奥行きある構図になっている。

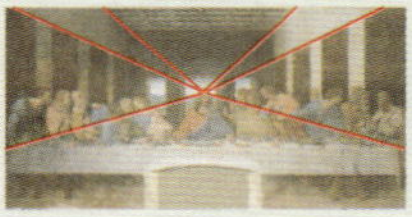

1列に並ぶキリストと使徒

キリストと十二使徒の横1列の配置は、前例のない大胆な構図。使徒たちの間隔はキリストから離れるにつれ広くなり、衝撃が広がる波紋を象徴。

臨場感の演出

「この中の一人が私を裏切るだろう」とキリストが告げた瞬間が描かれ、表情や体の動きが伝わってくる臨場感がある。12人の使徒たち各々の個性が描き分けられているのにも注目。

information

●『最後の晩餐』見学の予約方法

インターネット予約
オフィシャルサイトから予約ができる。予約開始日が見学の月ごとに設定されている。すぐに予約でいっぱいになるので開始日に即予約を。
HP cenacolovinciano.vivaticket.it

電話予約
現地のコールセンターへの電話予約もある。ネットが売り切れでも、電話だと予約できることもある。イタリア語か英語での対応になる。
☎02-92800360

旅行会社
割高になるが旅行社のガイド付き「最後の晩餐見学ツアー」に申し込むか、手数料がかかるが予約代行サービスを利用する手もある。

ダ・ヴィンチのワイン

4 レオナルドのブドウ畑

Vigna di Leonardo

MAP 付録P.30 A-2

ダ・ヴィンチがミラノ公から授与されたブドウ畑。『最後の晩餐』の制作の合間に訪れていたというブドウ畑と、ダ・ヴィンチも招かれた15世紀の館がミュージアムに。

☎02-4816150 交 Ⓜ1・2号線Cadornaカドルナ駅から徒歩8分 所 Corso Magenta 65 開 9:00〜18:00 休 無休 料 €10

↓当時のブドウを再現して造ったワインが購入可

→庭園奥にブドウ畑がある

イタリア最大の科学博物館

5 レオナルド・ダ・ヴィンチ記念国立科学技術博物館

Museo Nazionale della Scienza e della Tecnologia Leonardo da Vinci

MAP 付録P.30 A-3

ダ・ヴィンチ生誕500年を機に開館した、科学技術がテーマのミュージアム。武器からヘリコプターまで、ダ・ヴィンチのさまざまな発明を、設計図と模型で展示。

☎02-485551 交 Ⓜ2号線Sant 'Ambrogioサンタンブロージョ駅から徒歩5分 所 Via S.Vittore 21 開 10:00〜18:00(土・日曜は〜19:00) 休 月曜、12/24、12/25、1/1 料 €10

↓ダ・ヴィンチのアイデアが実物模型に

→インタラクティブな展示も多い

ミラノのナイトライフの中心。夜もたくさんの人で賑わう
アペリティーボも楽しみ!!
運河沿いにはオープンエア席のあるカフェやレストランが

街のもうひとつの顔! 情緒あふれる運河周辺を散策

モードの街に残る下町の風情を探して

ナヴィリオ地区周辺 BEST SPOT 3

市の南部に位置する、下町情緒あふれるナヴィリオ(運河)地区。アーティストのアトリエやヴィンテージショップ、おしゃれなカフェが立ち並ぶ、お散歩イチ押し地区。

ミラノの下町、運河沿いで、のんびり散歩を満喫

サンタンブロージョ駅を起点に、E.デ・アミーチス通りを経て、ジャン・ジャコモ・モーラ通りへ。通りに並ぶヴィンテージ・ショップをのぞくのも楽しい。小道を抜けるとサン・ロレンツォ・マッジョーレ大聖堂に到着。古代ローマの柱の前でセルフィーを撮ったら、ポルタ・ティチネーゼ通りを運河方面に南下。ダルセナ(港)とグランデ運河周辺を足の向くまま散策しよう。帰りはポルタ・ジェノヴァ駅が便利。

毎月最終日曜にはアンティーク市を開催

ナヴィリオ・グランデ(グランデ運河)沿いに500以上の出展者が並ぶ大規模なアンティーク市。家具からヴィンテージの服やジュエリー、食器まで、状態の良い掘り出し物の宝庫。

←グランデ運河沿い全長2kmに露店が立ち並ぶ

荘厳な柱の下で記念撮影

1 サン・ロレンツォ・マッジョーレ大聖堂

Basilica San Lorenzo Maggiore

MAP 付録P.30 C-4

4世紀末が起源とされる教会。前庭には、教会ができたときに移築されたという古代ローマの柱が16本立ち、人々の憩いの場に。

↑ミラノでも最古の教会のひとつ。4世紀のモザイクが残る

→ローマ時代の柱が現存している

☎02-89404129 交Ⓜ2号線Sant'Ambrogio サンタンブロージョ駅から徒歩10分 所Corso di Porta Ticinese 35 開7:30〜19:00 火・水・木曜7:30〜12:30 14:30〜19:00 日曜9:00〜19:00 休イースターの週は不定休 料無料

水上から眺めるもうひとつのミラノ

2 運河クルーズ

Naviglio Cruise

MAP 付録P.28 C-4

グランデ運河とダルセナを就航するクルーズ。「ダルセナ・コース」は55分間でサン・クリストフォロ教会付近までを往復。

☎02-30089940(Autostradale社) 交Ⓜ2号線Porta Genova ポルタ・ジェノヴァ駅から徒歩8分 所Alzaia Naviglio Grande 4(乗船場所) 開15:00〜18:00の毎時00分発。金〜日曜、祝日は10:30、11:30、12:30も運航 休無休 料€14※ドゥオモ広場や空港のAutostradale Viaggi社でも乗船前日までチケット購入可。残席があれば直接乗船場でも購入可 E

→風に身を任せながら乗る小型のクルーズ船

気取らない表情のミラノが垣間見れて、発見の連続!

↑19世紀までミラノの交通の要だった運河をクルーズ

ポルタ・ティチネーゼ通り
Corso di Porta Ticinese
中心部とナヴィリオ地区を結ぶ活気ある通り。起点にはティチネーゼ門が

アクセス

起点は2号線サンタンブロージョ駅。グランデ運河にアクセスが良いのは、2号線ポルタ・ジェノバ駅。2号線サンタゴスティーノ駅からも徒歩圏内。

徒歩時間の目安

Ⓜ2号線
サンタンブロージョ駅
徒歩10分
1 サン・ロレンツォ・マッジョーレ大聖堂
徒歩15分
2 運河クルーズ
徒歩7分
3 ヴィンテージ・ショップ
徒歩5分
ポルタ・ジェノヴァ駅
Ⓜ2号線

歩く距離 約3.5km

ナヴィリオはヴィンテージの宝庫

3 ヴィンテージ・ショップ

Vintage Shop

MAP 付録P.28 C-4

ナヴィリオ地区には、グランデ運河沿いを中心にヴィンテージショップが集まる。ミッドセンチュリー家具やデザイン雑貨、有名ファッションブランドのヴィンテージまで、目移りしそう。

↑流行りのミッドセンチュリー家具も

見ているだけでもワクワクするような品揃え!

↓デザイン雑貨やLPレコードの店も

散歩のあとは

アペリティーボの時間!

ミラネーゼが気軽に友だちと会いたいときは、「アペしない?」と誘うのがお約束。運河沿いはアペスポットの宝庫。

ビュッフェが人気

スプリッツ

Spritz

MAP 付録P.28 C-4

いつも混雑している人気店。アペタイムの自家製ビュッフェは前菜からデザートまで約50種類もの料理が並ぶ。

☎02-83390192 交Ⓜ2号線Porta Genova ポルタ・ジェノヴァ駅から徒歩8分 所Ripa di Porta Ticinese 9 開18:00～翌2:00(アペは～22:00) 休12/24・25・31 Ｅ▭

←スプリッツ(右)ストロベリー・カイピロスカ(左)

↑通年オープンエア席がある(左)ビュッフェ付きアペは€11～(右)

お洒落なアペならココ

マグ・カフェ

Mag Cafè

MAP 付録P.28 C-4

インテリアからカクテルのネーミングまで、気取らないのにお洒落なセンスあふれる店。アペにはおつまみ盛り合わせをサーブ。

☎02-39562875 交Ⓜ2号線Porta Genova ポルタ・ジェノヴァ駅から徒歩5分 所Ripa di Porta Ticinese 43 開7:30～翌1:30(アペは17:00～21:30) 休12/31、1/1 Ｅ▭

↑カクテル「海の男のネグローニ」€8とアペのおつまみ

自家製のジンやリキュールもあるよ!

↑屋外席はカラフルなしつらえ

好感度な街のテイストを味わう グルメ

MILANO GOURMET

常連のアーティストによる絵が壁を埋める

€35

仔牛肉がやわらかい「オッソブーコ・コン・リゾット」

王道の伝統料理ならここ！ トラットリア・アル・マタレル

Trattoria al Matarel

ブレラ地区周辺 MAP 付録P.29 D-2

1962年創業の、ミラノの芸術家や文化人が足繁く通う老舗。伝統的な調理法を守る姿勢を貫く。料理人人生60年以上だというエリーデおばあちゃんが、愛情をこめて作る料理を味わおう。

☎02-654204 交Ⓜ2号線Moscovaモスコーヴァ駅から徒歩3分 所Via L.S. Mantegazza 2 営12:30〜14:30 19:30〜22:30(冬季は〜23:00) 休水曜のランチ、火曜、7月

市から「歴史的老舗」の認定を受けた

ミラノ風カツレツ €27
Cotoletta alla Milanese

「これぞミラノ風カツレツ!」という大きな骨にびっくり。ジューシーでやわらかく、意外に食べきれてしまう

€19

仔牛のロールキャベツ「モンデギーリ・アッランティーカ」

高感度な街で愛される各店のスタイルも味わいたい!

伝統&革新を体現する郷土料理の名店 3 店

ミラノ風カツレツなどに代表されるミラノならではの郷土料理も、伝統的なスタイルから、モダンな進化形まで、バリエーション豊か。

ライトに仕上げた伝統料理 ラタナ

Ratanà

ガリバルディ地区 MAP 付録P.29 D-1

新鮮な季節の素材の持ち味を引き出し、伝統料理をモダンなスタイルで提供。ライトで美しい料理。シェフのチェーザレ・バッティスティさんは、食材の小規模生産者とコラボ。おいしくてエシカルな食を目指す。

☎02-87128855 交Ⓜ2号線Gioiaジョイア駅から徒歩4分 所Via Gaetano de Castillia 28 営12:30〜14:30 19:30〜23:30 休8月の2週間

小さなワイナリーが造る希少なワインもある(上)公園の中のレストラン。春夏は屋外席が気持ちよい(下)

リゾット・アッラ・ミラネーゼ・コン・ミドッロ €20
Risotto alla Milanese con Midollo

サフランリゾットの上に、オッソブーコの骨髄だけをトッピング。アートな盛り付け

€18

グリーンピースの甘さを引き出したリゾット。焦がしたオニオンパウダーが味のアクセントに

€18

ウサギ肉をツナに見立てたサラダ「インサラータ・トンノ・ディ・コニッリョ」

ミラノの郷土料理

ミラノ周辺はイタリア屈指の米どころ。元はパスタよりリゾットがメインの土地柄。アルプスを近くに控え、肉料理が中心。仔牛がよく使われる。

ミラノ風カツレツ
Cotoletta alla Milanese

仔牛の骨付き肉をたたいて薄く伸ばし、オイルやバターで揚げたカツレツ。大きさが食卓を盛り上げる。レモンを搾ってどうぞ。

オッソブーコ
Ossobuco

仔牛の骨付きすね肉を何時間も煮込んだ料理。口の中でとろける骨髄も楽しみ。ミラノ風リゾットとともにサーブされることも。

ミラノ風リゾット
Risotto alla Milanese

サフランが香る黄金色のリゾット。このリゾットの残りを焼いて食べたのが起源の「リゾット・アル・サルト」は焼きおにぎり風。

シェフの遊び心が楽しい料理

トラットリア・デル・ヌオーヴォ・マチェッロ

Trattoria del Nuovo Macello

ミラノ東部 MAP 付録P.29 F-4

肉の味をしっかり楽しむ、厚みのあるカツで有名。「ミラノのカツレツはもともと分厚かった」という伝統に基づく。ポリシーある料理に魅せられて、ミシュランスターシェフたちも通い詰める店。

☎02-59902122 交S1線Porta Vittoriaポルタ・ヴィットリア駅から徒歩7分 所Via Cesare Lombroso 20 営12:00～14:30 20:00～22:30 休土曜のランチ、日曜、祭日は不定休、8月の3週間

ラ・コトレッタ・デル・ヌオーヴォ・マチェッロ
La cotoletta del Nuovo Macello €28
熟成仔牛肉の分厚いコトレッタ。中心がほんのりレアに仕上がったものを塩でいただく

↑気取らないシンプルなインテリア

→彩りよい野菜の「ミネストローネ・エスティーヴォ」 €14

→サフランの質にこだわった「リゾット・アッロ・ザッフェラーノ」 €14

空間デザインが自慢のダイニング

建築デザインの最先端都市ミラノでは、食のシーンの空間デザインも要チェック！

©lodoclick

↑ミケーレ・デ・ルッキが内装デザインを手がけた気持ちいい空間 ©lodoclick

©Paolo Terzi

↑エントランスにはカフェテリアを併設(上)ティラミス・ヴォーチェ・アッラ・モカ€10(下)

老舗の味をカジュアルに堪能

ヴォーチェ・アイモ・エ・ナディア

Voce Aimo e Nadia

ドゥオモ周辺 MAP 付録P.31 E-2

ミシュラン2ツ星の「イル・ルオゴ・ディ・アイモ・エ・ナディア」がミュージアム「ガレリア・イタリア」内にオープンしたレストラン。広々とした歴史ある空間にモダンなエッセンスが。

☎02-40701935 交M1・3号線Duomoドゥオモ駅から徒歩5分 所Piazza della Scala 6 営11:30～15:00 19:00～23:00 休日曜、祝日

↑アートからインスピレーションを得た料理。ミルクと蜂蜜風味の鶏の胸肉€30 ©Paolo Terzi

元製材所が劇的空間に

カルロ・エ・カミッラ・イン・セゲリア

Carlo e Camilla in Segheria

ナヴィリオ地区周辺 MAP 付録P.28 C-4

元製材所を改装したレストラン。もともとのコンクリートの壁が残る広い空間に荘厳なシャンデリアを配し、ドラマチックな空間を創造した。ミシュランスターシェフのカルロ・クラッコが監修する。

☎02-8373963 交M2号線Romoloロモロ駅から徒歩12分 所Via Giuseppe Meda 24 営19:30～翌2:00(日曜は12:00～15:30も営業) 休祭日は不定休

↑「鳩肉のトピナンブール、チェリージャム添え」(上)卵の燻製料理「卵？それともプロヴォラチーズ？」(下)

→併設のカクテルバーはミッドセンチュリーの雰囲気

↑知らない人同士が、長いテーブルをシェアする形式

おしゃれな街で自分用の宝探し

ショッピング

MILANO SHOPPING

Ⓐスカラ座の横にある小さな店

€125

→ブルーのストライプが鮮やかなミニトートバッグ

€175

→カンバスにピスタチオカラーのスエード

Ⓒ店内には帽子の工房がある

→オリジナルのセレモニー帽。25色のオーダー可

€75

モードな街で定評あるファッション&雑貨をセレクト

ミラネーゼ御用達が揃う5店

ディテールにこだわるのがミラノ風ファッション。ミラネーゼが愛用する、おしゃれでクオリティの高いアイテムを探しにいこう。

→革のソールで、返りがよいので履きやすい。ボルドー色のカーフ

€97

→シルバーやゴールドのメタリックも人気

€115

€107

→きれいな紫色。色柄は65ものバリエーション

→チェックがかわいい布製シューズ

€107

→揃えておきたい、ベーシックな黒のエナメル

€115

Ⓑミラノ市内に3店舗あり

€120

€55

→ポーチに名前を刺繍。刺繍代は€10追加

→トラベルポーチはプレゼントに人気

€55

€55

→「ボルサリーノ」のパナマ帽。珍しいオレンジ色

€195

€249

→「ボルサリーノ」のシルクスカーフ付きパナマ帽

→「ボルサリーノ」のパナマ帽。白×カラシ色がシック

€199

€45

→オリジナルのフェルトのクロシェ帽。ヴィンテージスタイルに

→ハンチングの品揃えは100種類以上

€39

A バレエシューズが大人気

ポルセッリ

Porselli

ドゥオモ周辺 MAP 付録P.31 D-2

長年、スカラ座御用達だった店。履きやすさに定評のあるバレエシューズは、毎週水曜の入荷日に、即売り切れの場合も。

☎02-8053759 交Ⓜ1・3号線Duomoドゥオモ駅から徒歩3分 所Piazza Paolo Ferrari 6 営9:00～12:30 15:00～19:30(月曜は午後のみ営業) 休日曜、祝日、8月第2・3週

B イニシャルでカスタマイズ

マイ・スタイル・バッグス

My Style Bags

ガリバルディ地区 MAP 付録P.29 D-2

店内でイニシャルや好きな言葉を刺繍してくれる。イタリアらしい鮮やかな色使いのカンバストートやポーチが揃う。

☎02-876342 交Ⓜ2号線Moscovaモスコーヴァ駅から徒歩4分 所Corso Garibaldi 71 営10:00～14:00 15:00～19:30 休日曜、祝日、8月中の2週間

C 帽子なら何でも揃う老舗

カッペッレリア・メレガーリ

Cappelleria Melegari

ミラノ北部 MAP 付録P.28 C-1

1914年創業の帽子店。オリジナルブランドの帽子のほか、ボルサリーノやエレガントなヘッドドレスまで揃う。

☎02-91474901 交Ⓜ5号線Monumentaleモヌメンターレ駅から徒歩8分 所Via Paolo Sarpi 19 営9:30～13:00 15:00～19:30(月曜は午後のみ営業) 休日曜、祝日

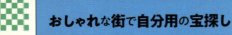

➔➔メッシュレザー。裏地はカシミヤニット

Ⓓスピーガ通りの便利な立地

➔ミリタリーグリーンのスポーティな手袋。裏地はカシミヤ製

➔ゴールドのチェーンがゴージャスなアクセントに

➔イタリアならではのカラー。全50色

➔黒の手袋も、ちょっとした金具使いでおしゃれに

D おしゃれな手袋ならココ!

セルモネータ・グローブス

Sermoneta Gloves

スピーガ通り MAP 付録P.31 F-1

上質なレザーやカシミヤのモードな手袋が揃う手袋専門店。コーディネートの差し色に、カラフルな手袋をぜひ!

☎02-76318303 交Ⓜ3号線Montenapoleoneモンテナポレオーネ駅から徒歩5分 所Via della Spiga 46 営10:00~19:30(日曜は11:00~19:00 6~8月は~19:00) 休6~8月の日曜、祝日不定休 E 💳

➔フィレンツェの香水工房「ロジェヴィ」のパルファム

➔小さな袋入りパスタのマグネット

➔チーズ形のマグネットをおみやげに

➔モッツァレッラのマグネット

➔オリジナルのスプーンセット

➔「アレッシィ」のエスプレッソメーカー

➔猫と魚がモチーフの壁掛け用フック。猫好きにはたまらない

Ⓔ雑貨の殿堂で宝探しを!

➔ホームフレグランスのディフューザー

E ハイセンスな雑貨の大型店

ハイテック

HighTech

ガリバルディ地区 MAP 付録P.29 D-1

元ビール工場の巨大なスペースにキッチン、バス用品、文具、服飾雑貨などが並ぶ。おみやげ探しにはもってこいだ。

☎02-6241101 交Ⓜ2・5号線Galibaldiガリバルディ駅から徒歩5分 所Piazza XXV Aprile 12 営10:30~19:30(月曜は13:30~) 休祝日不定休 E 💳

お手頃ジュエリーにも注目!!

繊細なジュエリーが揃う

アテリエー・VM

Atelier VM

ガリバルディ地区 MAP 付録P.30 B-4

1つ1つのピースに願いと意味を込めて創作。肌身離さず身につける、御守り的なジュエリーが充実。

☎02-49715186 交Ⓜ2号線Moscovaモスコーヴァ駅から徒歩4分 所Corso Garibaldi 127 営10:30~14:30 15:30~19:30(日曜14:30~、月曜15:30~) 休祝日不定休 E 💳

➔好きなチャームを選んでネックレスに。チャーム€55~。チェーン€800

永遠の象徴 外せないブレスレット

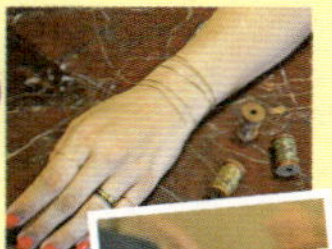

繊細なチェーンを手首に合わせて特殊な機械でつなぐ、外せないブレスレットが人気。

彫刻のような大胆ジュエリー

ナツコ・トヨフク

Natsuko Toyofuku

ガリバルディ地区 MAP 付録P.29 D-1

ミラノ育ちの日本人デザイナー豊福夏子のジュエリー。店内の工房で、製作の様子も見られる。

☎02-36575905 交Ⓜ2・5号線Galibaldiガリバルディ駅から徒歩3分 所Corso Como 9(中庭内) 営10:30~19:30 休日・月曜、祝日 J E 💳

➔シルバーとブロンズのジュエリーが揃う。パールを合わせたタイプも人気。リング€230~、ピアス€130~

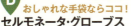

19世紀から続く老舗と話題の食材マーケットで探すのが正解

間違いなしのグルメみやげ2店

もらってうれしい、おいしいイタリアみやげを調達するなら、グルメな食材が揃うこの2軒へ。「ブオーノ!」な味はもちろん、素敵なパッケージも魅力。

スローフードのこだわり食材
イータリー
Eataly
ガリバルディ地区 MAP 付録P.29 D-1

イタリア全土の小生産者によるこだわりある食材を網羅する。イートインコーナーも充実。アペや食事、ショッピングが楽しめる万能空間!

☎02-49497301 交M2・5号線Garibaldi ガリバルディ駅から徒歩5分 所 Piazza XXV Aprile 10 営8:30～24:00 休一部祝日 E

↑元劇場をリニューアルした広い店。夜遅くまで営業なのもうれしい

↑1857年創業のトリノの老舗「レオーネ」のキャンディ。レトロな缶がかわいい。フレーバーは左から順にミックス、アニス、スミレの花

←リグーリア州特産のバジリコペースト「ペスト・ジェノヴェーゼ」

→カラフルな包装の、アーモンドを使ったクッキー「アマレット」。グルテン・フリーのものも

←モデナ産バルサミコ酢。ミニサイズだから荷物にならないのもいい

↓ボトルをコレクションしたい!プーリア産エキストラ・ヴァージン・オイル

↓ポルチーニ茸のリゾット。ほかにもアスパラガスやチーズ味がある

↑香り高いアルバ産白トリュフを練り込んだタリアテッレ

老舗の高級食材店
ペック
Peck
ドゥオモ周辺 MAP 付録P.31 D-3

最高級の食材を求めるなら、上流階級御用達店「ペック」へ。1883年創業の老舗。オリジナルブランドの食材も多数あり、自慢のおみやげになりそう。

☎02-8023161 交M1・3号線Duomo ドゥオモ駅から徒歩3分 所 Via Spadari 9 営9:00～20:00(月曜は～15:00) 休夏季の日曜、祝日、8月中旬の1週間 E

↑アクセスのよい立地。お惣菜やワインのコーナーも充実している

↑DOP(原産地名称保護制度)認定のモデナ産高級バルサミコ酢

↑サルデニア島の特産品。ボラのボッタルガ(カラスミ)

↓アーティチョークのエキストラ・ヴァージン・オイル漬け

↑コールドプレス製法による本物のエキストラ・ヴァージン・オイル

↓フルーティな香りのラズベリークリームを挟んだハート形クッキー

→ドライフルーツやナッツをトッピングしたオリジナルチョコレート

ONE DAY TRIP COMO

貴族に愛された湖畔の避暑地へ

コモ

中世から絹や織維産業が栄えたコモ湖の中心都市。
古風な石畳の街にエレガントな雰囲気が漂う。

街歩きアドバイス

ヴィットリオ・エマヌエーレ2世通りからドゥオモ周辺やサン・フェデーレ教会、市庁舎などを巡ることができる。フニコラーレというケーブルカーで高台からの眺望を楽しんだり、遊覧船で湖畔の街を巡るのもおすすめ。

ミラノからのアクセス

中央駅からトレニタリアの普通列車で約36～43分。ポルタ・ガリバルディ駅から近郊鉄道S11線で約1時間など。

礼拝堂の荘厳なフレスコ画は必見

サン・フェデーレ教会

Basilica di San Fedele

MAP P.175

コモ発祥の地に立つ鐘楼が印象的な教会。後方にはクーポラを支える美しいアーチと列柱も見られる。ロマネスクの内部には、礼拝堂に描かれた16世紀の見事なフレスコ画が広がる。

☎031-267295 交Como San Giovanni コモ・サン・ジョヴァンニ駅から徒歩14分 所Piazza San Fedele 開8:00～12:00 15:30～19:00 休無休 料無料

↑教会前の広場にはカフェや市場が並ぶ

©Giorgio Bizzotto/123RF.COM

堂々たるファサードの大聖堂

ドゥオモ

Duomo

MAP P.175

1396～1744年まで約350年かけて建設された、ロンバルディア・ルネサンス様式の典型的な聖堂。鮮やかなステンドグラスや、16世紀に作られたタペストリーのほか、扉口にある幸運のカエルの彫刻も有名だ。

☎031-3312275 交Como San Giovanni コモ・サン・ジョヴァンニ駅から徒歩13分 所Piazza Duomo 開10:45～17:30(土曜～16:30) 日曜、祝日13:00～16:30 ミサ中は拝観不可 休無休 料無料

↑コモの石工たちの手による荘厳なファサード

ホテルもこだわって、思い出に残るステイを!

素敵な滞在を叶えるホテルリスト

観光立国・イタリアは
ホテルの数も豊富。
旅の印象を左右する
ホテル選びは慎重に。

ローマ

広域に多くのホテルが点在するローマ。
訪れたいスポットや駅に近いホテルが便利。

共和国広場に面したラグジュアリーなホテル

パラッツォ・ナイアディ・ザ・デディカ・アンソロジー・オートグラフ・コレクション

Palazzo Naiadi, The Dedica Anthology, Autograph Collection

テルミニ駅周辺 MAP 付録P.9 E-3

☎06-489381 交 Ⓜ A線Repubblica レプッブリカ駅からすぐ 所 Piazza della Repubblica 47 料 Ⓢ Ⓣ €377～ 室数 238室 HP www.marriott.com/hotels/travel/romex-palazzo-naiadi-the-dedica-anthology-autograph-collection/ E

スペイン広場やローマ市街を見下ろす

ハスラー

Hotel Hassler

スペイン広場周辺 MAP 付録P.8 B-2

☎06-699340 交 Ⓜ A線Spagna スパーニャ駅からすぐ 所 Piazza della Trinità dei Monti 6 料 Ⓢ Ⓣ €520～ 室数 66室+21スイート HP www.hotelhasslerroma.com E

英国皇太子や各国貴族も宿泊した名門

シナ・ベルニーニ・ブリストル

Sina Bernini Bristol

スペイン広場周辺 MAP 付録P.9 D-3

☎06-488931 交 Ⓜ A線Spagna スパーニャ駅から徒歩8分 所 Piazza Barberini 23 料 Ⓢ Ⓣ €251～ 室数 129室 HP www.sinahotels.com J E

観光に便利な立地でリーズナブルなホテル

コンドッティ

Hotel Condotti

スペイン広場周辺 MAP 付録P.8 B-2

☎06-6794661 交 Ⓜ A線Spagna スパーニャ駅から徒歩2分 所 Via Mario de' Fiori 37 料 Ⓢ Ⓣ €149～ 室数 16室 HP www.hotelcondotti.com E

エレガントなヴェネト通りに建つ

ザ・ウェスティン・エクセルシオール

The Westin Excelsior, Rome

スペイン広場周辺 MAP 付録P.9 D-2

☎06-47081 交 Ⓜ A線Spagna スパーニャ駅から徒歩12分 所 Via Vittorio Veneto 125 料 Ⓢ Ⓣ €300～ 室数 316室 HP www.marriott.com/hotels/travel/romwi-the-westin-excelsior-rome/ E

屋上庭園のあるデザイナーズホテル

カンポ・デ・フィオーリ

Hotel Campo de' Fiori

ナヴォーナ広場周辺 MAP 付録P.11 F-1

☎06-6874886 交 Ⓜ A線Spagna スパーニャ駅から徒歩13分 所 Via del Biscione 6 料 Ⓢ Ⓣ €270～ 室数 23室 HP www.hotelcampodefiori.com E

ヴァチカン市国に近く、屋上レストランが人気

アトランテ・スター・ホテル

Atlante Star Hotel

ヴァチカン市国周辺 MAP 付録P.6 C-2

☎06-686386 交 Ⓜ A線Ottaviano/S.Pietro/Musei Vaticani オッタヴィアーノ/サン・ピエトロ/ムゼイ・ヴァチカーニ駅から徒歩10分 所 Via Giovanni Vitelleschi 34 料 Ⓢ €196～ Ⓣ €238～ 室数 70室 HP www.atlantehotels.com E

こぢんまりとしたアットホームな雰囲気

コロッセウム

Hotel Colosseum

テルミニ駅周辺 MAP 付録P.13 E-1

☎06-4827228 交 Ⓜ B線Cavour カヴール駅から徒歩4分 所 Via Sforza 10 料 Ⓢ €193～ Ⓣ €202～ 室数 46室 HP www.hotelcolosseum.com E

地下鉄駅のすぐ近くで朝食も充実

ベストウエスタン・ホテル・プレジデント

Best Western Hotel President

テルミニ駅周辺 MAP 付録P.5 E-3

☎06-770121 交 Ⓜ A線Manzoni マンゾーニ駅からすぐ 所 Via Emanuele Filiberto 173 料 Ⓢ €149～ Ⓣ €159～ 室数 192室 HP www.hotelpresident.com E

ホテルのキホン

快適な滞在をするなら、定評あるホテルを選びたい。

ネットの予約を上手に活用しよう!
予約サイトは日本語で予約OK。Wi-Fi環境などもチェックしておこう。口コミも参考になる。

エレベーターなしなど移動が大変な場合も
古い建物のホテルにはエレベーターなしの場合も。荷物の持ち運びはホテルのスタッフに頼もう。

シャワー付きのコン・ドッチャ Con Doccia が主流
浴槽付きの部屋、コン・バーニョ Con Bagno を希望する場合は、事前に確認をしておこう。

フィレンツェ

値段は高いが、花の都を存分に感じられる旧市街に立つホテルが人気。

○ アルノ川のほとりに建つ歴史あるホテル

ザ・ウェスティン・エクセルシオール

The Westin Excelsior, Firenze
サンタ・マリア・ノヴェッラ駅周辺 MAP 付録P.18 A-1

☎055-27151 交Santa Maria Novella サンタ・マリア・ノヴェッラ駅から徒歩10分 所Piazza Ognissanti 3 料Ⓢ€679～Ⓣ€724～ 室数171室 HP www.marriott.com/hotels/travel/flrwi-the-westin-excelsior-florence/ E 🅲

○ 18世紀の邸宅の豪華な空間が広がる老舗

ザ・セントレジス

The St. Regis Florence
サンタ・マリア・ノヴェッラ駅周辺 MAP 付録P.18 A-1

☎055-27161 交Santa Maria Novella サンタ・マリア・ノヴェッラ駅から徒歩10分 所Piazza Ognissanti 1 料Ⓢ€753～Ⓣ€798～ 室数100室 HP www.marriott.com/hotels/travel/flrxr-the-st-regis-florence/ E 🅲

○ 屋外プールも備えるスタイリッシュホテル

パラッツォ・カストリ1874

Palazzo Castri 1874
サン・マルコ地区 MAP 付録P.20 A-1

☎055-472118 交Santa Maria Novella サンタ・マリア・ノヴェッラ駅から徒歩10分 所Piazza della Indipendenza 7 料Ⓢ€228～Ⓣ€256～ 室数58室 HP www.palazzocastri.com E 🅲

○ 屋上テラスからはドゥオモを望める

グランド・ホテル・カヴール

Grand Hotel Cavour
ドゥオモ周辺 MAP 付録P.19 E-2

☎055-266271 交Santa Maria Novella サンタ・マリア・ノヴェッラ駅から徒歩15分 所Via del Proconsolo 3 料Ⓢ€191～Ⓣ€254～ 室数100室 HP www.albergocavour.it E 🅲

○ フェラガモ一族が経営する洗練されたホテル

ルンガルノ

Hotel Lungarno
ピッティ宮殿周辺 MAP 付録P.18 C-3

☎055-27261 交Santa Maria Novella サンタ・マリア・ノヴェッラ駅から徒歩17分 所Borgo S. Jacopo 14 料ⓈⓉ€540～ 室数63室 HP www.lungarnocollection.com E 🅲

○ アルノ川越しに旧市街を見渡せる

ピッティ・パレス・アル・ポンテ・ヴェッキオ

Hotel Pitti Palace al Ponte Vecchio
ピッティ宮殿周辺 MAP 付録P.19 D-3

☎055-2398711 交Santa Maria Novella サンタ・マリア・ノヴェッラ駅から徒歩18分 所Borgo S. Jacopo 3r 料Ⓢ€229～Ⓣ€249～ 室数87室 HP www.florencehotelpittipalacealpontevecchio.com E 🅲

○ ホスピタリティ豊かなサービスが好評

ベルキエリ

Hotel Berchielli
シニョリーア広場周辺 MAP 付録P.18 C-2

☎055-264061 交Santa Maria Novella サンタ・マリア・ノヴェッラ駅から徒歩14分 所Lungarno degli Acciaiuoli 14 料Ⓢ€204～Ⓣ€255～ 室数76室 HP www.berchielli.it E 🅲

○ サウナなどを備えたスパを完備

ゴールデン・タワー・ホテル

Golden Tower Hotel
シニョリーア広場周辺 MAP 付録P.18 C-2

☎055-287860 交Santa Maria Novella サンタ・マリア・ノヴェッラ駅から徒歩11分 所Piazza degli Strozzi 11r 料ⓈⓉ€317～ 室数29室 HP www.goldentowerhotel.it E 🅲

ヴェネツィア

水の都で極上ステイを満喫しよう。ただし国内で最も宿泊費の高い都市でもある。

14世紀の宮殿を改築したゴージャスなしつらえ

ダニエリ

Danieli

サン・マルコ広場周辺 MAP 付録P.25 F-3

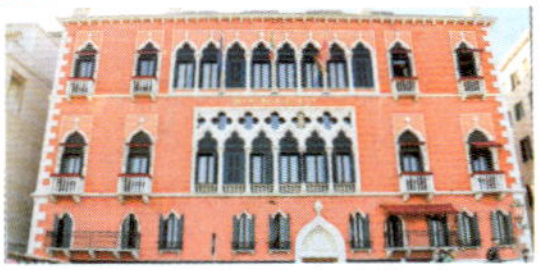

☎041-5226480 交Ⓥ1・2・5.1・14・N番 San Zaccaria(Danieli) サン・ザッカリーア(ダニエリ)からすぐ 所Riva degli Schiavoni 4196 料ⓈⓉ€630～ 室数223室 HP www.marriott.com/hotels/travel/vcelc-hotel-danieli-a-luxury-collection-hotel-venice E

大運河とサン・マルコ広場に近い抜群の立地

バウアー・パラッツォ

Bauer Hotel

サン・マルコ広場周辺 MAP 付録P.25 D-3

☎041-5207022 交Ⓥ1・2・N番 San Marco Vallaresso サン・マルコ・ヴァッラレッソから徒歩10分 所S. Marco 1459 料ⓈⓉ€608～ 室数191室 HP www.bauervenezia.com E

静かに過ごせるヴェネツィア様式のホテル

ジョルジョーネ

Hotel Giorgione

リアルト橋周辺 MAP 付録P.25 E-1

☎041-5225810 交Ⓥ1・N番 Ca' d'Oro カ・ドーロから徒歩4分 所Calle Larga dei Proverbi Cannaregio 4587 料Ⓢ€136～Ⓣ€198～ 室数76室 HP www.hotelgiorgione.com E

小運河沿いに建つ観光に便利なホテル

スターホテルズ・スプレンディド・ヴェニス

Starhotels Splendid Venice

サン・マルコ広場周辺 MAP 付録P.25 E-2

☎041-5200755 交Ⓥ1・2・N・A番 Rialto リアルトから徒歩4分 所San Marco Mercerie 760 料Ⓢ€462～ Ⓣ€475～ 室数165室 HP www.starhotelscollezione.com E

駅チカでスタッフの親切な対応が評判

アンティーケ・フィギューレ

Hotel Antiche Figure

サンタ・ルチア駅周辺 MAP 付録P.22 B-2

☎041-2759486 交Santa Lucia サンタ・ルチア駅から徒歩3分 所Santa Croce 687 料Ⓢ€211～Ⓣ€219～ 室数22室 HP www.hotelantichefigure.it E

ミラノ

国際都市には歴史あるホテルからコスパに優れたホテルまで多彩に揃う。

スカラ座そばに建つラグジュアリーホテル

マンダリン・オリエンタル

Mandarin Oriental, Milan

ブレラ地区 MAP 付録P.31 E-1

☎02-87318888 交Ⓜ3号線Montenapoleone モンテナポレオーネ駅から徒歩3分 所Via Andegari 9 料ⓈⓉ€790～ 室数104室 HP www.mandarinoriental.com/milan E

18世紀の邸宅のアンティークな魅力を満喫

グランド・ホテル・エト・デ・ミラン

Grand Hotel et de Milan

ブレラ地区 MAP 付録P.31 E-1

☎02-723141 交Ⓜ3号線Montenapoleone モンテナポレオーネ駅からすぐ 所Via Alessandro Manzoni 29 料Ⓢ€455～Ⓣ€487～ 室数95室 HP www.grandhoteletdemilan.it E

ペット連れもOKな由緒ある老舗

プリンチペ・ディ・サボイヤ

Principe di Savoia

ガリバルディ地区 MAP 付録P.29 E-1

☎02-62301 交Ⓜ3号線Repubblica レプッブリカ駅から徒歩3分 所Piazza della Repubblica 17 料Ⓢ€502～ Ⓣ€527～ 室数301室 HP www.dorchestercollection.com E

修道院を改築した緑豊かなホテル

フォー・シーズンズ・ホテル

Four Seasons Hotel Milan

ブレラ地区 MAP 付録P.31 F-1

☎02-77088 交Ⓜ3号線Montenapoleone モンテナポレオーネ駅から徒歩3分 所Via Gesù 6/8 料ⓈⓉ€800～ 室数118室 HP www.fourseasons.com/jp/milan/ J E

美しい装飾の建物と広々とした客室

シェラトン・ディアナ・マジェスティック

Sheraton Diana Majestic Milan

ミラノ東部 MAP 付録P.29 F-2

☎02-20582034 交Ⓜ1号線Porta Venezia ポルタ・ヴェネツィア駅から徒歩3分 所Viale Piave 42 料Ⓢ€426～ Ⓣ€442～ 室数106室 HP www.marriott.com/hotels/travel/milsi-sheraton-diana-majestic-milan E

TRAVEL INFORMATION

旅の基本情報

出入国の流れから生活習慣や文化の違い、トラブル対応まで、
イタリアで安全にスマートに滞在する基本情報をチェック!

旅の準備

パスポート(旅券)

旅行の予定が決まったら、まずはパスポートを取得。各都道府県、または市町村のパスポート申請窓口で取得の申請をする。すでに取得している場合も、有効期限をチェック。イタリア入国時には、パスポートの有効残存期間がシェンゲン協定加盟国(→P.180)からの出国予定日から3カ月以上必要。

ビザ(査証)

イタリア入国に際し、観光目的の場合、シェンゲン協定加盟国内に180日間での滞在が90日以内であればビザは不要。

海外旅行保険

海外で病気や事故に遭うと、思わぬ費用がかかってしまうもの。携行品の破損なども補償されるため、必ず加入しておきたい。保険会社や旅行会社の窓口やインターネットで加入できるほか、簡易なものであれば出国直前でも空港にある自動販売機でも加入できる。クレジットカードに付帯しているものもあるので、補償範囲を確認しておきたい。

日本からイタリアへの電話のかけ方

国際電話会社の電話番号 → 010 → 39 → 相手の電話番号

- 国際電話会社の電話番号:マイラインに入っていない場合
- 010:国際電話の識別番号
- 39:イタリアの国番号
- 相手の電話番号:最初の「0」は取らない

荷物チェックリスト

◎	パスポート	
◎	パスポートのコピー(パスポートと別の場所に保管)	
◎	現金	
◎	クレジットカード	
◎	航空券	
◎	ホテルの予約確認書	
◎	海外旅行保険証	
◎	ガイドブック	
	洗面用具(歯みがき・歯ブラシ)	
	常備薬・虫よけ	
	化粧品・日焼け止め	
	着替え用の衣類・下着	
	冷房対策用の上着	
	水着	
	ビーチサンダル	
	雨具・折りたたみ傘	
	帽子・日傘	
	サングラス	
	変換プラグ	
	携帯電話・スマートフォン/充電器	
	デジタルカメラ/充電器/電池	
	メモリーカード	
	ウェットティッシュ	
△	スリッパ	
△	アイマスク・耳栓	
△	エア枕	
△	筆記具	

◎必要なもの　△機内で便利なもの

入国・出国はあわてずスマートに手続きしたい!

ここでつまずくと、せっかくの楽しい旅も残念な気分に。事前にしっかり流れと大事なポイントを確認しておこう!

イタリア入国

① 入国審査

到着後はサインに従い入国審査所(Controllo Passaporti)へ向かう。EU圏居住者とそれ以外でブースが分かれているので、「NON EU」の列に並ぼう。審査官にパスポートを提出し入国スタンプをもらう。シェンゲン協定加盟国を経由した場合は、入国審査は経由地で受けるため、イタリアでは不要。

② 預けた荷物の受け取り

手荷物引渡所(Ritiro Bagagli)のモニターで自分の搭乗便を確認し、該当のターンテーブルへ向かう。荷物を受け取ったら、荷物引換証(クレーム・タグ)を照合し、自分の荷物であることを確認しよう。

③ 税関手続き

税関(Dogana)で申告する必要がなければ緑の通路から出口(Usita)へ。申告が必要なら赤の通路へ。

イタリア入国時の免税範囲

アルコール類	22度以上のアルコール飲料1ℓ、ビール16ℓ、ワイン4ℓ、22度未満のアルコール飲料2ℓ
たばこ	紙巻たばこ200本、または葉巻50本、または小型葉巻100本、または刻みたばこ250g
薬	滞在中に使用する分量
現金	€1万以上の通貨、またはそれに相当する外貨などは申告が必要

※アルコール類、たばこは17歳以上のみ

シェンゲン協定とは

シェンゲン協定とは一部の欧州諸国で締結された出入国管理政策。加盟国間の移動は国内移動と同等に扱われ入国審査も税関検査も行わない。イタリア出入国の際に協定加盟国を経由する場合、入国審査は域内にある最初の空港、出国審査は域内にある最後の空港で行う。

シェンゲン協定加盟国 オーストリア、ベルギー、デンマーク、フィンランド、フランス、ドイツ、ギリシャ、アイスランド、イタリア、オランダ、ポーランド、ポルトガル、スペイン、スイスなど26カ国(2019年6月現在)

出発前に確認しておきたい!

Webチェックイン

搭乗手続きや座席指定を事前にWebで終わらせておくことで、空港で荷物を預けるだけですみ大幅に時間を短縮することができる。一般的に出発時刻の24時間前(アリタリア-イタリア航空では48時間前)からチェックインが可能。パッケージツアーでも利用できるが、一部対象外となるものもあるため、その際は空港カウンターでの手続きとなる。

飛行機機内への持ち込み制限

◉液体物 100mℓ(3.4oz)を超える容器に入った液体物はすべて持ち込めない。100mℓ以下の容器に小分けにしたうえで、ジッパー付きで透明なプラスチック製の袋に入れる。保安検査後にある免税店で購入したものは100mℓを超えても持ち込めるが、乗り継ぎの際に没収される場合も。

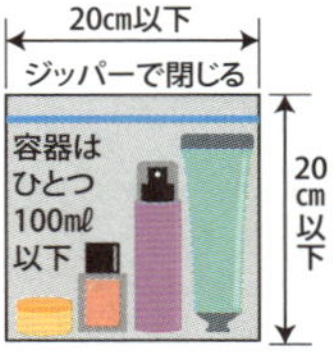

◉刃物 ナイフやカッターなど刃物は、形や大きさを問わずすべて持ち込むことができない。
◉電池・バッテリー 100Whを超え160Wh以下のリチウムを含む電池は2個まで。100Wh以下や本体内蔵のものは制限はない。160Whを超えるものは持ち込み不可(預け入れもできないので注意)。
◉ライター 小型かつ携帯型のものを1個まで。
※詳細は各航空会社へ確認を

荷物の重量制限

航空会社によって異なるが、アリタリア-イタリア航空の場合、エコノミークラスで23kg(3辺の合計が158 cmを超えないもの)を日本発着便では2個、無料で預け入れられる。詳しくは利用する航空会社のホームページなどで事前に確認を。

ロストバゲージしたら

万が一預けた手荷物が出てこなかったり、破損していた場合には荷物引換証(クレーム・タグ)を持って受取場内にあるカウンターに出向く。次の旅程やホテルの連絡先などを所定の用紙に記入するか係員に伝えて、届けてもらうなどの処置依頼を交渉しよう。

イタリア出国

① 空港へ向かう

搭乗する航空会社によってターミナルが違うため、事前によく確認しておきたい。チェックインがまだであれば2時間前、Webチェックインをすませていても1時間前には着いていたい。

② チェックイン

チェックインがまだであれば、カウンターでパスポートと搭乗券(eチケット控え)を提示。預ける荷物をセキュリティチェックに通し、荷物引換証(クレーム・タグ)を受け取る。預け荷物の中にタックス・リファンドを申請するものがあれば、荷物を一旦引き取り免税手続きをすませる。

③ 出国審査

パスポートと搭乗券を審査官に提示。機内持ち込み荷物の免税手続きは審査通過後の税関で行う。

④ 搭乗

出発時刻の30分前までには搭乗ゲートへ向かうようにしたい。時間までは、免税店やレストランで楽しもう。ただし、ソーセージやサラミなどの肉製品は、免税店で販売されているものでも日本に持ち帰ることができないので注意。

日本帰国時の免税範囲

アルコール類	1本760㎖程度のものを3本
たばこ	紙巻たばこ400本、葉巻たばこ100本、その他500g、加熱式たばこ個装等20個のいずれか。2021年10月からそれぞれ半分となる
香水	2oz(オーデコロン、オードトワレは含まない)
その他物品	海外市価1万円以下のもの。1万円を超えるものは合計20万円まで

※アルコール類、たばこは20歳以上のみ

日本への主な持ち込み禁止品・制限品

持ち込み禁止品	麻薬類、覚醒剤、向精神薬など
	拳銃などの鉄砲、弾薬など
	ポルノ書籍やDVDなどわいせつ物
	偽ブランド商品や違法コピー
	DVDなど知的財産権を侵害するもの
	家畜伝染病予防法、植物防疫法で定められた動植物と、それを原料とする製品
持ち込み制限品	ハム、ソーセージ、10kgを超える乳製品など検疫が必要なもの
	ワシントン国際条約の対象となる動植物と、それを原料とする製品
	猟銃、空気銃、刀剣など
	医療品、化粧品など

スムーズに免税手続きをしたい!

付加価値税(IVA)

イタリアでは商品の価格に4～22%の付加価値税(IVA)が含まれている。EU加盟国以外の国籍の旅行者が滞在中に購入した商品を未使用のままEU諸国外へと持ち出す場合、税金の一部が還付される。商品購入の際に簡単な手続きがあるので覚えておこう。

払い戻しの条件

EU諸国以外のパスポート保持者が、1日あたり1軒の店で€154.94を超える買い物をし、なおかつその商品を未使用で購入から3カ月以内にEU諸国外へと持ち出すことが条件。

払い戻し方法

◉**お店**　税金払い戻し取扱店舗で支払いの際にパスポートを提示、免税書類(輸出販売明細書)の作成をしてもらう。払い戻し方法(現金かクレジットカード)を選択し同書類にサインをする。書類と投函用の封筒をくれるので出国の空港まで大切に手元に保管する。

◉**空港**　預け荷物にする場合は、チェックイン後に荷物にタグを付けたまま税関へ向かう。免税書類とレシート(クレジットカードの控えは不可)、パスポート、航空券、求められれば未使用の購入品を提出し、確認スタンプを押してもらう。機内持ち込みにする場合は、出国審査後の税関で確認スタンプをもらう。スタンプがないと書類は無効になるので注意。スタンプをもらったら、還付代行会社(グローバルブルーなど)のカウンターへ出向き還付手続きをする。出発空港に払い戻しのカウンターがない場合、店舗で受け取った返信用封筒に書類を入れてポストに投函する(切手不要)。グローバルブルー専用ポストは成田空港、羽田空港、関西国際空港、中部国際空港にもある。

※イタリアでは税関のスタンプをもらわずに、還付代行会社のカウンターで手続きを完了できる場合がある。免税対象がイタリアでの購入品のみ、利用する還付代行会社や空港によっても異なるので確認を。

手続きの注意点

税金の還付手続きはEU諸国を最後に出発する空港で行う。例)イタリアからドイツ経由で日本に帰国する場合はドイツの空港での手続き。いずれも未使用の購入商品を提示できるように準備しておく必要がある。手数料などを考慮するとクレジットカードへの払い戻しがおすすめ。カードへの還付は約2カ月後が目安。

日本からはローマ、ミラノへの直行便がある！

直行便はアリタリア-イタリア航空のみ。成田からローマまで週7便（12時間45分）、ミラノまで週7便（12時間40分）。

Roma
フィウミチーノ空港
Aeroporto di Fiumicino

ローマ市街の南西約35㎞の海沿いに位置するイタリアで最大規模を誇る国際空港。別名レオナルド・ダ・ヴィンチ国際空港とも呼ばれ、空港内にはダ・ヴィンチのモニュメントも立つ。フィレンツェやボローニャなど主要都市へ向かう高速鉄道駅も整備されているイタリアの交通の要所。

空港ターミナル

日本からの直行便はターミナル3に到着する。1階が到着ロビー、2階が出発ロビー。帰国の直行便はターミナル1でチェックインしてからターミナル3への移動となる。時間に余裕をもつか、Webチェックインを利用しよう。

Milano
ミラノ・マルペンサ空港
Aeroporto di Milano-Malpensa

ミラノ中心部から北西約50㎞にあり、ローマのフィウミチーノ空港と並ぶイタリアを代表する国際空港。市街地から距離があるが、中央駅とを結ぶ鉄道が通り、約50分で行ける。アリタリア-イタリア航空をはじめ、ヨーロッパ各地の航空会社や格安航空会社がハブ空港としている。

空港ターミナル

ターミナ1と2があり、国際線の発着は主にターミナル1。ターミナル2は格安航空会社、イージージェットの発着に使われる。日本からの直行便はターミナル1のBサテライトに到着。到着ロビーは1階、出発ロビーは3階だ。

空港でしておきたいこと

□ 両替

ユーロの現金がないときは空港で両替して当面必要な現金を手に入れておこう。空港の両替所はレートがよくないので、キャッシングが可能なクレジットカードがあれば、ターミナル各所にあるATMでキャッシングするのもよい。

□ SIMカードの購入

SIMカードは空港内の各社ショップや両替所などで販売。最大手のティム（TIM）やボーダフォン（Vodafone）などが有名で、旅行者向けの商品もある。しかし、空港での購入価格は街なかのショップで購入するより割高の傾向も。事前にオンラインで購入しておくのもよい。➔P.187

イタリアの主要空港

日本からの直行便はないが、乗り継ぎ便や他都市へ向かう際に利用するその他の空港についても、ロケーションやアクセスなどを事前に把握しておこう。

◉チャンピーノ空港（ローマ） ➔付録P.35
ローマ郊外にある空港。数社のシャトルバスが空港とテルミニ駅間を運行。片道€5.80、所要約40分。

◉アメリゴ・ヴェスプッチ空港（フィレンツェ） ➔付録P.35
市内中心部から約4㎞に位置。トラム2番に乗って約20分で市内へ。チケットはバスと共通で€1.50。

◉マルコ・ポーロ空港（ヴェネツィア） ➔付録P.35
ヴェネツィア本島の北約7㎞にある。陸路のバスはローマ広場まで約20分、片道€8。水上バスのヴァポレットも運航しており、サン・マルコ広場まで約1時間15分、片道€15。割高だが水上タクシーもある。

◉リナーテ空港（ミラノ） ➔付録P.35
ミラノ中心部の東に約10㎞。ミラノ中央駅までエアポートバスが運行。片道€5、所要25分。2023年までに空港と中央駅を結ぶ地下鉄4号線が開通予定。※リナーテ空港は2019年10月27日までメンテナンスのため一時閉鎖

空港からホテルへはスムーズにアクセスしたい！

空港と市内中心部はやや離れているが、速い列車や一律運賃のタクシーなどで案外スムーズに移動できる。

フィウミチーノ空港からローマ中心部へ

速くてわかりやすいのは鉄道。料金の安いバスは時間に余裕がある人向き。同行者が多ければタクシーも便利。

レオナルド・エクスプレス

所要	32分
料金	€14

トレニタリアが運行する空港駅とテルミニ駅を結ぶ直行列車。15～30分間隔と本数も多い。ターミナル3から空港駅まで連絡通路を通り、窓口か自動券売機でチケットを購入。チケットは改札でQRコードをかざし、ホームにある緑色の刻印機で打刻を。6時8分～23時23分で運行。

エアポート・シャトル・バス

所要	約45分～1時間
料金	€5.80～

空港とテルミニ駅間を往復するバスを数社が運行。SIT社のバスは、アリタリア-イタリア航空のローマまでの航空券を提示すると€1割引に。タムバスは€7。チケットはオンライン、乗り場の窓口、運転手から直接のいずれかで購入する。オンライン購入の場合、割安になることも。

タクシー

所要	約40分
料金	€48

1台に4名まで乗車可能。空港から中心部を囲むアウレリアヌス城壁内までは一律料金で走るため、複数の同行者がいる場合は最も便利な移動手段。必ず白い車体にローマ市の紋章のある正規のタクシーを利用すること。ただし、城壁の外に向かう場合は一律運賃は適用されない。

ミラノ・マルペンサ空港からミラノ中心部へ

市内中心部まで50kmと少し距離があるが、鉄道なら最短約40分。シャトルバスは乗り場が近く使いやすい。

マルペンサ・エクスプレス

所要	52分
料金	€13

※ターミナル1～ミラノ中央駅の所要時間

空港のターミナル1・2とミラノ中央駅またはカルドナ駅を結ぶ直通列車。到着ホールを出て直進すると空港駅があり、窓口か自動券売機でチケットを購入。改札はなく、エスカレーター前にある黄色い刻印機に挟んで刻印する。忘れると無賃乗車扱いになり罰金を取られるので注意。

シャトルバス

所要	約50分
料金	€8～

3社が空港とミラノ中央駅を結ぶバスを運行（ミラノ見本市会場を経由する場合もあり）。バス乗り場はターミナル1の到着ロビーの4番出口からすぐ。乗り場までの距離が近いのも魅力だ。チケットはオンライン、バス会社の窓口、乗車口にいる係員から購入する。

タクシー

所要	約50分
料金	€95

空港からミラノ市内までは、スーツケースなどの荷物の割増料金も込みで一律€95と料金が定められているので安心。乗り場はターミナル1の到着ロビーの6番出口を出たところにある。到着ロビー付近で客引きをしている運転手がいるが、違法なのでけっして乗らないこと。

イタリアのお金のことを知っておきたい！

カード利用が便利なイタリアでもチップなどで現金が必要なことも。迷わないようお金の基本をおさらい。

通貨

通貨はユーロ(€)。ユーロとセント(Cent)はイタリア語でエウロ、チェンテージモ(単数形)／チェンテージミ(複数形)。

€1 ＝ 約118円

(2019年8月現在)

1万円 ＝ 約€84.75

スリや盗難の心配があるので多額の現金を持ち歩くのは避け、なるべくクレジットカードを使用するのがおすすめ。小さなショップや個人経営の店、交通チケットの券売機ではクレジットカードが使えない場合もある。

紙幣

€5
€10
€20
€50
€100
€200

硬貨

1¢
2¢
5¢
10¢
20¢
50¢
€1
€2

©European Central Bank

両替

どこで両替をすればいい？

空港や主要駅、市内の両替所、ホテルで両替が可能。レートや手数料が異なるので事前に必ず確認を。基本的に銀行や郵便局では両替をしていない。日本のほうがレートがよいことが多いので出国前に準備しておくほうが得策かも。

日本円からの両替はBUYING

レート表の見方

CURRENCY(通貨)	UNIT	SELLING	BUYING
JAPANESE YEN	100	0.79	0.84
US DOLLAR	1	1.11	0.90

日本円は100円に対するレート

ユーロを日本円に両替するときのレート

日本円をユーロに両替するときのレート。この場合、1万円が約€84換算

ATMで現地通貨を引き出す

ATMは市中のいたるところにあり、時間的にも自由が利くので便利。一般的にレートも現金を両替するより有利となる。都度ATM手数料がかかるため、ある程度まとまった金額を引き出すほうがよい。クレジットカードでのキャッシングは利息が発生するが、帰国後すぐ繰上返済すれば高額にはならない。キャッシングに抵抗があれば、国際キャッシュカードやトラベルプリペイドカードを利用しよう。

クレジットカード

イタリアでは多くの場所でクレジットカードが利用できる。多額の現金を持ち歩くのは危険なので、うまく組み合わせて利用したい。ホテルで保証金代わりとして求められることもあるので、1枚は持っておきたい。事前にキャッシングの可否やPIN(暗証番号)の確認を忘れずに。

トラベルプリペイドカード

クレジットカード会社が発行するプリペイドカード。あらかじめ日本でお金をチャージして、現地でクレジットカード同様に使用できるもの。銀行口座や事前の信用審査が不要、使いすぎの防止にもなる便利なカードだ。

ATMの使い方

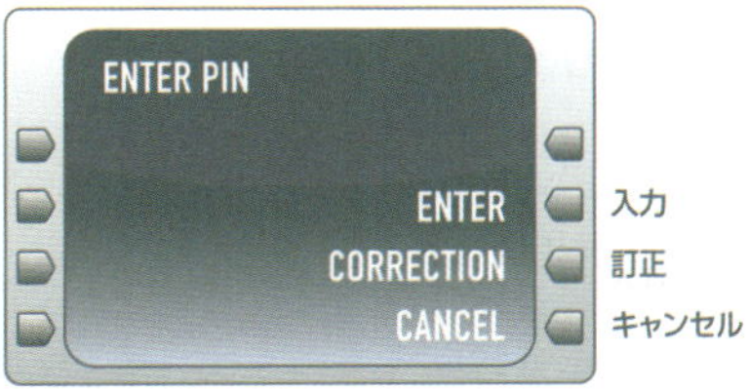

暗証番号を入力 ENTER PIN

ENTER PIN(暗証番号を入力)と表示されたら、クレジットカードの4ケタの暗証番号を入力し、最後にENTER(入力)を押す

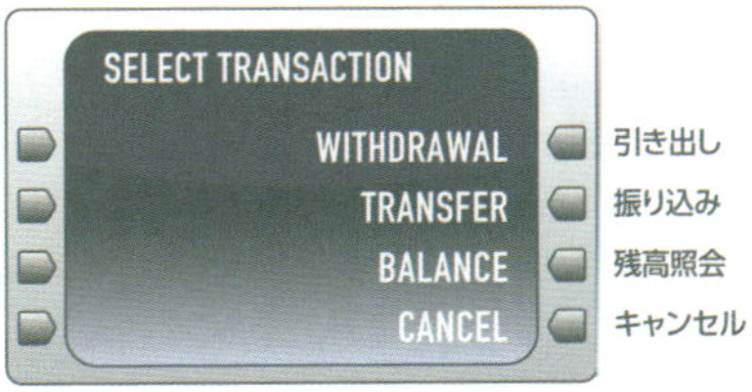

取引内容を選択 SELECT TRANSACTION

クレジットカードでのキャッシングも、国際キャッシュカードやデビットカード、トラベルプリペイドカードで引き出すときもWITHDRAWAL(引き出し)を選択

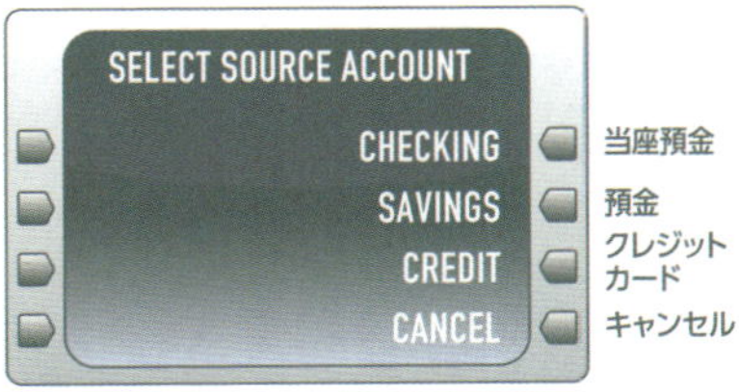

取引口座を選択 SELECT SOURCE ACCOUNT

クレジットカードでキャッシングする場合はCREDIT(クレジットカード)、トラベルプリペイドカードなどで預金を引き出す場合はSAVINGS(預金)を選択

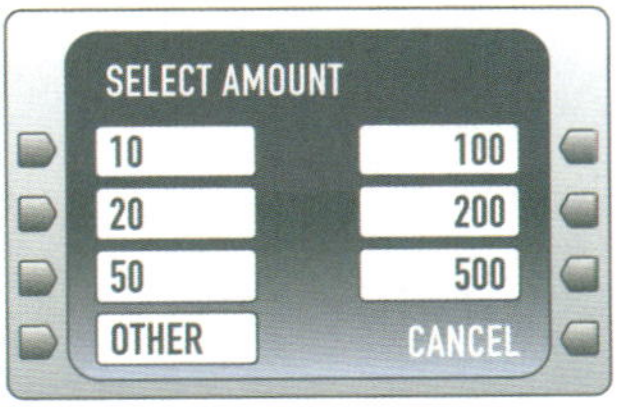

金額を選択 SELECT AMOUNT

引き出したい現地通貨の金額を選ぶ。決められた金額以外の場合はOTHER(その他)を選ぶ。現金と明細書、カードを受け取る。

物価

イタリアの物価は観光の中心エリアでは日本と同程度。地方になるほど安くなる傾向がある。

メトロ初乗り
€1.50(約180円)

タクシー初乗り
€3.20(約390円)

ミネラルウォーター(500mℓ)
€0.50～1(約60～120円)

ビール
€3前後(約360円)

グラスワイン
€3前後(約360円)

予算の目安

周遊する都市やシーズンによって、予算の変動も大きい。

宿泊費 ホテルのランクや地域によってかなり価格に差が出る。観光シーズンの4～10月は高め。特に土地が限られているヴェネツィアのホテルはほかの都市に比べてもかなり高額。

食費 外食はピッツェリアやトラットリアでカジュアルなランチをする場合は€15～、一般的なリストランテでディナーを楽しむなら€50～を目安に予算を考えておこう。手軽なデリやスーパー、ベーカリーなどでメリハリをつけるとコストを抑えられる。

交通費 1都市内での移動なら公共交通機関の1日パス(ローマ・パスなら€0)でお得にまわれる。長距離の移動には鉄道が便利。高速列車の2等で€40～100程度。購入時期や等級によっても大きく値段が異なる。

入場料 教会のほとんどは無料で見学ができる。美術館や博物館は€10以上するところも多く、見学時間も必要なため、しっかり吟味して選びたい。

チップ

イタリアでは必ずしもチップが習慣になっているわけではない。ホテルや高級レストランなどで、伝票にサービス料込みと記載があればチップは不要。気持ちのよいサービスを受けたときは、端数を切り上げて渡すなどして感謝の気持ちを伝えよう。

金額の目安

ホテル・ベッドメイキング	ベッド1台につき€0.5～1
ホテル・ポーター	大きな荷物1つにつき€1
タクシー	運賃の€1未満を切り上げる
高級レストラン	サービス料が含まれていなければ10%程度

滞在中に知っておきたいイタリアのあれこれ!

教会での服装や美術館のマナーに注意。飲酒や喫煙に関しては近年、取り締まりが厳しくなっている。

飲料水

イタリアの水道水は飲用はできるが石灰が多いので、旅行者は市販のミネラルウォーター(アックア・ミネラーレ)の購入がおすすめ。一般的にガス入りの炭酸水(Gassata/ガッサータ、またはFrizzante/フリッザンテ)が主流。ガスなしが飲みたいときは(Naturale/ナトゥラーレ)を選ぼう。

トイレ

公衆トイレは場所によって€0.7~1のチップが必要な場合がある。公衆トイレの数自体が少ないので、美術館やカフェ、レストラン、デパートなどに行った際にすませておくのがよい。有料トイレには入口にいる女性の横にチップを入れる皿がある場合と、自動支払機がある場合とがある。

各種マナー

教会で
信仰の場所であるため夏でも肌の露出は控え、帽子は脱ぐ。スカーフを1枚持っていると便利。また、ミサの時間の見学は避けよう。

美術館で
写真撮影可能な美術館でも、作品の保護のためにフラッシュ撮影は禁止されている。また、三脚を立てるのも禁止なので注意を。

レストランで
食事時のマナーで絶対NGなのは、パスタで音をたてること。これだけは注意しなければならない。また、料理のシェアはしないが、注文時に伝えれば取り皿を持ってきてくれる。テーブルでの会計が基本。カジュアルな店ではレジ精算のところも。

度量衡

日本と同じ㎝(センチ)、g(グラム)、ℓ(リットル)などのメートル法が使われている。

ドレスコード

高級レストランでは、男性はジャケット(ネクタイもあると良い)、女性はワンピースやスーツ、ジャケットなどの装いが望ましいが、それほど堅苦しく考える必要はない。

電化製品の使用

電圧は日本と異なる

日本と異なり、電圧は220Vで周波数は50Hz(日本は電圧は100Vで周波数は50~60Hz)。ドライヤーやアイロンなど電熱器は、変圧器を利用してもうまく動かないことがあるため、海外用のものを用意するか、現地のものを利用するのが無難。近年の携帯電話やデジタルカメラの充電器は、さまざまな電圧に対応しているため変圧器は必要ないが、事前に対応電圧を確認しておきたい。

プラグはC型が主流

電気のプラグは円筒状のピンが2本出ているC型が一般的。SE型のコンセントの場合もあるが、C型プラグがあれば対応できるので、変換プラグはC型を購入すればよい。

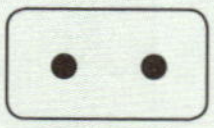

C型プラグ

郵便

はがき/手紙

優先郵便と普通郵便があり、日本までのはがき、封書は優先郵便50gまで€4.50、普通郵便20gまで€2.40。AIRMAILとJAPANの記入を忘れずに。日本へは優先郵便で1週間前後、普通郵便の場合は1カ月ほどかかることもある。

小包

郵便局(Poste Italiane)の国際便も利用できるが、ローマやミラノなどの都市にはクロネコヤマトなど日本の宅配会社があり、日本語で依頼もできるので安心だ。

飲酒と喫煙

飲酒、喫煙とも18歳から。

公共の場での飲酒

飲酒による交通事故の増加から、飲酒に関する罰則は厳しい。バールでは深夜2時以降のアルコール販売が禁止され、ローマでは22時以降の路上での飲酒が禁止されている。

公共の場での喫煙は不可

レストランなどの店舗、博物館や美術館などの建物内部、公共の場での喫煙は禁止。違反が見つかると本人に€27.50~275、見逃した店主に€220~2200の罰金が科せられる。

電話／インターネット事情を確認しておきたい!

情報収集に便利なインターネット接続や、いざというときの電話のかけ方をおさらいしておこう。

電話をかける

国番号は、日本が81、イタリアが39

イタリアから日本への電話のかけ方

ホテル、公衆電話から

ホテルからは外線番号 → 00（国際電話の識別番号） → 81（日本の国番号） → 相手の電話番号

※固定電話・携帯電話とも市外局番の最初の0は不要

携帯電話、スマートフォンから

0または＊を長押し → 81（日本の国番号） → 相手の電話番号

※機種により異なる

※固定電話・携帯電話とも市外局番の最初の0は不要

固定電話からかける

ホテルから 外線番号(ホテルにより異なる)を押してから、相手先の番号をダイヤル。たいていは国際電話もかけることができる。

公衆電話から 近年は数を減らしているが、ショッピングセンターや空港で見つけることができる。テレホンカードは街のタバッキなどで購入できる。

日本へのコレクトコール

緊急時にはホテルや公衆電話から通話相手に料金が発生するコレクトコールを利用しよう。

◉KDDIジャパンダイレクト
☎800-172242

オペレーターに日本の電話番号と話したい相手の名前を伝える

携帯電話／スマートフォンからかける

国際ローミングサービスに加入していれば、日本で使用している端末でそのまま通話できる。滞在中はイタリアの番号にそのままダイヤルするだけでよい(最初の「0」も必要)。日本の電話には、＋を表示させてから、国番号＋相手先の番号(最初の0は除く)。同行者の端末にかけるときも、国際電話としてかける必要がある。

海外での通話料金 日本国内での定額制は適用されず、着信時にも通話料が発生するため、料金が高額になりがち。ホテルの電話やIP電話を組み合わせて利用したい。同行者にかけるときも日本への国際電話と同料金。

IP電話を使う インターネットに接続できる状況であれば、SkypeやLINE、Viberなどの通話アプリを利用することで、同じアプリ間であれば無料で通話することができる。SkypeやViberは有料プランでイタリアの固定電話にもかけられる。

インターネットを利用する

ホテルでは宿泊客が無料でWi-Fiを利用できる環境が整っていることが多い。パスワードの入力が必要な場合もあるので確認を。各都市の自治体、空港や駅、美術館・博物館、街なかのカフェなどでも無料Wi-Fiサービスを提供しているが、時間制限や通信制限があったり、SMS認証、IDの登録が求められることもある。安定したインターネット環境を利用したい場合は、日本からWi-Fiルーターをレンタルするのも一案。海外への電話もインターネットの通話サービスを利用するなどして、通話料金をお得にすませたい。

インターネットに接続する

海外データ定額サービスに加入していれば、1日1000～3000円程度でデータ通信を行うことができる。通信業者によっては空港到着時に自動で案内メールが届くこともあるが、事前の契約や手動での設定が必要なこともあるため、よく確認しておこう。定額サービスに加入せずにデータ通信を行うと高額な料金となるため、不安であれば電源を切るか、機内モードやモバイルデータ通信をオフにしておく。

SIMカード／レンタルWi-Fiルーター

頻繁に利用するならば、現地SIMカードの購入や海外用Wi-Fiルーターのレンタルも検討したい。SIMフリーの端末があれば空港や駅、街なかのショップで購入できるSIMカードを差し込むだけで、インターネットに接続できる。購入にはパスポートが必要。TIM Tourist€20(15GB／通話200分／4G／30日間有効)など、オンラインで事前に購入する旅行者向けの商品も。Wi-Fiルーターは複数人で同時に使えるのが魅力。大容量プランで1日1500～2000円など。

	カメラ／時計	Wi-Fi	通話料	データ通信料
電源オフ	×	×	×	×
機内モード	○	○	×	×
モバイルデータ通信オフ	○	○	$	×
通常モバイルデータ通信オン	○	○	$	$

○利用できる　$料金が発生する

オフラインの地図アプリ

地図アプリでは、地図データをあらかじめダウンロードしておくことで、データ通信なしで利用することができる。機内モードでもGPS機能は利用できるため、通信量なしで地図アプリを利用できる。

病気、盗難、紛失…。トラブルに遭ったときはどうする？

事故や病気は予期せず起こるもの。万が一のときにもあわてずに行動したい。

治安が心配

日本ほど治安はよくないとされているイタリアでは、用心するにこしたことはない。特に主要観光地を中心にスリやひったくりの軽犯罪が多発している。周囲の人物に常に気をつけて持ち物や財布から手を離さない、スマホに夢中にならないなど基本的なことが重要だ。

緊急時はどこへ連絡？

盗難やけがなど緊急の事態には警察や消防に直接連絡すると同時に日本大使館にも連絡するように。

国家警察 ☎113
軍警察 ☎112
救急 ☎118

大使館

在イタリア日本国大使館
スペイン広場周辺 MAP 付録P.9 E-2
☎06-487991 所 Via Quintino Sella 60
HP www.it.emb-japan.go.jp

在ミラノ日本国総領事館
ブレラ地区 MAP 付録P.29 E-2
☎02-6241141 所 Via Privata Cesare Mangili2/4 HP www.milano.it.emb-japan.go.jp

病院

ローマ中田吉彦病院
ヴァチカン市国周辺 MAP 付録P.6 A-4
☎06-6381924 所 Via Monte del Gallo 4

病気・けがのときは？

海外旅行保険証に記載されているアシスタンスセンターに連絡するか、ホテルのフロントに医者を呼んでもらう。海外旅行保険に入っていれば、提携病院で自己負担なしで安心して治療を受けることができる。

パスポートをなくしたら？

① 最寄りの警察に届け、盗難・紛失届出証明書(Denuncia di Furto)を発行してもらう。

② 証明書とともに、顔写真2枚、本人確認用の書類を用意し、在イタリア日本国大使館または在ミラノ日本国総領事館に、紛失一般旅券等届出書を提出する。

③ パスポート失効後、「帰国のための渡航書」の発行を申請。渡航書には帰りの航空券(eチケット控えで可)が必要となる。「帰国のための渡航書」発行の手数料は€19。午前申請分は、同日の午後交付される。

※手数料は現金のみで、おつりのないように用意。毎年為替レートに合わせて変更される

新規パスポートも申請できるが、発行に所要2日(土・日曜、祝日は含まない)、戸籍謄本(抄本)の原本が必要となる。手数料は、5年有効が€84、10年有効が€122。

クレジットカードをなくしたら？

不正利用を防ぐため、カード会社にカード番号、最後に使用した場所、金額などを伝え、カードを失効してもらう。再発行にかかる日数は会社によって異なるが、翌日〜3週間ほど。事前にカード発行会社名、紛失・盗難時の連絡先電話番号、カード番号をメモし、カードとは別の場所に保管しておくこと。

現金・貴重品をなくしたら？

現金はまず帰ってくることはなく、海外旅行保険でも免責となるため補償されない。荷物は補償範囲に入っているので、警察に届け出て盗難・紛失届出証明書(Denuncia di Furto)を発行してもらい、帰国後保険会社に申請する。

外務省 海外安全ホームページ&たびレジ

外務省の「海外安全ホームページ」には、治安情報やトラブル事例、緊急時連絡先などが国ごとにまとめられている。出発前に確認しておきたい。また、「たびレジ」に渡航先を登録すると、現地の事件や事故などの最新情報が随時届き、緊急時にも安否の確認や必要な支援が受けられる。

旅のトラブル実例集

スリ

事例1 旅行者を装ったグループが、記念写真などを依頼し、カメラの操作を説明するなどして気をそらせた際にバッグや衣服のポケットから財布や貴重品を抜き取られる。

事例2 メトロ車内で集団に押されている間に貴重品を抜き取られる。

対策 多額の現金や貴重品はできる限り持ち歩かず、位置を常に意識しておく。取り囲まれた場合は、大声を出してその場から逃げる。

ひったくり

事例1 歩行中、オートバイの2人組に追い越しざまにバッグを奪い取られる。

対策 外出時には、バッグなどの手荷物を持たない。持つ場合には、多額の現金や貴重品を持ち歩かないようにする。車道側の手でバッグなどを持たず、体の前で持つなどの対策を。オートバイなどが接近してきた場合には、いったん立ち止まるなどして注視し、通り過ぎるのを確認してから歩き始める。

盗難

事例1 駅構内で「国際電話をかけるのに自分（犯人）のクレジットカードが使用できないので、あなたのもので試してくれないか」と依頼され、これに応じる過程で、犯人が用意した多種類のクレジットカードの中から被害者と同じ会社のものにすり替えられ盗まれる。

事例2 制服を着た警官風の人物が現れ、検査と称して財布を出させ、クレジットカードを抜き取られる。

対策 空港や駅などでこのような声をかけられたら、速やかにその場を離れる。クレジットカードは絶対に触れさせないように細心の注意を払うこと。警官には身分証明書の提示を求める。

旅のイタリア語

ITALIAN CONVERSATION

観光地では英語が通じることが多いが、
現地の人との距離を縮めるためにも
ぜひイタリア語で話しかけてみよう。

あいさつ

こんにちは／おはよう

Buongiorno
ブォンジョルノ

ありがとう

Grazie
グラツィエ

こんばんは

Buonasera
ブォナセーラ

はい／いいえ

Si／No
スィ　ノ

さようなら

Arrivederci
アッリヴェデルチ

すみません

Scusi
スクーズィ

やあ!／じゃあね

Ciao
チャオ

けっこうです

No, grazie
ノ グラツィエ

移動するときの会話

きっぷを1枚ください。

Vorrei un biglietto?
ヴォッレイ ウン ビリエット?

このバスは○○まで行きますか?

Va a ○○ questo autobus?
ヴァ ア クエスト アウトブス?

○○に着いたら教えてください。

Mi sa dire guando siamo a ○○.
ミ サ ディーレ グアンド シィアーモ ア ○○

この住所までお願いします。

A questo indirizzo, per favore.
ア クエスト インディリッツォ ペル ファヴォーレ

ショッピング時の会話

これはなんですか?

Che cos'è questo?
ケ コーゼ クエスト?

いくらですか?

Quanto costa?
クァント コスタ?

これをください

Prendo questo.
プレンド クエスト

～はありますか。

Avete～?
アヴェーテ～?

レストランでの会話

今夜7時に予約をしたいのですが。

Vorrei prenotare un tavolo per stasera alle 7?
ヴォッレイ プレノターレ ウン ターヴォロ ペル スタセーラ アッレ セッテ?

おすすめの料理は何ですか?

Quali piatti ci consiglia?
クアーリ ピアッティ チ コンシリア?

おいしい!

Buono!
ブウオノ

お会計をお願いします。

Il conto, per favore.
イル コント ペル ファヴォーレ

ホテルでの会話

チェックイン／チェックアウトをお願いします。

Check-in／Check-out, per favore?
チェッキン／チェッカウト ペル ファヴォーレ?

お湯が出ません。

Non c'è acqua calda?
ノン チェ アックア カルダ?

部屋に鍵を置き忘れました。

Ho lasciato la chiave in camera.
オ ラッシャート ラ キアーヴェ イン カァメラ

トラブル時の会話

警察を呼んでください。

Mi chiami la polizia, per favore.
ミ キアーミ ラ ポリツィーア ペル ファヴォーレ

財布を盗まれました。

Mi hanno rubato il portafoglio.
ミ アンノ ルバート イル ポルタフォーリオ

救急車を呼んでください。

Mi chiami un'ambulanza, per favore.
ミ キアーミ ウナンブランツァ ペル ファヴォーレ

頭痛がします。

Ho mal di testa.
オ マル ディ テスタ

日本語を話せる人はいますか?

C'è qualcuno qui che parli giapponese?
チェ クアルクーノ クイ ケ パールリ ジャッポネーゼ?

数字

0 **zero** ゼーロ

1 **uno** ウーノ

2 **due** ドゥーエ

3 **tre** トレ

4 **quattro** クアットロ

5 **cinque** チンクエ

6 **sei** セーイ

7 **sette** セッテ

8 **otto** オット

9 **nove** ノーヴェ

10 **dieci** ディエーチ

20 **venti** ヴェンティ

30 **trenta** トレンタ

40 **quaranta** クワランタ

50 **cinquanta** チンクァンタ

60 **sessanta** セッサンタ

70 **settanta** セッタンタ

80 **ottanta** オッタンタ

90 **novanta** ノヴァンタ

100 **cento** チェント

1000 **mille** ミッレ

1万 **dieci mila** ディエーチ ミーラ

INDEX

インデックス

ハルカナ ✈ 旅を
豊かで楽しくするスポット

■ 観光スポット　G グルメ
S ショッピング　A アート&カルチャー
C カフェ&スイーツ　H ホテル

◆ ローマ

◆ フィレンツェ

STAFF

● **編集制作** Editors
K&Bパブリッシャーズ K&B Publishers

● **取材・撮影** Writers & Photographers
片野優 Masaru Katano
須貝典子 Noriko Sugai
高橋恵 Megumi Takahashi

● **執筆** Writers
重松久美子 Kumiko Shigematsu
好地理恵 Rie Kochi
篠原史紀 Fuminori Shinohara

● **カバー・本文デザイン** Design
山田尚志 Hisashi Yamada

● **地図制作** Maps
トラベラ・ドットネット TRAVELA.NET
フロマージュ Fromage

● **表紙写真** Cover Photo
iStock.com

● **写真協力** Photographs
PIXTA
iStock.com
123RF

● **総合プロデューサー** Total Producer
河村季里 Kiri Kawamura

● **TAC出版担当** Producer
君塚太 Futoshi Kimizuka

● **TAC出版海外版権担当** Copyright Export
野崎博和 Hirokazu Nozaki

● **エグゼクティヴ・プロデューサー**
Executive Producer
猪野樹 Tatsuki Ino

ハルカナ　イタリア

2019年9月20日　初版　第1刷発行

著　　者　TAC出版編集部《しゅっぱんへんしゅうぶ》
発 行 者　多　田　敏　男
発 行 所　TAC株式会社 出版事業部
　　　　　　（TAC出版）
　　　　　〒101-8383 東京都千代田区神田三崎町3-2-18
　　　　　電話 03（5276）9492（営業）
　　　　　FAX 03（5276）9674
　　　　　https://shuppan.tac-school.co.jp
印　　刷　株式会社　光邦
製　　本　東京美術紙工協業組合

ISBN978-4-8132-8613-4
N.D.C. 293